Prayer Series 01

능력
대표
기도

김상복 목사 감수

신교횃불

능력대표기도

2014년 12월 20일 초판 1쇄 발행
감　수 김상복 목사
발행처 도서출판 선교횃불
등록일 1992년 3월 5일 제22-657호
등록주소 서울시 송파구 백제고분로 27길 12(삼전동)
전　화 (02) 2203-2739
팩　스 (02) 2203-2738
이메일 ccm2you@gmail.com
홈페이지 www.ccm2u.com

■ 파본은 교환해 드립니다.
■ 이 출판물은 저작권법에 의해 보호 받는 저작물이므로 무단전재와 무단복제를 금합니다.

Prayer Series 01

능력 대표 기도

김상복 목사 감수

머리말

예배에서의 대표기도는 예배자가 하나님께로 나아가는 표현의 한 방법이다. 우리는 감사와 찬송으로 하나님께로 나아간다. 그리고 회중을 대표하는 기도에 의하여 회중이 하나님께로 나아가는 것을 경험한다. 그러므로 예배에서의 대표기도는 곧 예배라고 할 수도 있다.

기도에 대한 개인적인 이해는 하나님께 요청하는 인간의 행위라고 설명할 수 있다. 그러나 예배에서의 대표기도는 예배의 한 요소를 이루어야 마땅하다. 기도의 순서가 예배가 되어야 하기 때문이다. 그 기도는 하나님의 행위를 인정하고, 회중 앞에서 선포하며, 세상을 향하여 고백하는 것이 되어야 한다.

아쉽게도 신학적인 위치에서 '대표기도학' 이라는 학문은 없다. 그래서 우리는 한국 교회의 예배 현장을 방문하여 대표기도문을 수집하였다. 교단을 망라하여 여러 교회를 방문, 대표기도를 녹음해 와서 예배의 현장에서 정형화 되어 있는 틀을 구성하게 되었다.

평신도들은 대표기도를 영광스럽게 여기면서도 부담스러워한다. 심한 경우에는 대표기도가 부담스러워서 그 순서를 의식처럼 치르게 되고 만다. 이에, 우리는 대표기도의 표준적인 간구를 정형화하여 출판하게 되었다. 여기에 수록한 기도문들은 대표기도에 쉽게 접근하도록 도와줄 것이다.

2014년 12월
바른예배서간행위원회 편

목차

머리말 _ 5

1. 주일 대(정시) 예배 대표기도문 _ 8

2. 주일 찬양 예배 대표기도문 _ 114

3. 삼일(수) 예배 대표기도문 _ 168

4. 구역(순) 예배 대표기도문 _ 224

5. 교회의 절기 예배 대표기도문 _ 276

6. 교회의 직분자 및 기관을 위한 기도 _ 290

PRAY FOR......

PRAY FOR......

1
주일 대(정시) 예배
대표기도문

1월 1주
>>떠나는 달

새해 첫 주일에
여호와께 영광을

여호와께서 아브람에게 이르시되 너는 너의 고향과 친척과 아버지의 집을 떠나 내가 네게 보여 줄 땅으로 가라 (창 12:1)

시작의 시간을 주신 하나님 아버지,

예배의 시작 새해 첫 주일에 모인 ○○의 권속이 우리의 주 여호와께 영광을 드립니다. 하나님의 그 크신 손 안에 있는 온 땅이 주님의 이름을 드러내기 원합니다. 사랑하는 지체들이 예배할 때, 땅에 있는 모든 것들이 주님의 아름다우심을 찬양하게 하시옵소서.

고백-회개 성령님을 모셔 들이지 못하고, 세상적인 풍조에 마음을 두고 지냈음을 회개합니다. 성령님의 역사하심을 환영하고, 성령님께서 저희를 사용하시기를 기대해야 하였지만, 반대로 인간적인 욕망을 앞세웠던 죄를 자복합니다. 여호와의 긍휼하심으로 저희를 죄에서 떠나게 하시옵소서.

오늘의 기도 예배로 시작한 한 해의 삶을 예배로 이어가는 ○○의 성도들이 되기를 빕니다. 올해에도 하나님께서는 우리를 인도해 주심을 믿습니다. 매일 매일 여호와를 의지하는 중에, 인도하심 속에서 살아가게 하시옵소서. 그것을 기뻐하십니다. 저희들이 갈 길을 미리 아시고, 하나하나 성취시켜 나가시는 여호와를 소망하게 하시옵소서. 하나님의 일을 성취하시는 은혜를 보기 원합니다.
교회의 형편과 사회적인 상황에 의한 현안적인 간구를 한다.

예배의 흐름 말씀을 선포하실 목사님께 생명의 말씀으로 흥왕함을 보게 하시옵소서. 저희들은 그 말씀에 가슴이 뜨거워지게 하시옵소서.

예배를 위하여 ○○찬양대원들을 준비시켜주셨음에 감사드립니다. 하나님 앞에서 찬송을 맡은 이들이 벅찬 감격으로 찬양을 부르게 하시고, 저희들에게는 예배하려는 마음이 더욱 간절해지게 하시옵소서.

거룩한 한 시간의 예배를 위해 헌신된 일꾼들에게도 은혜를 주시옵소서. 두려운 마음으로 봉사하게 하시옵소서. 예배당의 안팎에서 궂은 일, 험한 일을 마다않는 그들에게 복을 더하여 주시옵소서.

회중을 위한 기도 사랑하는 지체들이 예배의 성공자가 되기를 원합니다. 예배의 순서에 따라 은혜를 받게 하시옵소서. 세상에 대하여 끊을 것을 끊고, 버릴 것을 버리는 결단을 경험하게 해주시옵소서. 신앙적인 연약함을 합리화 시키지 않으며, 세상의 기준을 내버리고, 주님을 푯대로 삼아 하나님의 기뻐하시고 온전하신 뜻이 무엇인지를 실천하게 하시옵소서.

구원의 언약이 되신 예수님의 이름으로 기도드립니다. 아멘.

1월 2주
>> 떠나는 달

진심으로 바치는
예배의 한 시간

> 동틀 때에 천사가 롯을 재촉하여 이르되 일어나 여기 있는 네 아내와 두 딸을 이끌어 내라 이 성의 죄악 중에 함께 멸망할까 하노라(창 19:15)

예배를 원하시는 하나님 아버지,

예배의 시작 사랑을 받는 주님의 자녀들이 모여 진심으로 바치는 예배의 한 시간이 되게 하시옵소서. 이 예배로 하나님은 영광을 받으시고, 저희들은 더욱 겸손히 무릎을 꿇게 해주시기를 빕니다. 예배하는 이 자리에서 감사와 찬양을 통해서 하나님의 이름에 영광을 드리고, 우리를 안아주시는 아버지를 바라보게 하시옵소서.

고백-회개 성령님의 뜻을 따르지 않고, 육신의 생각과 안목의 정욕으로 살았던 시간들을 회개합니다. 저희들이 성령님의 인도하심에 따라 하나님께 영광을 드리지 못한 죄를 용서하시옵소서. 지금 어디에서 떨어진 것을 생각하고 회개하여 처음 행위를 가질 수 있도록 새롭게 하시옵소서.

오늘의 기도 ○○의 지체들 각자에게 주신 복음의 달란트를 잘 감당하여 ○○교회는 부흥을 경험하게 하시옵소서. 생명의 말씀이 주는 은혜를 받아 죽음의 지옥불로 뛰어가는 불쌍한 영혼들을 향해서 복음을 외치게 하옵소서. 저희들이 살아가는 자리에서 복음을 전하기를 소원으로 삼게 하시고, 언제나 주님과 동행하도록 이끌어 주시옵소서.

교회의 형편과 사회적인 상황에 의한 현안적인 간구를 한다.

예배의 흐름 담임 목사님께 말씀에 대한 신령한 은혜를 더하여 주시옵소서. 주님의 십자가 길을 묵상하는 하나님의 말씀을 듣는 귀를 주시옵소서.

오늘도 ○○찬양대를 세워주셨습니다. 저들이 하나님을 예배하는 저희들을 대신하여 찬양할 때, 여호와의 영광이 넘치게 하시옵소서. 하나님께서 받으셔야 될 영광을 취하시옵소서.

이 예배의 순서가 원만히 진행되도록 봉사하는 지체들이 있어서 감사드립니다. 저들의 헌신으로 더욱 영화롭게 예배하게 하시옵소서.

회중을 위한 기도 ○○의 식구들 중에 그 누구도, 자기를 위해 사는 자가 없고 주를 위해 사는 자가 되게 하시옵소서. 저희들이 여기에 모인 것 자체가 주님을 위하여, 하나님의 영광을 위해서 살겠다고 헌신한 지체들입니다. 죄의 옷을 벗고 주님께서 입혀주신 세마포로 단장하여, 주님께서 먼저 가신 그 길을 기쁨으로 살아가게 하시옵소서.

막혔던 담을 허물어주신 예수님의 이름으로 기도드립니다. 아멘.

1월 3주

>> 떠나는 달

하나님의 영광으로 채워지는 주님의 교회

> 또한 모든 것을 해로 여김은 내 주 그리스도 예수를 아는 지식이 가장 고상하기 때문이라 내가 그를 위하여 모든 것을 잃어버리고 배설물로 여김은 그리스도를 얻고(빌 3:8)

하늘의 보좌에 계신 하나님 아버지,

예배의 시작 오늘의 예배로 인하여 저희 교회가 온전히 하나님의 영광을 드러내는 교회가 되게 하시기 원합니다. 주님의 교회가 하나님의 영광으로 채워지고, 세상에는 복음의 강수, 생명수가 흘러가도록 하시옵소서. 예배를 통해서 받는 은혜로 죄에 대해 죽고, 의에 살게 하시기 원합니다.

고백-회개 참회하는 심령으로 고백하오니 저희들의 죄를 용서해 주옵소서. 회개하는 음성을 들으시고, 용서해 주시옵소서. 죄인들을 향하신 주님의 긍휼을 지체하지 마시옵소서. 하나님 자신을 위하여 저희들을 용서하시고, 성령님께 순종하여 영광을 드리게 하시옵소서.

오늘의 기도 저희들에게 습관적인 삶에서 떠남의 은혜를 경험하게 해주시옵소서. 그 시작으로, 말의 은혜를 보게 하시옵소서. 저희들의 말 속에 믿음이 있어서 기적을 보게 하시옵소서. 믿음이 있는 말은 산이라도 움직이지만 믿음이 없는 말은 아무 힘이 없음을 깨닫습니다. 저희들의 말이 허공을 치는 소리에 불과하지 않게 하시옵소서. 산을 바다에 던지는 말을 하게 하시옵소서.

교회의 형편과 사회적인 상황에 의한 현안적인 간구를 한다.

예배의 흐름 목사님께서 말씀을 전하실 때, 성령님의 감동하심이 있으시기를 빕니다. 저희들을 사랑하시는 주님의 말씀을 전하시게 하시옵소서.

○○찬양대의 찬송으로 하나님의 영광이 예배당 안에 가득하게 하시고, 그 은혜로 하나님께 더욱 가까이 나아가도록 인도하시옵소서.

예배위원들을 지명하셔서 봉사하도록 하셨으니 감사드립니다. 마귀의 훼방을 멸하시고, 오직 하늘의 하나님을 영화롭게 해드리는 순서로 예배가 진행되게 하시옵소서.

회중을 위한 기도 저희들 심령의 눈을 밝혀주시어 그리스도의 십자가를 바라보게 하시옵소서. 오직 주님의 십자가를 바라보게 하시기를 간구합니다. 저희의 연약함으로 인해 주님의 십자가를 잊지 않도록 축복하여 주시옵소서. ○○의 지체들에게 강하고 담대한 믿음을 허락하사 하나님의 말씀에 순종하며 세상을 이기는 힘을 허락하시옵소서.

교회의 머리이신 우리 주 예수님의 이름으로 기도드립니다. 아멘.

1월 4주
>>떠나는 달

영광에 합당한 찬미의 예배

> 새 사람을 입었으니 이는 자기를 창조하신 이의 형상을 따라 지식에까지 새롭게 하심을 입은 자니라(골 3:10)

성도의 찬양이 되시는 하나님 아버지,

예배의 시작 거룩한 시간에, ○○의 무리에게 하나님의 영광과 위엄을 보여 주심을 감사드립니다. 주님의 권세와 영광에 합당한 찬미의 예배를 드리게 하시옵소서. 저희들이 예배할 때, 위로부터 내려 주시는 은혜를 받아 새로워지게 하시옵소서.

고백-회개 여호와 앞에서 스스로 겸비치 아니하고 더욱 범죄했던 모습을 자복합니다. 버려야 할 것을 버리지 못하고, 떠나야 할 것들로부터 떠나지 못하고 있습니다. 주님의 부활로 인하여 영생을 누리게 되었음에도 불구하고, 종교적인 태도로 신앙생활을 해온 죄를 용서해주시옵소서. 부활을 믿는 신앙인으로서 죄를 이기고, 세상을 물리치지 못한 죄를 회개합니다.

오늘의 기도 영원히 갚을 수 없는 구속의 은혜를 기뻐합니다. 주님의 은혜와 하나님의 사랑하심으로 이제 우리의 신분이 바뀌어졌고 우리의 삶도, 질도 바뀌어졌으니, 기도로 살아가게 하시옵소서. 그 은혜의 풍성함을 따라 오늘도 기도하게 하시옵소서. 삶의 상황에 관계없이 구속의 은총을 즐거워하며 기도로 살아가게 하시옵소서. 이 시간에, ○○의 지체들은 기도의 사람으로 살아갈 것을 결단하게 하시옵소서.

교회의 형편과 사회적인 상황에 의한 현안적인 간구를 한다.

예배의 흐름 목사님을 대언자로 세우셔서 생명양식을 전하게 하심을 감사드립니다. 말씀을 들을 때, 성령님의 알게 하심과 깨닫게 하심을 빕니다.

저희 교회를 영화롭게 하셔서 ○○ 찬양대를 세워주시고, 오늘도 그들이 마음과 몸을 드려 영혼으로 찬양할 때, 하나님의 은혜를 체험하는 복된 자리로 인도해 주시옵소서.

많은 이들 가운데 예배를 위한 봉사자들이 순종함으로 하나님께 영광을 드리고 있으니 복된 봉사가 되게 하시옵소서.

회중을 위한 기도 주님의 이름으로 모든 가정들을 축복합니다. 하나님께서 사랑하셔서 가정을 선물로 주셨으니 가정마다 하나님의 나라를 이루고, 불신 가정에서는 예수님을 구주로 영접하는 복된 역사가 이루어지기를 소망합니다. 가정에서 참 안식을 누리고 식구들이 화목하게 지내도록 해 주시기를 빕니다.

소망의 주가 되신 예수님의 이름으로 기도드립니다. 아멘.

2월 1주
>>진보의 달

하나님의 이름을 높여드리세

> 그러므로 주 안에서 갇힌 내가 너희를 권하노니
> 너희가 부르심을 받은 일에 합당하게 행하여(엡 4:1)

자기 백성을 찾으시는 하나님 아버지,

예배의 시작 새해의 첫 달을 은총으로 보내고, 2월의 첫째 주일을 맞이했습니다. 저희들에게 가정에서 지내게 하시고, 주님을 모시고 살아오도록 하셨음에 찬양을 드립니다. 하늘에 계시는 하나님의 이름을 높여드리게 하시옵소서. 구별된 이 날, 하나님의 전에서 존귀하신 하나님을 경배하며 영광을 돌립니다.

고백-회개 자기 백성에게 베푸시는 은혜가 풍성하심에도 그 사랑에 민감하지 못하고, 아직 가지지 못한 것들에만 눈을 고정시킨 죄를 고백합니다. 하나님께서 저희들에게 있어야 할 것을 아시고, 필요에 따라 넉넉하게 채워주시고, 부요하게 하셨음을 잊은 죄를 회개하오니 용서해 주시옵소서.

오늘의 기도 하나님께서 정녕 저희들과 함께 하심을 믿습니다. 이제, 육신의 신을 벗고, 옛사람의 신도 벗게 하시옵소서. 인간의 신을 벗고,

여호와의 인도하심 안으로 자신을 맡기는 저희들이 되게 하시옵소서. 하나님의 영광을 위해서 기적의 삶을 살아가도록 인도해주시옵소서. ○○의 성도들이 하나님의 주권 아래에 들어가게 하시옵소서.
<small>교회의 형편과 사회적인 상황에 의한 현안적인 간구를 한다.</small>

예배의 흐름 담임 목사님께서 전하시는 생명의 말씀으로 영원에 이르도록 해주는 말씀을 붙잡고, 평생을 살아가겠다는 거룩한 다짐이 있게 하시옵소서.

여호와의 영광이 예배당에 선포되도록 찬양대를 세워주셨습니다. ○○ 찬양대원들이 하나님을 예배하는 저희들을 대신하여 찬양하는 역할을 귀하게 감당하게 하시옵소서.

이 시간에 예배를 위해서 성실히 맡은 직분의 자리에서 봉사하는 지체들을 기억해 주시옵소서. 저들의 수고를 통해서 더욱 영화롭게 예배를 드리게 하셨음에 감사드립니다.

회중을 위한 기도 이 시간에, 저희 성도들의 사업장을 위하여 간구합니다. 저들을 사랑하셔서 이 땅에서 사는 날 동안 먹고, 입고, 쓰면서 지내게 하셨음에 기뻐합니다. 주님의 돕는 손길로 기름 부으심을 주옵소서. 하나님의 은혜가 구역 구역마다 나타나 기업을 통해서 형통의 복을 누리게 하시옵소서.

영광의 주가 되시는 예수님의 이름으로 기도드립니다. 아멘.

2월 2주
>> 진보의 달

영과 진리로
아름다운 예배를

> 누구든지 그의 말씀을 지키는 자는 하나님의 사랑이 참으로 그 속에서 온전하게 되었나니 이로써 우리가 그의 안에 있는 줄을 아노라(요일 2:5)

성전을 찾아 나오게 하신 하나님 아버지,

예배의 시작 주일로 정해주신 날에, 원근 각처에서 흩어져 생활하던 이들이 주님의 전을 찾아와 머리를 숙였습니다. 각자가 흩어져 있던 자리에서 예배하는 삶을 살다가 다시 모였습니다. 성령님께서 저희들을 주관하사 살아있는 예배, 영과 진리로 아름다운 예배를 드리게 하시옵소서.

고백-회개 저희들의 교만함을 용서하시옵소서. 저희들의 수고로 재물을 얻었으며, 노력한 결과 소유하게 되었다는 교만함을 물리쳐 주시옵소서. 하나님께서 주셔서 얻게 되었으며, 하나님의 손이 도와서 이루게 되었음을 고백하게 하시옵소서. 사유하심이 주께 있으니 주를 경외합니다.

오늘의 기도 저희들을 세상으로 보내주시옵소서. 구원받아야 할 세상 사람들을 위하여 문이 열려진 교회가 되게 하시옵소서. 주님의 목적을 깨달아 받들어서 끝까지 따르게 하시기 원합니다. 방탕한 자들을 일깨워 주고, 주린 자들을 돌아보며, 약한 자들을 일으켜 주고, 마음이 상한 자들을 위로하게 하시옵소서.

교회의 형편과 사회적인 상황에 의한 현안적인 간구를 한다.

예배의 흐름 강단에서 하나님의 말씀을 들려주시는 목사님께 말씀의 능력을 더하셔서 감화가 되게 하시옵소서. 저희들에게는 주님의 약속에 따라 복을 누리게 하시고, 의에 이루게 하시옵소서.

○○찬양대 귀한 지체들의 찬양을 받아주시옵소서. 이들의 찬양을 통해서 하나님께는 영광을 돌리고, 회중은 소망을 얻게 하시옵소서.

예배당의 안팎에서 맡겨진 직무에 따라 봉사하는 종들이 있음에 감사드립니다. 귀한 지체들의 섬김으로 예배를 아름답게 하오니 종들이 은총을 입게 하시옵소서.

회중을 위한 기도 ○○의 성도들이 믿음 안에서 강건하도록 해주시옵소서. 성도들에게 생업으로 주신 사업과 직장 위에 늘 하나님의 은혜가 충만하게 하시옵소서. 다시 기도로 뜨거워지는 성도들이 되게 하시옵소서. 함께 일하는 동료들에게도 사랑으로 하나가 되는 은혜를 보게 하시옵소서. 그 은혜 안에서 생업의 터전이 영적인 침체를 벗어나게 하시옵소서.

생명의 주가 되시는 예수님의 이름으로 기도드립니다. 아멘.

2월 3주
>> 진보의 달

은혜로 충만하게
드려지는 예배

> 우스 땅에 욥이라 불리는 사람이 있었는데 그 사람은 온전하고 정직하여
> 하나님을 경외하며 악에서 떠난 자더라(욥 1:1)

주일을 지키도록 하신 하나님 아버지,

예배의 시작 영광의 주인이신 여호와의 이름을 높여드립니다. 사랑하는 ○○의 지체들은 주님의 크고 부드러운 팔로 보호하심을 받아 살아왔습니다. 우리 주 하나님의 이름을 높이고, 하나님께는 큰 영광을 드리며 저희들은 은혜로 충만하게 해주시옵소서.

고백-회개 이 시간에, ○○의 지체들이 회개를 통하여 마음을 편안하게 하실 하나님의 손길을 바라봅니다. 하늘로부터 임한 은혜가 성탄의 영광으로 우리에게 임하였으나 그 영광을 드리지 못하였음을 고백합니다. 참 마음으로 엎드려 경배하도록 은혜를 주시옵소서.

오늘의 기도 사순절을 맞이하면서 예수님을 믿는다고 입으로만 말하는 것이 아니라, 생활 속에서 그리스도인으로 변화되기를 원합니다. 진심으로 예수님의 다스리심을 즐거워하고, 언제나 구원의 은혜를 경험하기 원하여 기도드립니다. 저희들의 영혼이 살아나며 하나님의 은혜를

뜨겁게 체험함이 늘어나게 하시옵소서.

교회의 형편과 사회적인 상황에 의한 현안적인 간구를 한다.

예배의 흐름 지금, 하나님의 말씀에로 마음을 모으게 하시옵소서. 강단에서 말씀을 전하시는 목사님을 성령님의 능력으로 더욱 충만하게 해주시옵소서.

저희들에게는 하나님의 말씀을 사모하여 청종하게 하시옵소서. 말씀의 지혜와 명철로 온전한 성도의 삶을 살게 하시옵소서.

○○ 찬양대원들이 하나님을 찬양할 때, 이 예배당이 천상의 자리가 되기를 원합니다. 그 찬양으로 저희들에게는 예배하려는 마음이 더욱 간절해지게 하시옵소서.

이 한 시간의 예배가 거룩하게 드려지도록 여러 모양으로 수종을 드는 종들을 세우셨음에 감사드립니다.

회중을 위한 기도

이 시간, 저희 모두가 십자가를 향한 사랑으로 불타기를 원합니다. 고난의 삶 가운데서도 기도생활을 멈추지 않으셨던 주님의 깊은 기도를 본받기를 원합니다. 핍박 속에서도 끝까지 섬김의 삶을 실천하셨던 그 낮아지심을 본받기를 원합니다. 수치와 모욕을 당하면서도 끝까지 분노를 쏟지 않으셨던 그 인자하심을 본받기를 원합니다.

오늘도, 우리를 참아주시는 예수님의 이름으로 기도드립니다. 아멘.

2월 4주
>> 진보의 달

여기에 모인 이들을 거룩하게

주께 합당하게 행하여 범사에 기쁘시게 하고 모든 선한 일에 열매를 맺게 하시며 하나님을 아는 것에 자라게 하시고(골 1:10)

성소에서 찬양을 받으실 하나님 아버지,

예배의 시작 보좌가 영원하신 하나님 앞에서 심령의 무릎을 꿇습니다. 하나님께 나와 예배드리며, 하나님을 영화롭게 해드리는 저희들이 되게 하시옵소서. 하늘의 은혜를 입은 ○○의 자녀들이 거룩한 자리에 나왔으니, 여기에 모인 이들을 거룩하게 하시옵소서.

고백-회개 하나님의 사람으로 민족 앞에서 사명을 다하지 못했음을 용서해주시옵소서. 나라의 독립을 위해서 구국의 제단을 쌓던 선조들의 신앙을 물려받지 못한 죄를 고백합니다. 자기 자신의 행복을 버리고 나라를 위해서 기도했던 애국의 신앙을 귀하게 여기지 않았음을 불쌍히 여기시옵소서.

오늘의 기도 하나님 앞에서 복된 날에 이 민족을 불쌍히 여기셔서 독립에 의지를 불태우게 하신 하나님의 도우심을 기억하게 하시옵소서. 하나님께서 불꽃같은 눈으로 보호하시는 이 나라를 저희들이 사랑하게 하시옵소서. 느헤미야와 같이 조국의 상황에 예민하게 하시고, 가슴으로 안게 하시옵소서.

<small>교회의 형편과 사회적인 상황에 의한 현안적인 간구를 한다.</small>

<small>예배의 흐름</small> 설교를 준비하신 목사님께 힘을 더하셔서 권세 있는 말씀을 선포하도록 하시옵소서. 그 말씀으로 더욱 하나님께로 나아가기를 빕니다.

이 교회를 위하여 ○○ 찬양대원들을 준비시키셨음에 감사드립니다. 하나님 앞에서 찬송을 맡은 이들이 벅찬 감격으로 찬양을 부르게 하시옵소서.

예배를 위해 여러 모양으로 수종을 드는 종들에게 복을 내려 주시옵소서. 이 시간에도 그들에게 성실히 봉사하도록 은혜를 내려주시옵소서. 이로써 이 한 시간이 더욱 거룩해지기를 빕니다.

<small>회중을 위한 기도</small> 저희들에게 기도의 은혜를 주셔서 아무리 견디기 어렵다 해도, 시험에 들지 않도록 인도해 주시옵소서. 간구의 영을 보내 주셔서 부르짖어 기도하고, 사모하게 하시옵소서. 자기 백성의 소리를 들으시고, 응답해주시는 하나님을 기다리게 하시옵소서. 하나님만이 저희들에게 소망이 되심을 고백하여 승리하게 하시옵소서.

영생을 약속해 주신 예수님의 이름으로 기도드립니다. 아멘.

3월 1주
>> 기도의 달

나의 능력과 찬송이
되신 여호와

봄비가 올 때에 여호와 곧 구름을 일게 하시는 여호와께 비를 구하라
무리에게 소낙비를 내려서 밭의 채소를 각 사람에게 주시리라(슥 10:1)

주일을 구별하여 지키게 하신 하나님 아버지, <u>예배의 시작</u> 봄을 맞이하게 하시니 감사드립니다. 사순절에 여호와의 이름을 높여드립니다. 저희들의 구속을 위해 하나님께서 하신 일을 즐거워하면서 그 이름을 높이는 이 시간의 예배가 되게 하시옵소서. 구원의 하나님을 경배하면서 나의 능력과 찬송이 되신 여호와의 이름에 합당한 영광을 드리게 하시옵소서. <u>고백-회개</u> 예수님을 사랑하지 못했던 저희들의 비겁함을 용서해주시옵소서. 주님보다는 세상이 두려워서 믿음으로 행하지 못했던 행실을 자복합니다. 주님을 두려워하지 않은 저희들의 악함을 인정합니다. 지금, 용서의 은혜와 자비하심을 받아 긍휼하심을 입게 하시옵소서. <u>오늘의 기도</u> 사람의 힘과 능력으로는 되지 않지만, 오직 하나님의 영으로는 될 것을 믿고 소망을 갖게 하시옵소서. 새해를 맞이하면서 다짐했던 결단의 새싹을 자라게 하시옵소서. 성령님께서 감동해 주신 꿈을

잃지 않는 저희들이 되게 하시옵소서. 주님의 은혜는 저희들에게 꼭 이루어짐으로 나타날 줄 믿습니다. 여호와의 이름으로 저희들이 반드시 승리하게 하시옵소서.

<small>교회의 형편과 사회적인 상황에 의한 현안적인 간구를 한다.</small>

<small>예배의 흐름</small> 말씀을 대언하실 목사님께서 단에 오르셨으니 구원에 이르는 생명의 말씀을 선포하게 하시옵소서.

○○ 찬양대의 귀한 지체들의 찬양을 통해서 하나님께는 영광이 드려지고, 혹시 찬송의 힘을 잃은 회중들이 힘을 얻기를 원합니다.

이 한 시간의 예배를 위해서 여기저기에서 봉사하는 종들이 있습니다. 귀한 지체들의 섬김으로 예배를 아름답게 하시오니 종들이 은총을 입게 하시옵소서.

<small>회중을 위한 기도</small> 인생을 낮출 때도 있고 높일 때도 있으신 하나님이십니다. 부하게도 하시지만 가난하게도 하시는 하나님이심을 믿습니다. 저희들 가운데는 지금, 골짜기를 지나는 지체들이 있습니다. 그들이 여호와의 함께 하심과 보호하심을 믿고 이 어려운 시간을 이기도록 이끌어 주시옵소서. 여호와의 손을 의지하게 하시옵소서. 그리하여 저희들 모두에게 자비로우신 하나님을 배우도록 하시옵소서.

오늘도 살아계신 주 예수님의 이름으로 기도드립니다. 아멘.

3월 2주
>> 기도의 달

주님의
십자가를 통해서

나의 왕, 나의 하나님이여 내가 부르짖는 소리를 들으소서
내가 주께 기도하나이다(시 5:2)

굽혀 경배하게 하시는 하나님 아버지,

예배의 시작 저희들 각자가 사순절의 생활을 하다가 성도들이 성회로 모였으니 하늘로부터 위로가 있기 원합니다. 주님의 십자가를 통해서 소망을 주시는 손길을 바라보게 하시옵소서. 이 시간에, 오직 성령님의 충만하심으로 예배하는 권속이기를 소망합니다. 사순절에 하나님을 영화롭게 해드리기 위하여 임마누엘을 소망하게 하시옵소서.

고백-회개 예수님이 주님이 되심을 삶의 현장에서 인정해 드리지 못했음을 회개합니다. 종교적으로만 예수님을 시인했을 뿐, 생활의 자리에서는 저희들 자신이 주인이 되어서 자행자지했음을 고백합니다. 저희들의 행위를 조심하여 죄를 짓지 않도록 했어야 하였건만 불의를 일삼으며 살아왔음을 용서해 주시옵소서.

오늘의 기도 이 시간에, 생명의 말씀이 주는 은혜를 받아 죽음의 지옥불로 뛰어가는 불쌍한 영혼들을 향해서 복음을 외치게 하옵소서. 저희들

이 살아가는 자리에서 복음을 전하기를 소원으로 삼게 하시고, 언제나 주님과 동행하도록 이끌어 주시옵소서.

교회의 형편과 사회적인 상황에 의한 현안적인 간구를 한다.

예배의 흐름 오늘, 저희들에게 생명의 말씀을 주시려고, 담임 목사님을 강단에 세우셨습니다. 목사님께 말씀의 능력을 더하셔서 하나님의 음성을 전하시도록 인도해주시옵소서.

이 시간을 영화롭게 하기 위하여 ○○찬양대원들에게 열심을 다하여 찬양을 준비시켜 주셨습니다. 대원들 한 사람 한 사람이 하나님께 드리는 제물이 되어 하나님의 영광을 선포하게 하시옵소서.

오늘도 귀한 지체들이 예배를 위하여 봉사합니다. 성도들의 출입을 위한 안내와 질서의 유지, 여러 시설들의 관리 등, 참으로 몸을 드려 수고하고 있습니다. 그들에게 더욱 큰 은혜를 내려주시옵소서.

회중을 위한 기도 저희들에게 삶의 장소로 주신 세상에서 빛이 되며, 소금이 되게 하시옵소서. 저희들이 함께 살아가고 있는 세상의 사람들을 주목하게 하시옵소서. 그들의 삶에 유익과 도움이 될 수 있는 나눔의 삶이 되게 하시옵소서. 저희들의 수고스러운 행실이 착한 열매가 되어 하나님 나라 확장에 쓰임을 받게 하시옵소서.

보혈의 주님이 되신 예수님의 이름으로 기도드립니다. 아멘.

3월 3주
>>기도의 달

생명의 기쁨을
찬송하면서

> 구하라 그리하면 너희에게 주실 것이요 찾으라 그리하면 찾아낼 것이요
> 문을 두드리라 그리하면 너희에게 열릴 것이니 (마 7:7)

자기의 영광을 취하시는 하나님 아버지,

예배의 시작 영과 진리로 시작된 예배에 성령님의 역사하심이 나타나기를 소망합니다. 사순절에 생명의 기쁨을 찬송하면서 저희들의 가슴이 사랑으로 벅차게 하시옵소서. 우리가 서로 사랑하기를 소망하며, 사순절의 예배하는 회중에게 은혜를 내려 주시옵소서. 자신의 몸을 내주심으로써 사랑을 나타내신 주님을 본받으려 다짐하게 하시옵소서.

고백-회개 저희들의 행실을 통해서 여호와께서 영광을 받으셔야 했건만 오히려 그 반대의 삶을 살았음을 회개합니다. 하나님께 영광을 드려야 하는 기회에 저희 자신들의 이름을 내세우기에 바빴습니다. 용서해주시옵소서. 결국, 하나님의 이름을 훼방하며, 영광을 주께 돌리지 않은 죄를 고백합니다.

오늘의 기도 우리를 위하여 자신의 피를 흘려주신 하나님, 저희들은 떡과 잔을 기억하게 하시옵소서. 이것이 저희를 위하여 흘리신 주님의

피요, 저희에게 생명이 되는 양식임을 세상 사람들이 알게 하옵소서. 흠이 없으신 주님께서 죄인들을 위한 속죄제물이 되셨음을 모두가 알게 하시고, 주님 앞에 나와 무릎을 꿇게 하시옵소서.

교회의 형편과 사회적인 상황에 의한 현안적인 간구를 한다.

예배의 흐름 우리 ○○의 성도들은 이 달에, 기도의 사람으로 살아가기를 다짐하고 있습니다. 오늘, 강단에서 하나님의 말씀을 대언하시는 목사님의 말씀이 저희들에게 도전과 위로가 되게 하시옵소서.

○○찬양대원들에게 찬양을 준비하게 하셨사오니, 예배를 위해서 정성을 다해 준비한 찬양으로 하나님께 드림이 되게 하시옵소서.

예배의 진행을 위하여 여러 곳에서 봉사하는 종들에게도 위로해 주시옵소서.

회중을 위한 기도 주님께서 함께 하심에도 불구하고 저희들의 믿음이 너무도 연약하였음을 고백합니다. 사소한 일에도 평안을 잃고 두려워하는 마음을 가졌었습니다. 저희들의 마음에 담대한 믿음을 허락하셔서 모든 성도들의 심령이 오직 하나님의 영광을 위하여 세상에 도전할 수 있는 믿음을 더하여 주시옵소서.

죄인들에게 생명수가 되신 예수님의 이름으로 기도드립니다. 아멘.

3월 4주
>>기도의 달

하늘에 있는 하나님의 보좌

> 너는 기도할 때에 네 골방에 들어가 문을 닫고 은밀한 중에 계신 네 아버지께 기도하라 은밀한 중에 보시는 네 아버지께서 갚으시리라(마 6:6)

인생을 굽어 살피시는 하나님 아버지,

예배의 시작 우리 하나님의 보좌는 하늘에 있습니다. 인생을 바라보시는 눈으로 예배하는 저희들을 하감해주시옵소서. 마음을 다하고, 몸을 다하며, 뜻을 다하여 드리는 예배가 되도록 이끌어 주옵소서. 오직 성삼위 하나님의 이름에 영광을 돌리게 하시옵소서.

고백-회개 주님의 보혈로 말미암아 죄를 씻음을 받았음에도 그 보혈의 은혜를 잊고 살았음을 회개합니다. 하나님께 저희들의 소망이 있음을 말하면서도, 저희들의 삶의 자리에서는 눈에 보이는 것들에 마음을 두고 지냈습니다. 지금 마음을 돌이켜 주님께 자복하여오니 사유해 주시옵소서.

오늘의 기도 ○○의 성도들이 기도로 살아가게 하시니 감사드립니다. 하나님께 민감하여 저희들에게 영적으로 눈을 뜨게 해 주시옵소서. 주님의 사랑의 힘으로 저희들의 심령을 이끌어 주시옵소서. 더 이상 흔들리지 않으며, 불신앙의 죄에서 떠나 믿음 안에서 머무르게 하시옵소서. 주님을 향한 저희의 마음을 뜨겁게 하시고, 임마누엘의 신앙으로 이기도록 이끌어 주시옵소서.

_{교회의 형편과 사회적인 상황에 의한 현안적인 간구를 한다.}

예배의 흐름 목사님께서 생명과 진리의 말씀을 선포하시게 하시옵소서. 교회를 위해서 세우신 담임 목사님의 말씀을 순종함으로 받게 하시옵소서.

이 예배를 아름답게 하는 ○○ 찬양대의 귀한 지체들의 찬양을 받아 주옵소서. 이들의 찬양을 통해서 하나님께는 영광이 드려지고, 혹시 찬송의 힘을 잃은 회중들은 힘을 얻기를 원합니다.

오늘, 예배를 위해서 봉사하는 손길이 있음에 감사드립니다. 그들의 섬김으로 예배를 아름답게 하시오니 종들이 은총을 입게 하시옵소서.

회중을 위한 기도 하나님께서 보시기에 아름다운 성도의 역할을 감당할 수 있는 저희들이 되게 하시옵소서. 저희로 주님의 사랑을 실천하게 하시어 이웃을 위하여 기도하게 하여 주시옵소서. 이웃의 아픔으로 인하여 주님의 고난을 기억하사 저희로 그들에게 도움의 손길을 펼 수 있는 긍휼의 마음을 허락하여 주시옵소서.

사랑의 주가 되신 예수님의 이름으로 기도드립니다. 아멘.

3월 5주
>>기도의 달

가장 귀한 것을 주님께

> 너희가 내 안에 거하고 내 말이 너희 안에 거하면
> 무엇이든지 원하는 대로 구하라 그리하면 이루리라 (요 15:7)

원근각처에서 모이게 하신 하나님 아버지,

예배의 시작 정한 마음을 주시는 여호와께 찬송과 영광을 드립니다. 하나님께서 인생을 위하여 큰일을 하셨사오니, 여호와의 이름을 찬양하며 즐거워하게 하시옵소서. 구원의 주님이신 나의 하나님께 영광을 드립니다. 저희들에게 있는 가장 귀한 것을 주님께 드리는 심정으로 주님을 맞이하는 은혜를 충만히 내려 주시옵소서.

고백-회개 주님의 십자가로 말미암은 구원의 은혜에는 감사하면서도 저희들 자신이 짊어져야 하는 십자가는 외면했던 죄를 회개합니다. 주님의 고난에 대하여 외면했던 죄를 용서해주시옵소서. 하나님께서는 겸손한 사람을 찾으시건만 저희들은 하나님의 뜻을 나의 생각으로 거절해 버리고 말았음을 자복합니다. 용서해주시옵소서.

오늘의 기도 이 시간에, 주님의 고난에 참여함으로써 주님의 참 제자가 될 수 있도록 도와주시옵소서. 저희들의 손과 발이 깨끗하고 마음이 겸손해지기 원합니다. 고난에 참여하는 은혜를 경험하게 해주시옵소서. 주님의 우리를 위하신 고난을 저희들의 심령에 채우게 하시옵소서. 그 고난을 통해서 비로소 그리스도인이 되게 하시옵소서.

교회의 형편과 사회적인 상황에 의한 현안적인 간구를 한다.

예배의 흐름 목사님께서 하나님의 말씀을 선포하십니다. 저희들의 마음을 열어주시고, 단 마음으로 말씀을 받게 하시옵소서. 성령님께서 주관하셔서 말씀을 전하시도록 하옵소서.

○○찬양대원들이 거룩한 음악으로 어우러진 최상의 찬양을 드리기를 소망합니다. 찬양을 준비하면서 드린 그들의 정성을 받으시고, 이 자리에 영광을 선포하시옵소서.

오늘도 자원하는 심정을 가지고, 봉사하는 일꾼들이 있습니다. 맡은 자리에서 예배의 진행을 돕는 손길들에게 은혜를 더하여 주옵소서.

회중을 위한 기도 생명 주심을 감사하며, 건강 주심을 감사하고, 믿음 주셔서 나왔사오니 은혜 충만, 성령 충만, 말씀 충만하게 하여 주시옵소서. 주님의 은혜로 세상을 이기게 하옵소서. 썩어져가는 구습을 벗어버리고 성령의 능력으로 세속의 욕심과 정욕을 버리고 십자가의 도로 무장하게 하여 주시옵소서. 주님의 사랑을 본받게 하시고, 주의 영광을 드러내는 믿음을 허락하여 주옵소서.

생명의 약속이 되신 예수님의 이름으로 기도드립니다. 아멘.

4월 1주
>> 승리의 달

부활하신
주님의 영광을

> 지혜로도 못하고, 명철로도 못하고 모략으로도 여호와를 당하지 못하느니라
> 싸울 날을 위하여 마병을 예비하거니와 이김은 여호와께 있느니라(잠 21;30-31)

천국 백성으로 살아오게 하시는 하나님 아버지,

예배의 시작 4월의 첫째 주일에, 하나님을 예배하러 모였습니다. 예수님께서 죽음의 권세를 이기시고 부활의 첫 열매가 되게 하셨음에 찬양을 드립니다. 주님의 부활로 우리에게 산 소망을 선물해 주셨습니다. 다시 사신 주님께서 하늘에 계시며 연약한 인생을 보호하여 주심에 찬양과 경배를 드립니다.

고백-회개 예수님의 부활을 찬양하면서 지내야 했건만 쾌락을 추구하는데 몰두했음을 회개합니다. 부활이 없는 것처럼, 영생이 없는 것처럼 육신의 삶에만 집중하여 다시 사신 주님을 욕되게 했음을 고백합니다. 죽은 행실을 회개하고, 산 신앙으로 새롭게 하시옵소서.

오늘의 기도 부활로 말미암아 죽음의 권세를 이기신 주님의 능력으로 살아가기를 원합니다. 저희들 가운데는 원하지 않게 광야를 만난 경우가 있사오니 도와주시옵소서. 저희들이 막막하고, 답답하지만 이 경우를

진보의 기회로 만들도록 하시옵소서. 어려운 일을 당할 때, 담력을 얻게 하심을 믿습니다. 때로는 고통의 황무지, 실패의 황무지, 일터의 황무지가 진보의 기회로 바꾸어지게 하심을 믿고 간구합니다.

_{교회의 형편과 사회적인 상황에 의한 현안적인 간구를 한다.}

_{예배의 흐름} 주님의 귀한 교회를 위해서 세우신 담임 목사님께 신령한 은혜를 더하시어 진리의 말씀을 받게 하시옵소서.

여호와의 영광이 예배당에 선포되도록 찬양대를 세워주셨습니다. ○○ 찬양대원들이 하나님을 예배하는 저희들을 대신하여 찬양하는 역할을 귀하게 감당하게 하시옵소서.

예배를 위해서 강단의 꽃꽂이, 안내-봉사위원, 주방에서의 봉사 등으로 수고하는 지체들을 기억해 주시옵소서. 저들의 수고를 통해서 더욱 영화롭게 예배를 드리게 하셨음에 감사드립니다.

_{회중을 위한 기도} 역경에 처한 이들이 있습니다. 위기의 상황으로 내몰리게 된 이들에게 하나님의 불쌍히 여기심을 보여 주시옵소서. 빈궁함의 경제적으로 고통을 당하는 이들을 불쌍히 여겨주시며, 다니던 직장이 문을 닫아 살아가는 것이 막막해진 이들에게 소망을 갖게 하시옵소서. 어떤 환경에서도 하나님의 손길을 기다리게 해주시옵소서.

언약의 보증이 되신 예수님의 이름으로 기도드립니다. 아멘.

4월 2주
>> 승리의 달

여호와 앞으로
나아가 무릎을

그러나 이제 그리스도께서 죽은 자 가운데서 다시 살아나사
잠자는 자들의 첫 열매가 되셨도다(고전 15:20)

그 이름 앞에 머리를 숙이게 하시는 하나님 아버지,

예배의 시작 하늘에 계신 여호와께 찬양을 드립니다. 우리를 지으신 여호와 앞으로 나아가 마음으로 무릎을 꿇게 하시옵소서. 이 시간에, 하나님은 우리가 그 앞에서 무릎을 꿇을 분이십니다. 하나님은 우리가 손을 들어서 경배할 분이십니다. 찬양과 영광을 받아주시옵소서.

고백-회개 부활의 증인으로 살아야 할 저희들이 땅에 있는 것으로 만족하려 했던 죄를 회개합니다. 예수님께서 죄를 이기셨건만 여전히 죄를 가까이 하였음을 자복합니다. 주께 범죄한 백성을 용서하여 주시기 원합니다. 주께 범한 그 모든 허물을 사하시고 부활의 공로로 새 은혜를 입게 하옵소서.

오늘의 기도 저희들에게 주님과 교회와 저 죽어가는 자들의 구원을 위하여 열정적으로 사명을 감당하도록 이끌어 주시옵소서. 복음을 전하시던 주님의 열심, 주님의 열성, 주님의 열정이 있게 하시옵소서. 저희들

이 여호와 앞에서 동일한 부지런함을 나타내기를 원합니다. 하나님을 위한 열심의 마음을 주시옵소서.

교회의 형편과 사회적인 상황에 의한 현안적인 간구를 한다.

예배의 흐름 담임 목사님을 붙드셔서 ○○ 교회의 권속들에게 하나님의 말씀을 전하게 하시옵소서. 선포되는 말씀을 듣는 순간에 마음을 다하고, 성품을 다하여 여호와를 순종하겠다는 각오를 갖게 하시옵소서.

○○찬양대원들이 하나님의 영광을 찬양하게 하시옵소서. 몸을 드려 준비한 찬양이 이 자리를 하나님의 영광으로 가득하게 하시옵소서.

저희들이 경건을 다해 예배하는 동안에 예배당의 안팎에서 몸을 다드려서 섬기는 이들이 있음에 즐거워하며, 그들을 축복합니다. 그들의 봉사로 저희들에게는 이 예배가 기쁨이 되게 하시옵소서.

회중을 위한 기도 구원함을 얻은 ○○의 권속은 세상과 구별되어 성결하게 하시옵소서. 저희들이 세상을 향해서는 언제나 선교적인 부르심과 보내심으로 다가가게 하시옵소서. 육체는 이 땅에 속해 있으나 영으로는 천국의 시민이라는 사실을 늘 기억하게 하시옵소서. 하나님께 충성함으로 감당하도록 순종하는 믿음을 더하여 주시옵소서.

부활의 증인이 되신 예수님의 이름으로 기도드립니다. 아멘.

4월 4주
>> 승리의 달

여호와의 주님이 되심을

무릇 하나님께로부터 난 자마다 세상을 이기느니라
세상을 이기는 승리는 이것이니 우리의 믿음이니라(요일 5:4)

예배하는 이 날을 사모하게 하신 하나님 아버지,

예배의 시작 주님의 이름을 부르는 지체들이 예배할 때, 성령님의 감동하심이 나타나기 원합니다. 예배하는 저희들의 산 제사를 받으시고, 은혜로 응답해 주시옵소서. 사람에게 기쁨이 되시는 예수님의 능력을 보는 은혜의 시간이 되게 하시옵소서.

고백-회개 이 시간에, 저희들의 죄를 고백합니다. 하나님을 영화롭게 해드리기보다, 저희들 자신의 영광을 위해서 살아왔던 죄를 용서하옵소서. 삶의 모든 자리에서 여호와의 주님이 되심을 인정해드리지 못했던 죄를 용서해 주시옵소서. 주님께서는 죄악을 사유하시며 허물을 덮어 주심을 믿습니다.

오늘의 기도 주님께서 죽음의 권세를 이기신 것처럼 저희들에게도 승리가 있기를 원합니다. 예수님의 이름으로 세상의 죄악 된 일들과 싸워 이기게 하시옵소서. 주님의 부활이 저희에게 이김을 확증하오니 겁내지 말고, 마귀의 유혹을 물리치고, 승리한다는 담대함으로 나아가게 하심을 믿습니다. 저희들이 살아가고 있는 삶의 현장에서 선교적인 사명을 갖고 임하게 하시옵소서.

교회의 형편과 사회적인 상황에 의한 현안적인 간구를 한다.

예배의 흐름 주의 백성들에게 은혜를 주시려고 목사님을 단에 세우셨음에 감사드립니다. 그 말씀이 천국시민의 계명이 되고, 법도가 되며, 율례가 되게 하시옵소서.

하나님의 위대하심을 선포하는 찬양대원들을 보아주시옵소서. 그들이 하나님을 영화롭게 해드리는 음악으로 찬양을 드리게 하시옵소서.

오늘도 자원하는 심정을 가지고, 봉사하는 일꾼들이 있습니다. 맡은 자리에서 예배의 진행을 돕는 손길들에게 은혜를 더하여 주시옵소서. 그들의 수고로 예배의 시간이 더욱 영화롭게 되게 하시옵소서.

회중을 위한 기도 주님께서 하늘로 올라가시면서, 이 땅의 사람들에게 맡기신 선교의 사명을 잘 감당하는 저희들이 되기 원합니다. ○○의 성도들은 삶의 자리에서 누구를 만나든지 복음을 전하는 자가 되게 하시옵소서. 복음이 땅 끝까지 전해지기를 원하셔서 성령을 보내신 주님의 뜻을 깨닫게 하시옵소서. 천하보다도 귀한 생명을 구원하는 일에 헌신하는 저희들로 삼아 주시옵소서.

세상에서 이김이 되신 예수님의 이름으로 기도드립니다. 아멘.

4월 4주
>> 승리의 달

구원의 반석을 향하여

이기는 그에게는 내가 내 보좌에 함께 앉게 하여 주기를
내가 이기고 아버지 보좌에 함께 앉은 것과 같이 하리라(계 3:21)

예배를 받으셔야 하시는 하나님 아버지,

예배의 시작 영광 중에 계시는 하나님을 예배하게 하시옵소서. 여호와 하나님께 노래를 부르기 위해서 한 자리에 앉았사오니, 구원의 반석을 향하여 즐거이 찬양하는 저희들이 되기 원합니다. 이 시간에, 왕의 자녀들로서 영광스러운 모습으로 예배하게 하시옵소서.

고백-회개 명목상으로는 천국의 백성, 삶의 현장에서는 이 땅의 백성으로 살아온 것을 회개합니다. 땅에 있는 것들은 잠깐뿐이라 하면서도 저희들이 땅의 것을 소유하기에 분주했었음을 회개합니다. 하늘을 바라본다는 것은 말과 기도의 나열일 뿐, 주머니를 채우고, 개인의 욕망을 채우는 것에 시간을 다 쓴 저희들입니다. 용서해주시옵소서.

오늘의 기도 하나님께서 장애인들을 특별히 아끼시는 것을 깨닫습니다. 저희들로 하여금 장애인들을 돌아보게 하시고, 작은 사랑으로 그들을 섬기게 하시오니 참 감사드립니다. 장애인들을 거저 도울 수 있도록

마음을 열어 주시며, 주님의 손과 발이 되어 그들을 이웃으로 섬기게 하시옵소서.

<small>교회의 형편과 사회적인 상황에 의한 현안적인 간구를 한다.</small>

예배의 호름 존경하는 목사님을 저희들에게 주심에 감사드립니다. 오늘도 저희들에게 진리의 말씀을 전하실 때, 은혜로 받게 하시옵소서. 하나님을 사랑하거나 하나님의 일에 주목하지 못했던 심령에 경고하시는 음성으로 듣게 하시옵소서.

○○ 찬양대원들이 찬양을 드릴 때, 영광을 받아주시옵소서. 그 찬양으로 실망과 근심으로 좌절에 빠진 사람들은 용기를 갖게 하시옵소서. 이 시간에, 예배의 진행을 돕고, 성도들의 편의를 위하여 봉사하는 지체들을 세워주셨음에 감사드립니다. 예배당의 도처에서, 주방에서 수고하는 그들을 복 되게 하시옵소서.

회중을 위한 기도 주님의 피 묻은 십자가를 언제나 사랑하게 하시고, 주님께서 받으셨던 고난의 쓴잔을 이제 저희가 받게 하여 주시옵소서. 주님의 사랑을 기억하며 다른 이들의 가슴에도 주님의 사랑을 심게 하시옵소서. 진정으로 주님의 이름을 드높이고, 죄악의 사슬을 풀어 생명과 자유를 주신 주님을 함께 찬양할 수 있는 교회가 되게 하여 주시옵소서.

죄를 이기게 해 주시는 예수님의 이름으로 기도드립니다. 아멘.

5월 1주
>> 가정의 달

찬양의 소리가
예배당 안에

> 또 아비들아 너희 자녀를 노엽게 하지 말고
> 오직 주의 교훈과 훈계로 양육하라 (엡 6:4)

가정을 거룩하게 해주시는 하나님 아버지,

예배의 시작 주 안에서 한 몸이 된 ○○의 지체들이 온 마음과 정성을 모아 예배하게 하시옵소서. 오늘은 저희들에게 자녀를 주신 하나님께 영광을 드리려 합니다. 찬양의 소리가 예배당 안에 퍼질 때, 하나님께서는 영광을 받으시옵소서. 영과 진리로 예배하면서 주님의 이름에 합당한 영광을 돌리게 하시옵소서.

고백-회개 이 시간에, 자녀를 사랑하고, 자녀와 더불어 하나님 아버지를 예배하는 삶에 주목하지 못했던 생활을 회개합니다. 주님의 은혜가 임했으니 그만큼 거룩하게, 하나님께 영광을 드리는 삶을 살아야 했지만 그렇지 못한 소위를 불쌍히 여겨주옵소서. 저희들의 가정이 하나님의 나라가 되게 하시옵소서.

오늘의 기도 저희들에게 하나님의 어린 생명들을 맡겨주셨으니, 좋은 부모가 되도록 도와주시옵소서. 육신적으로는 저희들의 자녀들이지만,

신령한 의미에서 하나님의 자녀이니 유모와 같은 마음을 주시옵소서. 귀한 아이들을 하나님 백성으로 키워내게 하시옵소서. 하나님 앞에서 아이들을 키우는 동안에 눈물의 기도를 쉬지 않게 하시옵소서.

<u>교회의 형편과 사회적인 상황에 의한 현안적인 간구를 한다.</u>

<u>예배의 흐름</u> 목사님을 대언자로 세우셔서 하늘 양식의 말씀을 진설하게 하심을 감사드립니다. 이 자리에 참석한 모든 성도들이 주님의 음성을 듣는 귀한 시간이 되게 하여 주시옵소서.

○○ 찬양대를 세워주시고, 오늘도 그들이 마음과 몸을 드려 찬양할 때, 하나님의 은혜를 체험하는 복된 자리로 인도해 주시옵소서.

많은 이들 가운데 예배를 위한 봉사자들을 세워주셨습니다. 그들이 예배당에 출입하는 성도들의 안내와 차량에 봉사, 여러 시설물들의 관리를 위하여 수고하게 하시니 감사드립니다.

<u>회중을 위한 기도</u> 오늘, 안타깝게도 함께 예배하지 못하는 지체들을 기억해주시옵소서. 몸이 늙어서 병들어 집이나 병원에서 홀로 있는 이들이 있으니 도와주시옵소서. 회복하게 하시는 여호와의 만져주심으로 구원해 주시옵소서. 병든 이들에게는 싸매어주시는 은혜로 아픈 부위를 낫게 하시고, 노년의 아름다움을 신앙생활로 보낼 수 있도록 도와주시옵소서.

길과 진리, 생명이신 예수님의 이름으로 기도드립니다. 아멘.

5월 2주
>> 가정의 달

영광은 오직 하나님만이

> 네 부모를 공경하라 그리하면 네 하나님 여호와가 네게 준 땅에서 네 생명이 길리라(출 20:12)

이 땅에서 천국의 삶을 주시는 하나님 아버지,

예배의 시작 이 자리에 모인 저희들에게, 하나님의 거룩하심에 맞는 경배를 드리기 원합니다. 주님의 피로 세우신 교회에서 예배드릴 때, 영광은 오직 하나님만이 받으시고, 성령님의 충만하심으로 들어가게 하시옵소서.

고백-회개 하나님의 말씀에 순종함이 부족했던 지난 주간 동안의 삶을 회개합니다. 가정을 주신 하나님의 의도에 민감하지 못했음을 회개합니다. 주님의 은혜에 감사함에 게으름을 용서해 주시옵소서. 감사를 새기는 진정한 자세가 되지 못하고 있음을 고백합니다. 우상을 버리고 하나님만 섬기는 믿음의 은혜를 누리게 하시옵소서.

오늘의 기도 저희를 사랑하셔서 부모와 함께 지내게 해주셨음을 기억합니다. 부모의 수고로운 손길로 오늘, 저희들이 이만한 삶을 살고 있음에 감사드립니다. 부모에게 효도를 다하는 저희들이 되게 하시옵소서.

부모로 인해서 저희들이 있고, 그분들의 은혜로 성장했음에 감사하게 하시옵소서. ○○의 성도들 가정마다 가정에서의 생활로 말미암아 하나님의 나라를 경험하게 하시옵소서.

<u>교회의 형편과 사회적인 상황에 의한 현안적인 간구를 한다.</u>

<u>예배의 흐름</u> 목사님께서 진리의 말씀으로 저희들을 인도하실 때, 하나님의 음성을 듣게 하시고 저희의 심령이 주님을 향하여 열릴 수 있도록 은혜로 더하여 주시옵소서.

이 시간에 ○○ 찬양대의 찬송으로 하나님의 영광이 예배당 안에 가득하게 하시고, 저희들은 그 은혜로 하나님께 더욱 가까이 나아가도록 하시옵소서.

오늘도 하나님께서 받으실 만한 예배가 되기 위해서 지명된 이들이 봉사하도록 하셨으니 감사드립니다. 성전의 꽃꽂이와 성전의 청소 등으로 수고한 종들, 여러 모양으로 섬기는 이들을 복 되게 하시옵소서.

<u>회중을 위한 기도</u> 저희들의 심령이 어찌 이리도 완악한지 죄송합니다. 주님의 피 흘리심을 상고하면서도 눈물을 흘릴 줄 모릅니다. 완악해진 심령을 불쌍히 보아 주시옵소서. 사랑에도 감격하지 못하는 완악한 심령을 성령님의 은혜로 녹여 주시옵소서. 강권적으로 역사하시는 은혜로 심령을 복 되게 해주시옵소서.

영원히 사랑의 보장이 되신 예수님의 이름으로 기도드립니다. 아멘.

5월 3주
>>가정의 달

경건함을 더하여 예배할 때

> 너는 센 머리 앞에서 일어서고 노인의 얼굴을 공경하며
> 네 하나님을 경외하라 나는 여호와이니라(레 19:32)

자기의 영광을 찾으시는 하나님 아버지,

예배의 시작 이 시간에, 영과 진리로 예배드리기를 원하오며, 모든 이들이 경건함을 더하여 예배할 때, 하늘의 하나님께 영광이 가득하게 하시옵소서. 복된 시간에 하나님께 영광을 드리는 예배가 되고, 저희들은 새로워짐의 은혜를 누리게 하시옵소서.

고백-회개 돌아보니, 부끄러운 죄의 모습을 감출 수 없습니다. 가정에서 부모와 자녀들 모두가 하나님의 나라를 경험하며 지내야 하였지만 그러하지 못하였습니다. 여호와를 섬기는 것과는 다른 행실들로 얼룩진 모습을 용서해주시옵소서. 거룩해져야 하는 마음이 세상의 것들로 채워져 있음을 고백합니다. 받은 사랑을 가지고 주님을 위하여 수고하는 손길이 되기 원합니다.

오늘의 기도 저희들을 사랑하셔서 가정을 주셨으니, 복 되게 인도해 주시옵소서. 모든 복과 은혜를 감사하면서 살아가도록 이끌어 주시옵소

서. 저희들 가족의 소원은 주님을 더 잘 알기 위한 것이 되게 하시옵소서. 주님의 가정에서 하나님을 찬양하는 일들만 있게 해 주시기 바랍니다.

교회의 형편과 사회적인 상황에 의한 현안적인 간구를 한다.

예배의 흐름 말씀을 선포하실 목사님께 영력을 더하여 주시옵소서. 저희들 마음을 옥토와 같게 하시고, 꿀과 송이꿀보다 단 말씀으로 흡족한 은혜를 받게 하여 주시옵소서.

오늘도 주님을 영화롭게 해드리는 ○○ 찬양대를 세우셨으니, 예수님을 구주로 믿는 무리들이 한 마음으로 하나님을 찬양하며 예배하도록 하시옵소서.

이 예배가 영과 진리로 드려지기 위해서 봉사하는 여러 종들도 있으니, 그들이 더욱 충성스럽게 감당하게 하시옵소서.

회중을 위한 기도 ○○의 성도들에게 우리 가정에 아버지가 되어주시는 하나님을 증거하게 하시옵소서. 주님의 사랑으로 믿지 않는 이웃에게 복음을 증거할 수 있는 새 힘을 허락하시고, 저희의 손과 발로 하는 사랑을 실천할 수 있도록 능력을 주시옵소서. 저희로 하나님 사랑의 증거가 되게 하시며 저희의 삶 속에서 역사하시는 하나님을 증거할 수 있는 믿음을 허락하여 주시옵소서.

생명의 길로 나아가게 하신 예수님의 이름으로 기도드립니다. 아멘.

5월 4주
>>가정의 달

주님을 영화롭게 해드리는

> 마른 떡 한 조각만 있고도 화목하는 것이
> 제육이 집에 가득하고도 다투는 것보다 나으니라(잠 17:1)

영과 진리로 예배하게 하시는 하나님 아버지,

예배의 시작 저희들에게 성령님을 보내주신 하나님께 찬양을 올려드립니다. 저희들이 어떤 모습으로 살아왔든지 교회 안에서 한 공동체를 이루게 하시고, 하나님의 은혜를 사모하며, 예배하게 해주시옵소서. 주님을 영화롭게 해드리는 시간에, 하늘의 천군과 천사들도 찬양을 하고, 저희들에게는 은혜를 내려 주시옵소서.

고백-회개 성령님의 감동하심에 민감하지 못했으며, 성령님을 거스르며 살았던 죄를 고백합니다. 하늘에서 저희의 회개하는 기도와 간구를 들으시고 죄를 씻어 주시옵소서. 성령님께 순종함으로써 영광을 드려야 했건만 그렇게 하지 못한 죄를 용서해 주시고, 저희들을 돌아보아 주시옵소서.

오늘의 기도 저희들의 모습은 주님께 영광이 되지 못한 것을 회개합니다. 여호와를 찬양하는 삶을 사는데 게을렀고, 고의적으로 순종하지 않은 죄를 용서해 주시옵소서. 오늘, 성령강림절에 저희들에게도 성령의 충만함이 있기 원합니다. 저희들도 성령님의 말하게 하심대로 말하게 하시옵소서.

교회의 형편과 사회적인 상황에 의한 현안적인 간구를 한다.

예배의 흐름 오늘도 말씀을 들고 단 위에 서신 목사님을 위하여 간구합니다. 목사님을 강권적으로 붙들어 주셔서 성령의 동행하시는 역사가 있게 하여 주시옵소서.

○○ 찬양대의 아름다운 찬양이 있는 예배로 하나님께 영광을 돌리게 되며 찬송의 능력을 체험하게 하시옵소서.

누구보다도 이른 시간에 나와서 예배를 돕는 지체들이 있습니다. 저들의 봉사를 하나님께서 받으시고 복을 내려 주시옵소서.

회중을 위한 기도 아직도 사탄은 성도를 넘어뜨리려고 온갖 것을 동원하여 몸부림치고 있습니다. 저희들의 심령을 성령님으로 채워주시옵소서. 그리하여 죄를 거절하고, 온갖 탐욕을 물리치며, 사탄을 대적하게 하시옵소서. 하나님을 바라고 섬길 수 있은 귀한 믿음을 허락하시고, 십자가 신앙으로 강하게 무장함으로써 마귀의 궤계를 능히 물리칠 수 있도록 하여 주시옵소서. 이 시대를 정복하는 십자가의 군병이 되게 하옵소서.

믿음의 주, 예수님의 이름으로 기도드립니다. 아멘.

5월 5주
>> 가정의 달

성도들 한 사람,
한 사람이

> 네 집 안방에 있는 네 아내는 결실한 포도나무 같으며
> 네 식탁에 둘러앉은 자식들은 어린 감람나무 같으리로다 (시 128:3)

거룩한 처소에서 엎드리게 하시는 하나님 아버지,

예배의 시작 성령님이시여, 이미 찬양과 경배로 시작된 예배를 마칠 때까지 주관해 주시옵소서. 오늘 드리는 저희들의 예배가 주님께서 기뻐 받으시는 산 제사가 되게 해주시기를 빕니다. 성도들 한 사람, 한 사람이 주님께서 열납하시는 예배를 드리게 하시며, 우리부터 내려지는 은총에 젖게 하시옵소서.

고백-회개 성령님의 도우심을 소망하지 않았음을 회개합니다. 보혜사로 오셨음에도 성령님을 모시지 않고, 이기적인 생각과 뜻을 품고 지냈음을 고백합니다. 하나님의 백성으로 살도록 성령님에게 충만하기를 바라셨으나 그렇게 하지 못하여 지은 죄 크고 크오니 보혈의 은혜로 용서해주시옵소서.

오늘의 기도 ○○교회가 복음을 전하는 사명을 다하기 위해 기도하는 시간이 되게 하시옵소서. 오늘, 이 자리에서 복음을 전하라고 이 곳에 교

회를 세워주셨습니다. 예배당 밖에 나가기만 하면 불신자들을 만나게 되는데, 그들에게 복음을 전하는 교회가 되게 하시옵소서. 불신자들에게 열려 있는 교회, 그들이 구원에 이르기 원하는 교회로 만들어 가게 하시옵소서.

교회의 형편과 사회적인 상황에 의한 현안적인 간구를 한다.

예배의 흐름 갈보리 십자가의 보혈로 예배당이 적셔지기를 소망합니다. 목사님을 세우셔서 하늘 양식의 말씀을 진설하게 하심을 감사드립니다.

○○ 찬양대원들이 마음과 몸을 드려 찬양할 때, 하나님의 은혜를 체험하는 복된 자리로 인도해 주시옵소서.

많은 이들 가운데 예배를 위한 봉사자들이 순종함으로 섬기고 있사오니 복된 봉사가 되게 하옵소서. 성령님의 질서와 말씀이 예배하는 중에 흥왕해지는 교회가 되도록 복 주시옵소서.

회중을 위한 기도 전에는, 아주 작은 일도 걱정하며 잠을 이루지 못하기도 했지만 모든 일을 아버지께 맡기고, 평안하게 하심을 감사드립니다. 끊임없이 찾아왔던 저희의 근심을 기도로 날려 버리게 하시고, 소망을 품게 하시는 하나님을 늘 찬양하게 하시옵소서. 저희들의 심령이 주님의 은혜 안에서 아무 것도 두렵지 않게 하시옵소서.

생명의 열매가 되어주신 예수님의 이름으로 기도드립니다. 아멘.

6월 1주
>> 호국의 달

구별하여
정해주신 장소에서

> 내가 이 말을 듣고 앉아서 울고 수일 동안 슬퍼하며
> 하늘의 하나님 앞에 금식하며 기도하여(느 1:4)

저희들에게 모국을 주신 하나님 아버지,

예배의 시작 6월의 첫째 주일에 하나님께로 나왔습니다. 하나님께서 주신 우리의 모국을 사랑하고, 예배하기 위하여 모였습니다. 친히 구별하여 정해주신 장소에서, 정해주신 시간에 거룩함의 옷을 입은 성도들에게 복을 내려주시옵소서. 예배로 모인 지금, 저희들의 마음에 험한 그리스도의 십자가를 새겨봅니다. 영과 진리로 예배할 때, 하늘의 문을 열어 주시옵소서.

고백-회개 주님의 이름을 부르려니, 죄의 아픔이 앞을 가립니다. 용서해주시옵소서. 섬김의 삶을 사셨던 주님과는 다르게 살아왔던 죄를 회개합니다. 조금의 일을 하고서도 이름이 드러나기를 바라고, 남을 위해 한 방울의 땀이라도 흘리면 알아주기를 바라는 마음이 있었음을 불쌍히 여기시옵소서. 저희들의 모습이 주님께 영광이 되지 못해 회개합니다.

오늘의 기도 이 민족 모두의 가슴을 사랑으로 채워주시기 바랍니다. 서로 사람다운 길에 설 수 있도록 위로하며 권면하도록 도와주시옵소서. 스스로 겸손의 띠로 허리를 동이고 복음의 신발을 신어 화해와 평화의 사도가 되게 하시옵소서. 이 강산의 백성들이 주님으로 인하여 살도록 회개의 영을 부어 주시옵소서.

교회의 형편과 사회적인 상황에 의한 현안적인 간구를 한다.

예배의 흐름 소망이 없는 이 시대에 선지자적 소명을 가지고 말씀을 외치는 목사님을 기억하여 주시옵소서.

예배를 위하여 ○○찬양대원들을 준비시키셨음에 감사드립니다. 하나님 앞에서 찬송을 맡은 이들이 벅찬 감격으로 찬양을 부르게 하시고, 저희들은 예배하려는 마음이 더욱 간절해지게 하시옵소서.

이 시간에도 한 시간의 예배를 위해 여러 모양으로 수종을 드는 종들에게 복을 내려 주시옵소서.

회중을 위한 기도 이제까지 한 번도 실망시키신 적이 없으신 그 자비하심에 호소하여 간구합니다. 언제나 저희에게 후대하셨던 하나님의 넉넉하심을 재정에 충당해 주시옵소서. 너무 궁핍해서, 하나님의 영광을 위한 일을 뒤로 하고, 재물에 몰두할까 두렵습니다. 여호와를 신뢰하니, 굶주림에서 구원해 주시옵소서.

구원의 길이 되신 예수님의 이름으로 기도드립니다. 아멘.

6월 2주
>> 호국의 달

꿈꾸던 것 같았던 감격으로

우리가 바벨론의 여러 강변 거기에 앉아서
시온을 기억하며 울었도다(시 137:1)

하늘에 계신 하나님 아버지,

예배의 시작 ○○의 권속에게 하나님, 그 이름이 높임을 받으시는 예배를 드리게 하시옵소서. 서로 사랑으로 섬겨야 할 저희들이 한 저희들이 한 믿음을 가졌음에 감사하면서 구원의 첫 은혜를 누렸을 때, 꿈꾸던 것 같았던 감격으로 예배드리게 하시옵소서. 오늘, 예배의 은총으로 저희들은 주 안에서 회복되어 하나님께서 기억하시는 가족이 되게 하시옵소서.

고백-회개 주 하나님을 예배하려고 머리를 숙일 때, 회개의 영으로 충만하게 하시옵소서. 사랑해야 될 나라를 주셨으나 우리 조국을 사랑하는데 게을렀음을 고백합니다. 육신의 삶에 쫓겨 하나님의 은혜를 잊고 지냈음에 대해서도 회개합니다. 거저 주셨던 생명의 은혜를 기억하면서 감사로 살지 못한 죄를 용서해 주시옵소서.

오늘의 기도 한 생명을 구하시려고 오래 참으시는 하나님의 열정을 갖도록 하시옵소서. 대한민국, 이 나라와 이 백성이 하나님께로 돌아와야 하는 것을 저희들의 생명과 연결 짓게 하시옵소서. 저희들이 많은 사람을 옳은 데로 돌아오게 하여 우리 조국을 사랑하시는 여호와의 뜻을 이루어드리게 하시옵소서. 저희 자신이 구원을 받은 복음을 한 사람에게라도 더 전하게 하시옵소서. 구원받아야 하는 영혼들에게 저희들을 보내주시옵소서.

<small>교회의 형편과 사회적인 상황에 의한 현안적인 간구를 한다.</small>

<small>예배의 흐름</small> 교회를 위해서 세우신 담임 목사님께 신령한 은혜를 더하여 주시옵소서. 그의 말씀을 순종함으로 받게 하시옵소서.

오늘도 ○○찬양대를 세워주셨습니다. 저들이 하나님을 예배하는 저희들을 대신하여 찬양할 때, 여호와의 영광이 넘치게 하시옵소서.

이 예배의 순서가 원만히 진행되도록 봉사하는 지체들이 있어서 감사드립니다. 저들의 헌신으로 더욱 영화롭게 예배하게 하시옵소서.

<small>회중을 위한 기도</small> 성령님의 충만하심으로 말미암아 죄를 짓지 않도록 은혜를 더하여 주시옵소서. 저희들에게 담대히 세상을 이기도록 하늘의 권세를 내려 주시옵소서. 저희들이 교만함에서 낮아지게 하시고, 인생의 어리석음 가운데 지혜롭게 하시고, 믿음 없음에 대하여서는 더욱 강건한 믿음으로 성장하도록 은혜를 주시옵소서.

생명의 주가 되신 예수님의 이름으로 기도드립니다. 아멘.

6월 3주
>> 호국의 달

그 사랑을
송축하는 저희들

이는 혹 내 골육을 아무쪼록 시기하게 하여
그들 중에서 얼마를 구원하려 함이라 (롬 11:14)

우리 나라를 사랑하시는 하나님 아버지,

예배의 시작 먼저, 십자가의 그 크신 사랑을 입어 예배하러 나온 저희들에게 복을 내려 주옵소서. 하나님의 강하게 하시는 은혜를 누리게 하시고, 이 좋은 예배당에 모인 이들에게 성령님의 충만하심을 주시옵소서. 하늘 높으신 자리에서 인생들의 삶을 굽어 살피신 그 사랑을 송축하는 저희들이 되기 원합니다.

고백-회개 지금, 주님의 예배당에 회개의 은혜가 충만하기를 소원합니다. 이 자리에 회개의 영이 가득해서 저희 각자가 자신의 죄를 고백하고, 깨끗함을 받게 하시옵소서. 눈보다 더 희어지는 보혈의 은혜를 주시옵소서. 예수 이름으로 믿음과 소망 그리고 사랑으로 살게 하옵소서. 하나님의 사랑으로 완성되는 삶이기 원합니다.

오늘의 기도 지금, 간절히 간구하오니, 저희 ○○ 교회와 모든 지체들에게 면류관을 바라보게 하시옵소서. 한 사람의 낙오자도 없이 승리의 면류관을 받기 원합니다. 천국의 백성으로서, 이 나라의 백성으로서 의무와 책임을 다하는 데 거룩해지게 하시옵소서. 하나님께서 주지 않으시면 내일은 결코 오지 않는다는 것을 깨달아, 오늘 해야 할 일을 내일로 미루지 않도록 인도해 주시옵소서.

교회의 형편과 사회적인 상황에 의한 현안적인 간구를 한다.

예배의 흐름 오늘도 새롭게 하시는 성령의 역사를 선포하시기 위하여 목사님께서 단 위에 서셨으니 저희 모두가 성령의 강한 역사를 체험케 하여 주시옵소서.

○○찬양대의 찬송으로 하나님의 영광이 예배당 안에 가득하게 하시고, 그 은혜로 하나님께 더욱 가까이 나아가도록 하시옵소서.

예배위원들을 지명하셔서 봉사하도록 하셨사오니 감사드립니다. 마귀의 훼방을 멸하시고, 오직 하늘의 하나님을 영화롭게 해드리는 순서로 예배가 진행되게 하시옵소서.

회중을 위한 기도 부활의 처음 열매가 되신 예수님을 만나게 하셔서 저희들의 몸도 신령한 몸으로 변화되는 은혜를 경험하게 하시옵소서. 예수님과 영생 복을 누릴 것을 굳게 믿는 저희들이 되게 하여 주시옵소서. 그리하여 이 시간에, 잠자던 영혼이 깨어나게 하시고, 냉랭하던 교회도 부활의 기쁨으로 충만케 하여 주시옵소서.

부활의 첫 열매이신 예수님의 이름으로 기도드립니다. 아멘.

6월 4주
>>호국의 달

받은 은혜로
입술을 열어

> 임금들과 높은 지위에 있는 모든 사람을 위하여 하라 이는 우리가 모든 경건과 단정함으로 고요하고 평안한 생활을 하려 함이라(딤전 2:2)

영광 가운데 영광이 되시는 하나님 아버지,

예배의 시작 예배하러 모인 ○○의 지체들을 거룩하게 하시옵소서. 이전에 모인 이들마다 받은 은혜로 입술을 열어 하나님의 높으심을 찬양하게 하시옵소서. 이 시간의 예배로 닫혔던 입술과 마음을 활짝 열어주시고, 하늘의 하나님께만 영광을 드리게 하시옵소서.

고백-회개 저희들을 향한 주님의 은혜는 한 순간도 놓치심이 없는데, 저희들은 주님을 잊고 지낼 때가 너무도 많았음을 회개합니다. 입술로는 위의 것을 바라보자 하면서, 그 순간에도 땅의 것들에 마음을 두고 지낸 위선의 죄를 용서해 주시옵소서. 더욱이 이 땅을 저희들의 조국으로 주셨지만 내 동포들에게 천국을 전하는데 소홀하였음을 용서해주시옵소서.

오늘의 기도 마음의 문을 연 저희들의 심령에 성령님께서 들어오시기 원합니다. 성령님의 충만하심으로 소망의 풍성함에 이르게 해 주시옵소서. 미지근해지는 삶의 자세에 새로움을 주시옵소서. 뜨겁든지, 차던지 성령님의 역사를 보게 하시옵소서. 부활하신 주님께서 주시는 은혜로 강하게 세워주시고, 담대히 나아가게 하시옵소서.
<small>교회의 형편과 사회적인 상황에 의한 현안적인 간구를 한다.</small>

<small>예배의 흐름</small> 목사님을 대언자로 세우셔서 생명양식을 전하게 하심을 감사드립니다. 그 말씀으로 성경을 부지런히 배우는 삶에 도전을 받게 하시옵소서.

저희 교회를 영화롭게 하셔서 ○○ 찬양대를 세워주시고, 오늘도 저들이 마음과 몸을 드려 찬양할 때, 하나님의 은혜를 체험하는 복된 자리로 인도해 주시옵소서.

많은 이들 가운데 예배를 위한 봉사자들이 순종함으로 하나님께 영광을 드리고 있으니 복된 봉사가 되게 하시옵소서.

<small>회중을 위한 기도</small> 인류를 사랑하시는 하나님의 마음을 저희들의 가슴에 담게 하시니 감사드립니다. 저희들을 이 땅에서 태어나게 하심은 조국에 대한 빚진 자의 사명을 주심이라 깨닫습니다. 이 땅 어디에서라도 복음을 듣지 못하여 구원에 이르지 못할 사람이 없게 하시는 하나님의 마음을 주시옵소서. 전도를 위하여 기도하게 하시고, 헌금으로 후원하게 하신 하나님의 위대하심을 찬양 드립니다.

영생을 약속하신 예수님의 이름으로 기도드립니다. 아멘.

7월 1주
>>숙련의 달

영원히 주님으로
즐거워하는 삶

> 내 아들들아 이제는 게으르지 말라 여호와께서 이미 너희를 택하사
> 그 앞에 서서 수종들어 그를 섬기며 분향하게 하셨느니라(대하 29:11)

우리를 지켜주시는 하나님 아버지,

예배의 시작 저희들의 영혼을 움직이셔서 하나님께만 예배드리려는 열망을 주옵소서. 이 시간의 예배로 진정 하나님을 만나게 해주시옵소서. 생명의 주님이신 예수님을 만나도록 이끌어 주시옵소서. 오늘의 예배로 영원히 주님으로 즐거워하는 삶이 되게 하시옵소서.

고백-회개 하나님 앞에서 죄를 자복하고 그 뜻대로 행하도록 하는 은혜를 보게 하옵소서. 맥추감사절을 지냄으로써 첫 수확에 대하여 감사해야 하는데, 저희들의 심령은 메말랐음을 고백합니다. 하나님께서 베풀어주심에 만족할 줄 모르고 더 있어야 할 것들을 바라며 불평을 해왔습니다.

오늘의 기도 저희들이 거두어들인 것을 생각할 때, 여호와의 이름을 만방에 알리고 싶습니다. 저희들에게 내려주신 은혜가 커서 영광을 드립니다. 오직 하나님의 이름을 높이는 맥추감사절이 되게 하시옵소서.

하나님의 자비하심으로 살아온 날들을 돌아볼 때, 감격하지 않을 수 없습니다. 저희들이 받은 것들이 심히 많으니 그 중에서 일부를 거룩하게 떼어 감사로 예배하는 절기를 주시옵소서.
<small>교회의 형편과 사회적인 상황에 의한 현안적인 간구를 한다.</small>

예배의 흐름 주님의 귀한 교회를 위해서 세우신 담임 목사님께서 전하시는 생명의 말씀으로 저희를 새롭게 하시옵소서.

여호와의 영광이 예배당에 선포되도록 찬양대를 세워주셨습니다. ○○ 찬양대원들이 하나님을 예배하는 저희들을 대신하여 찬양하는 역할을 귀하게 잘 감당하게 하시옵소서.

이 시간에 예배를 위해서 성실히 맡은 직분의 자리에서 봉사하는 지체들을 기억해 주시옵소서. 저들의 수고를 통해서 더욱 영화롭게 예배를 드리게 하셨음에 감사드립니다.

회중을 위한 기도 안타깝게도 저희들 주변에는 어려움으로 힘들어 하는 이들이 있사오니, 그들을 불쌍히 여겨 주시옵소서. 인생의 광풍을 만난 이들에게 함께 하셔서 풍랑을 다스려주시고, 평안케 하시옵소서. 사랑하는 지체들이 어려움을 겪으면서 하나님의 은혜를 소망하게 하시옵소서. 풍랑으로 훈련시키시는 주님의 손을 보게 하시옵소서.

선한 목자가 되어주신 예수님의 이름으로 기도드립니다. 아멘.

7월 2주

>> 숙련의 달

만왕의 왕이신 우리 주님께

부지런한 자의 경영은 풍부함에 이를 것이나
조급한 자는 궁핍함에 이를 따름이니라(잠 21:5)

인간의 경배를 기뻐하시는 하나님 아버지,

예배의 시작 영광으로 임재하시는 하나님의 이름을 높여드립니다. 각각 자기들의 자리에서 여호와의 제사장으로서 살던 저희들입니다. 예배하라고 구별해주신 한 자리에 모였습니다. 만왕의 왕이신 우리 주님께 구속함을 받은 성도들이 경배하오니 받아 주시옵소서.

고백-회개 주님 앞에서 감사할 줄을 모르고 참고 기다릴 줄 모르고 믿음이 없는 자와도 같이 불평하며 지냈습니다. 저희들의 허물을 여호와께 자복하게 하시옵소서. 주 하나님께 죄를 아뢰고, 죄악을 숨기지 아니하게 하시옵소서. 입술로 불의를 열매를 맺으며 살았던 지난 시간을 회개합니다.

오늘의 기도 이 나라의 헌법이 제정될 때, 모든 국회의원들이 기도로 시작하게 하셨던 역사적인 사실을 기억합니다. 우리 민족을 사랑하시는 하나님의 열심을 보게 하셨습니다. 저희들이 이 땅에서 사는 동안에 헌법을 준수하는 마음을 지니게 해주시고, 천국의 법도 따르게 하시옵소서. 하나님의 율례와 법도를 귀하게 여기게 하시옵소서.
교회의 형편과 사회적인 상황에 의한 현안적인 간구를 한다.

예배의 흐름 강단에서 하나님의 말씀을 들려주시는 목사님께 말씀의 능력을 더하셔서 감화가 되게 하시옵소서. 우리 하나님의 크신 놀라운 뜻을 깨닫는 시간이 되게 인도하여 주시옵소서.

○○찬양대 귀한 지체들의 찬양을 받아주옵소서. 저들의 찬양을 통해서 하나님께는 영광이 드려지고, 회중에게는 소망을 얻게 하시옵소서.

예배당의 안팎에서 맡겨진 직무에 따라 봉사하는 종들이 있음에 감사드립니다. 귀한 지체들의 섬김으로 예배를 아름답게 하시오니 종들이 은총을 입게 하시옵소서.

회중을 위한 기도 오늘, 하나님께서 존귀하게 보아주시는 ○○의 성도들에게 말씀과 기도를 통하여 능력을 얻게 하시고, 주님을 위하여 헌신하는 축복된 시간이 되게 하시옵소서. 소돔과 고모라 같은 세상이지만 아직도 곳곳에 사랑을 나타내고 심어야 할 곳이 많이 있습니다. 주님의 사랑으로 세상을 섬기는 저희들이 되도록 인도하시옵소서. 천국을 사모하면서도 이 땅에서 주님의 사람이 되어 살아가기에 부족하지 않도록 인도해주시옵소서.

영생에 이르게 해주신 예수님의 이름으로 기도드립니다. 아멘.

7월 3주
>> 숙련의 달

존귀한 지체들이
거룩한 성전에

이런 것이 너희에게 있어 흡족한즉 너희로 우리 주 예수 그리스도를 알기에 게으르지 않고 열매 없는 자가 되지 않게 하려니와(벧후 1:8)

자기 백성을 거룩하게 하시는 하나님 아버지,

예배의 시작 무더위 속에서도 우리를 지켜주시는 하나님을 예배하러 나왔습니다. 여호와 앞에서 존귀한 지체들이 거룩한 성전에 모였습니다. 머리를 숙인 이들이 영과 진리로 예배드리게 하시옵소서. 오직 하나님께만 영광이 되는 예배의 순서 순서로 이어지게 하시옵소서. 그리고 저희들을 위해서 준비된 하늘의 은혜를 허락해 주시옵소서.

고백-회개 예배하려 머리를 숙이오니 불신앙으로 지냈음을 고백하게 됩니다. 하나님의 말씀을 전심으로 따르기보다는 믿음이 없는 이들처럼 지냈습니다. 성경을 가까이 하지 못하고, 주님 없이 사는 이들과 더불어 조금도 구별됨이 없는 삶을 살았습니다. 용서해주시옵소서.

오늘의 기도 하나님께로 나올 때, 빈손으로 오지 않도록 해주셨음에 감사드립니다. 베풀어 주신 은혜에 자원하여 예물을 드리고, 봉사하여 주님을 송축하기 원합니다. 기쁨으로 감사하는 저희들이 되게 하시옵소서. 언제나 우리보다 앞서 준비해 놓으시고 그것을 믿기만 하면 우리에게 주심에 감사합니다. 하나님을 사랑하는 자에게 미리 대책을 세워 주시는 자비하심이 오늘, 저희들의 것이 되게 하시옵소서.
<small>교회의 형편과 사회적인 상황에 의한 현안적인 간구를 한다.</small>

<small>예배의 흐름</small> 이 교회를 위하여 주의 종을 보내셨사오니, 진리의 말씀을 기다립니다. 목사님께 성령님의 충만하심을 더하셔서 말씀을 선포하게 하시옵소서.

○○ 찬양대원들이 하나님을 찬양할 때, 이 예배당이 천상의 자리가 되기를 원합니다. 그 찬양으로 저희들에게는 예배하려는 마음이 더욱 간절해지게 하시옵소서.

이 한 시간의 예배가 거룩하게 드려지도록 여러 모양으로 수종을 드는 종들을 세우셨음에 감사드립니다.
<small>회중을 위한 기도</small>

저희들로 하나님의 전에서 감사와 찬양이 끊이지 않도록 축복하여 주시옵소서. 지난 한 주간도 눈동자처럼 보호하신 하나님의 은혜를 기억하오니 감사와 찬양을 주께 돌립니다. 성도들의 질고를 아시는 아버지께서 예배에 은혜를 주셔서 위로가 넘치게 하시고, 하나님의 능력으로 치료받는 기적을 보여 주시옵소서.

구원의 보장이 되신 예수님의 이름으로 기도드립니다. 아멘.

7월 4주

>>숙련의 달

하나님을 찬미하는 저희들

우리가 간절히 원하는 것은 너희 각 사람이 동일한 부지런함을 나타내어
끝까지 소망의 풍성함에 이르러(히 6:11)

성전을 사모하여 모이게 하신 하나님 아버지,

예배의 시작 이 거룩한 시간에 영과 진리로 예배하게 하시며, 오직 하나님께만 영광이 되는 예배의 순서 순서로 이어지게 하시옵소서. 예수님의 십자가 공로로 의롭다 함을 받아 예배드림을 감사하고, 하나님을 찬미하는 저희들이 되기를 빕니다. 이 은혜로 하나님의 영광을 누리는 예배가 되게 하시옵소서.

고백-회개 살만하면 하나님을 잊고, 자신에게 주목하는 버릇을 버리지 못함을 불쌍히 여겨 주시옵소서. 저희들의 지난 시간에 있었던 삶이 주님을 떠난 것이었음을 회개합니다. 하나님께서 저희들을 사랑하며 열심을 내셨으나, 저희들은 그렇지 못하였습니다. 고의적으로 하나님을 사랑하는 길에서 떠나 지냈던 죄를 용서해 주시옵소서.

오늘의 기도 우리 주 예수님께서 세상에 오셨던 것처럼, 저희 교회도 자신을 내어 주기 위하여 세상으로 보내지게 하시옵소서. 세상을 위하여

자신의 모든 것들을 주는 교회가 되게 하시옵소서. 죽어가는 이들에게 거저 줄 수 있게 하시옵소서. 이로써 구원받아야 할 세상 사람들을 위하여 문이 열려진 교회가 되게 하시옵소서.

<small>교회의 형편과 사회적인 상황에 의한 현안적인 간구를 한다.</small>

<small>예배의 흐름</small> 강단에서 생명과 진리로 이끄실 목사님께 성령님과 지혜에 충만케 하시옵소서. 그 말씀으로 하나님의 왕 되심이 선포되기를 빕니다. 하나님의 말씀으로 흥왕함을 보게 하시옵소서.

이 교회를 위하여 ○○ 찬양대원들을 준비시키셨음에 감사드립니다. 하나님 앞에서 찬송을 맡은 이들이 벅찬 감격으로 찬양을 부르게 하시옵소서.

일꾼으로 부름을 받아 각각의 자리에서 헌신하는 종들에게 은혜와 진리로 인도해 주시옵소서. 오직 하나님께 영광을 드리는 한 시간의 예배를 위하여 각각 자신이 맡은 분야에서 수고를 다하게 하시옵소서.

<small>회중을 위한 기도</small> 이 시간에는 저희들에게 맡겨주신, 장래의 소망을 하나님께 두고 있는 청소년들을 축복합니다. 그들이 자신을 낳아주시고, 길러주신 부모의 사랑에 감사하면서 살아갈 때, 복된 하루 하루가 되게 하시옵소서. 인생의 길을 배우고, 학문을 연마하는 중에 있으니 지혜에 지혜를 더해주시기를 빕니다.

면류관을 받으시는 예수님의 이름으로 기도드립니다. 아멘.

8월 1주
>> 내려놓음의 달

주님의 백성으로 삼으셨으니

사람의 모양으로 나타나사 자기를 낮추시고 죽기까지 복종하셨으니 곧 십자가에 죽으심이라(빌 2:8)

영광을 취하시는 하나님 아버지,

예배의 시작 8월을 여는 첫째 주일의 거룩한 시간을 하나님께 올려드립니다. ○○의 성도들이 여호와 앞에서 한 주간의 생활을 마치고, 다시 모였습니다. 하나님께서 거룩하게 구별해주신 날에 모이게 하심을 감사드립니다. 저희들을 주님의 백성으로 삼으셨사오니, 머리를 숙인 저희들이 드리는 영광을 받아주시옵소서.

고백-회개 주님께서는 이 세대를 본받지 말라 하셨는데, 지난 시간의 저희들은 이 세상에 깊이 빠져서 지냈습니다. 하나님의 말씀보다 세상의 흐름에 생명을 맡기고, 재산을 맡기고 살았음을 회개합니다. 용서해 주시옵소서.

오늘의 기도 하나님의 나라를 위하여 일을 맡겨 주셨음을 믿습니다. 저희들의 인생의 삶에서 살아가야 할 길을 열어 주시옵소서. 주님의 뜻에 따라 봉사하고 영광을 드리게 하시옵소서. '소원을 두고 행하게 하시나니' 라고 약속하셨으니, 이 약속이 저희들에게도 이루어져서, 인생의 소원을 품기 원합니다.
교회의 형편과 사회적인 상황에 의한 현안적인 간구를 한다.

예배의 흐름 오늘도 하나님의 말씀을 기다리게 해주시어 감사드립니다. 말씀을 듣고 단 위에 서신 목사님을 성령의 권능으로 붙드시고, 주님의 권세 있는 말씀을 선포하시게 하시옵소서.

○○ 찬양대의 귀한 지체들의 찬양을 통해서 하나님께는 영광이 드려지기를 빕니다. 찬양의 감동으로 말미암아 혹시 찬송의 힘을 잃은 회중들에게 힘을 얻도록 은혜를 내려 주시옵소서.

예배를 위해서 성실히 맡은 직분의 자리에서 봉사하는 지체들을 기억해 주시옵소서. 저들의 수고를 통해서 더욱 영화롭게 예배를 드리게 하셨음에 감사드립니다.

회중을 위한 기도 마음이 아프게도 이 자리에 함께 해야 될 지체들이 보이지 않습니다. 오늘, 자신의 자리를 지키지 못한 이들을 불쌍히 여겨 주시옵소서. 만일 그들이 고통 중에 있거든 그 고통에서 벗어나게 하시고, 혹시라도 고난 중에 있거든 주님께서 함께 해주시옵소서. 그렇지만 자신의 유익이나 쾌락 때문이라면 어서 그 마음을 돌이키게 해주시옵소서.

영원까지 친구가 되어주시는 예수님의 이름으로 기도드립니다. 아멘.

8월 2주
>> 내려놓음의 달

해방된 민족에게
은혜 베푸심

> 서로 마음을 같이하며 높은 데 마음을 두지 말고 도리어 낮은 데 처하며
> 스스로 지혜 있는 체 하지 말라(롬 12:16)

이 민족을 불쌍히 여기시는 하나님 아버지,

예배의 시작 오늘은 이 나라가 일제의 식민지로부터 해방된 것을 기념하는 날로 지키려 합니다. 우리 민족을 사랑하셔서 잃었던 주권을 찾게 하시고, 자유를 누리게 하셨사오니 그 행하신 은혜를 새롭게 하시옵소서. 우리 민족의 하나님, 여호와의 그 영화로운 이름을 영원히 찬송하는 시간으로 인도해주시옵소서.

고백-회개 아름다운 우리 금수강산에 예수님의 사랑이 드리워지도록 전도하지 못하고 있는 저희들의 게으름을 용서해주시옵소서. 하나님의 사랑을 이웃에게 전하는데 부족했음을 용서해주시옵소서. 저희들이 여기에 모여 하나님을 예배하는 것만 기뻐하지 않고, 아직도 하나님을 섬기려 하지 않는 이들에게 복음을 전하게 하시옵소서.

오늘의 기도 일본의 압제에서 고난당하던 이 민족을 구해주신 하나님의 은혜를 기억하는 예배를 드리게 하시옵소서. 이 나라에 대한 하나님의

사랑을 나타내셨음에 경배하게 하시옵소서. 나라를 빼앗겨서 자유를 잃어버린 채, 노예처럼 살던 우리에게 나라를 찾게 하신 하나님을 찬양합니다.
<small>교회의 형편과 사회적인 상황에 의한 현안적인 간구를 한다.</small>

<small>예배의 흐름</small> 목사님께서 생명과 진리의 말씀을 선포하시게 하시옵소서. 강단에서부터 흘러나온 생명의 말씀이 저희들에게 생수가 되게 하옵소서.

이 예배를 아름답게 하는 ○○ 찬양대 귀한 지체들의 찬양을 받아주옵소서. 이들의 찬양을 통해서 하나님께는 영광이 드려지고, 혹시 찬송의 힘을 잃은 회중들은 힘을 얻기를 원합니다.

오늘, 예배를 위해 봉사한 손길이 있음에 감사드립니다. 그들의 섬김으로 예배를 아름답게 하시오니 종들이 은총을 입게 하옵소서.

<small>회중을 위한 기도</small> 하나님 앞에서 내려놓음을 경험하게 해주시옵소서. 저희들이 지니고 있다고 여기는 모든 것들을 내려놓게 하시옵소서. 그런 다음에, 저희들에게 사도의 일을 허락하시고 그것을 감당할 수 있도록 새 힘을 내려 주시옵소서. 우리를 인도하시는 주님의 길이 진리와 생명의 길임을 고백하고 확신합니다. ○○의 교우들에게 주신 사명을 잘 감당할 수 있도록 인도해주시옵소서.

저희를 의롭게 하신 예수님의 이름으로 기도드립니다. 아멘.

8월 3주
>> 내려놓음의 달

희생 제물이 되신 예수님을

> 여호와여 주는 겸손한 자의 소원을 들으셨사오니 그들의 마음을 준비하시며 귀를 기울여 들으시고(시 10:17)

우리의 간구에 귀를 기울이시는 하나님 아버지,

예배의 시작 만군의 여호와께 경배하며 찬양을 드립니다. 이 자리에, 주님의 귀한 자녀들이 모였사오니 영광을 받으시옵소서. 예배하는 지금, 저희를 위해 희생 제물이 되신 예수님을 찬양합니다. 그리스도의 보혈로 씻음 받고, 주님 앞으로 나왔습니다. 저희들에게서 영광을 취하시옵소서.

고백-회개 지금, 우리 하나님의 이름에 영광을 드리기 전에 죄를 회개합니다. 베드로처럼, 하나님의 일을 생각하지 않은 죄를 용서해주시옵소서. 사람의 일만 생각하고, 이 땅에서의 유익에 마음을 내어준 죄를 용서해주시옵소서. 하나님께 주목하지 못하고 자기를 기쁘게 하는 것만 생각해왔음을 불쌍히 여겨 주시옵소서.

오늘의 기도 악하고 음란한 이 때, 저희들에게 더욱 부르짖는 간구의 소리가 있게 하시옵소서. ○○ 교회의 권속들이 성령님의 충만하심을 사모하도록 하시옵소서. 성령님의 역사가 저희 개인이나 교회에서 기적과 이적으로 나타나기를 소원합니다. 120명의 사람들이 약속하신 성령을 받기 위해서 간절히 기도했던 다락방의 은혜를 보여 주시옵소서.
교회의 형편과 사회적인 상황에 의한 현안적인 간구를 한다.

예배의 흐름 하늘의 백성들에게 은혜를 주시려고 목사님을 단에 세우셨음에 감사드립니다. 성령님께서 주관하셔서 말씀을 전하시도록 하시옵소서.

○○ 찬양대원들이 거룩한 음악으로 어우러진 최상의 찬양을 드리기를 소망합니다. 여호와께 존귀한 지체들이 기도하면서 준비한 찬양을 받으시고, 이 전은 여호와의 영광으로 가득하게 하시옵소서.

오늘도 자원하는 심정을 가지고, 봉사하는 일꾼들이 있습니다. 맡은 자리에서 예배의 진행을 돕는 손길들에게 은혜를 더하여 주옵소서.

회중을 위한 기도 오늘, 사랑하는 지체들에게 하나님의 계획과 섭리를 깨닫게 하셔서 주신 사명을 감당하게 하시고 권세 있는 성도들이 되어서 어둠의 세력을 물리치고 저주의 세력 앞에 예수의 이름을 부르게 하옵소서. 저희들의 신앙생활에 십자가를 내려놓지 않게 하시고 감사함으로 주님 가신 길을 따라가게 하시옵소서.

기도의 문이 되신 예수님의 이름으로 기도드립니다. 아멘.

8월 4주
>> 내려놓음의 달

하나님께서
홀로 영광을

> 젊은 자들아 이와 같이 장로들에게 순종하고 다 서로 겸손으로 허리를 동이라 하나님은 교만한 자를 대적하시되 겸손한 자들에게는 은혜를 주시느니라(벧전 5:5)

성소에서 홀로 찬양을 받으실 하나님 아버지,

예배의 시작 거룩한 자리에 저희들을 부르셔서 예배하게 하셨음에 주님의 이름을 송축합니다. 여호와께 존귀한 성도들이 머리를 숙였습니다. 이 잔에, 생명의 진리가 충만하게 해주시고, 저희들의 심령을 은혜로 충만하게 하시옵소서. 하나님께서 홀로 영광을 받으시옵소서.

고백-회개 크시고 두려워할 하나님 앞에서 저희들의 죄를 자복합니다. 하나님의 인도하심을 의지하기보다는 자신의 생각을 더 신뢰했음을 고백합니다. 하나님께서 나의 삶을 주관하신다는 생각은 있었으나, 진정으로 맡겨드리지 못하고 경험의 자로 재고 따지면서 살아왔음을 용서해주시옵소서.

오늘의 기도 사람들의 가슴마다에, 하나님의 의로우심이 뜨거워서 불의가 피어나지 못하는 사회가 되게 하심을 믿습니다. 잠시의 이익을 즐기고자, 옳지 않은 일을 좋아하던 옛 사람의 행실을 버린 사람들의 사회가 되기 원합니다. 주님의 영광이 선포되고, 이 땅 곳곳에서 하나님의 뜻이 이루어지는 세상을 보게 하시옵소서.
<small>교회의 형편과 사회적인 상황에 의한 현안적인 간구를 한다.</small>

예배의 흐름 말씀으로 저희들에게 은혜 끼치실 목사님 위에 성령의 역사가 있기를 빕니다. 강단에서 말씀이 선포될 때, 그 말씀이 상한 심령들을 능력이 되게 하시옵소서.

여호와의 영광이 예배당에 선포되도록 찬양대를 세워주셨습니다. ○○ 찬양대원들이 하나님을 예배하는 저희들을 대신하여 찬양하는 역할을 귀하게 감당하게 하시옵소서.

예배를 위해서 강단의 꽃꽂이, 안내-봉사위원, 주방에서의 봉사 등으로 수고하는 지체들을 기억해 주시옵소서. 저들의 수고를 통해서 더욱 영화롭게 예배를 드리게 하셨음에 감사드립니다.

회중을 위한 기도

저희 지체들의 마음 밭에 주님의 복음과 진리의 씨앗을 뿌려 주시옵소서. 성령님의 능력으로 가꾸어 주시며, 말씀의 영양분을 충분히 공급해주시옵소서. 이로써 영과 육이 건강한 자녀들로 자라게 하시옵소서. 크신 사랑으로 저희들을 키워주시옵소서.

믿는 자들의 구주이신 예수님의 이름으로 기도드립니다. 아멘.

8월 5주
>> 내려놓음의 달

권속들의
가슴을 벅차게

네 짐을 여호와께 맡기라 그가 너를 붙드시고
의인의 요동함을 영원히 허락하지 아니하시리로다(시 55:22)

천국 백성에게 자비로우신 하나님 아버지,

예배의 시작 구원의 주님이신 우리 하나님께 영광을 드립니다. 예배하는 이 시간에, 성령님의 충만하심으로 무릎을 꿇은 권속들의 가슴을 벅차게 하시옵소서. 마음의 문을 열어 주님의 이름을 크게 부르도록 하시고, 머리를 숙여 참으로 겸손히 예배하게 하시옵소서.

고백-회개 저희들은 생활의 현장에서 거룩하지 못하였습니다. 하나님께서 바라시는 성결의 생활에 힘을 쓰지 못하고, 불신자들과 다름이 없이 지내었던 삶을 회개합니다. 하늘에 소망을 두지 않고, 영생이 없는 삶으로 지내온 것을 용서해주시옵소서.

오늘의 기도 주님의 ○○ 교회가 날마다 은혜로 풍성하게 해 주시고, 이 지역에서 영혼을 살리는 방주가 되게 하시옵소서. 저희들의 소원은 오직 하나, 불신자들에게 복음을 전하는 것이 되게 하시옵소서. 거저 받은 복음으로 구원을 얻은 것처럼, 이 복음을 나누어주는 교회로 만들어 주시옵소서.

> 교회의 형편과 사회적인 상황에 의한 현안적인 간구를 한다.

예배의 흐름 담임 목사님을 붙드셔서 ○○ 교회의 권속들에게 하나님의 말씀을 전하게 하시옵소서. 살아있는 말씀으로 저희들의 심령을 새롭게 하여 거룩하심으로 옷을 입혀 주시기를 바라는 결단이 되게 하시옵소서.

○○찬양대원들이 하나님의 영광을 찬양하게 하시옵소서. 몸을 드려 준비한 찬양이 이 자리를 하나님의 영광으로 가득하게 하시옵소서.

이 시간에, 예배의 진행을 돕고, 성도들의 편의를 위하여 봉사하는 지체들도 축복합니다. 무더운 날씨에 땀을 흘리며 봉사하는 그들에게 하나님의 은혜로 시원하게 하시옵소서.

회중을 위한 기도 저희들은 믿음의 눈으로 부활의 주님을 보았사오니, 겸손히 주님의 말씀을 받아들이게 하시옵소서. ○○의 성도들이 하나님께 쓰임을 받기 위해서 자신을 내려놓게 하시옵소서. 낮은 자리로 내려가게 하시며, 힘을 다하여 하나님의 말씀을 이루어드리는 아멘의 생활로 인도해주시옵소서. 이제, 간절히 바라옵기는 깨우쳐 주시는 말씀으로 새 교훈을 받게 하시고, 종일 묵상하는 저희들이 되게 하시옵소서.

기도의 응답을 약속하신 예수님의 이름으로 기도드립니다. 아멘.

9월 1주
>>순종의 달

성삼위 하나님께 드릴 영광의 시간

이는 아브라함이 내 말을 순종하고
내 명령과 내 계명과 내 율례와 내 법도를 지켰음이라 하시니라(창 26:5)

날과 시간을 정하시는 하나님 아버지,

예배의 시작 9월을 맞이했습니다. 첫째 주일에, 이 전에 모인 ○○의 성도들이 하나님께 영광을 돌리게 하시옵소서. 성삼위 하나님께 드릴 영광의 시간이 되게 하시옵소서. 저희들이 한 마음을 묶어 예배하는 이 시간에, 참 평안과 즐거움을 갖게 하시옵소서. 주님께서 받으셔야 하는 영광을 받으시고, 저희들에게는 기쁨을 누리게 하시옵소서.

고백-회개 여호와께 영광을 돌리지 않았음을 용서해주시옵소서. 작은 것에 감사하고 기뻐하지 않았음을 용서해주시옵소서. 내 손에 취한 것들의 부족함만을 보고 하나님을 원망했음이 기억납니다. 주님 앞에 자복하고 저희들이 불신앙으로 살았던 죄악을 고하고 숨기지 않게 하시옵소서.

오늘의 기도 하나님의 사랑이 저희들을 거듭나게 해주셨사오니, 영원히 찬양을 드리게 하시옵소서. 친히 사랑의 본이 되어 주신 예수님을 따라 사랑으로 살게 하시옵소서. 주님 안에서 드러난 하나님의 사랑이 저희의 사랑이 되기 원합니다. 독생자를 내어 주셨던 그 사랑으로 모든 이들을 사랑하게 하시옵소서.

<small>교회의 형편과 사회적인 상황에 의한 현안적인 간구를 한다.</small>

<small>예배의 흐름</small> 주의 백성들에게 은혜를 주시려고 목사님을 단에 세우셨음에 감사드립니다. 그의 입술을 성령님께서 주관하셔서 말씀을 듣게 하시옵소서.

하나님의 위대하심을 선포하는 ○○ 찬양대원들을 보아주시옵소서. 그들이 영과 진리의 예배와 하나님을 영화롭게 해드리는 음악으로 어우러진 최상의 찬양을 드리기를 소망합니다.

많은 이들 가운데 예배를 위한 봉사자들이 순종함으로 섬기고 있사오니 복된 봉사가 되게 하시옵소서. 가을이 되었지만 아직도 무더운데 봉사하는 종들의 땀을 닦아 주시옵소서.

<small>회중을 위한 기도</small> ○○의 권속에게 하나님의 나라를 위하여 헌신할 수 있는 복을 내려주시옵소서. 예배를 통해 내려주시는 복으로 저희들의 삶이 은혜롭게 될 것을 믿습니다. 하나님의 백성으로 거룩하게 살아 갈 수 있게 하시옵소서. 하나님 앞에서 복된 자가 된 저희들의 발길로 인하여 세상에서 하나님의 나라가 확장되게 하시옵소서.

영생의 기쁨이 되시는 예수님의 이름으로 기도드립니다. 아멘.

9월 2주
>>순종의 달

크고 놀라우신
은혜를 마음에

> 네가 만일 네 아버지 다윗이 행함 같이 내 길로 행하며
> 내 법도와 명령을 지키면 내가 또 네 날을 길게 하리라(왕상 3:14)

우리를 돌아보시는 하나님 아버지,

예배의 시작 예배의 주가 되시는 여호와를 찬송합니다. 주 하나님의 사랑을 입고 지내던 지체들이 나왔습니다. 하나님은 저희들에게 좋으신 아버지이십니다. 크고 놀라우신 은혜를 마음에 새롭게 하시옵소서. 주님의 손길이 함께 하셨던 그동안의 일들을 감사하게 하시옵소서.

고백-회개 저희들이 죄를 지었음을 고백합니다. 하나님의 영광을 위함보다 저희들의 즐거움과 만족에 마음을 두고 지내왔습니다. 영생을 가지지 못한 이들처럼 세상에서 남보다 더 재물을 취하고, 손해를 보지 않으려는 마음에 쫓겨 살았음을 회개합니다. 잘못을 저질렀으니 용서해주시옵소서.

오늘의 기도 주님께서 ○○ 교회에 복음을 선물로 주신 사실을 생각합니다. 저희들의 생명을 살리시려고, 각자의 심령에도 복음을 주셨음을

믿습니다. 이제, 이 복음을 전하는 저희들이 되게 하시옵소서. 저희들 한 사람 한 사람의 전도로 구원에 이르는 것을 보게 하시옵소서. 복음을 듣고, 믿음에 이르는 생명들을 보여 주시옵소서.
교회의 형편과 사회적인 상황에 의한 현안적인 간구를 한다.

예배의 흐름 사랑하고, 존경하는 목사님을 저희들에게 주심에 감사드립니다. 종의 입술을 통해서 전해지는 말씀을 사모하게 하시옵소서.

○○ 찬양대원들이 찬양을 드릴 때, 영광을 받아주시옵소서. 사랑하는 지체들이 기도하면서 준비한 찬양으로 하나님께는 영광이 되며, 실망과 근심으로 좌절에 빠진 성도들에게는 용기를 갖게 하시옵소서.

이 시간에, 예배의 진행을 돕고, 성도들의 편의를 위하여 봉사하는 지체들을 세워주셨음에 감사드립니다. 예배당의 도처에서, 주방에서 수고하는 그들을 복 되게 하시옵소서.

회중을 위한 기도 저희들의 심령을 새롭게 해주시옵소서. 하나님 앞에서 순종하기를 결단하게 하시옵소서. 그래서 우리 주님과 동행하는 매일 매일이 되게 하시옵소서. 허물로 인한 회개 기도보다는 승리에 대한 감사의 기도가 넘치는 날들이 되게 하시옵소서. 은혜를 사모하게 하시고, 사명에 충성하게 하시며, 감사로 열매 맺는 축복을 내려 주시옵소서.

십자가의 사랑이 되신 예수님의 이름으로 기도드립니다. 아멘.

9월 3주
>> 순종의 달

하나님께서 정하신 방법에 따라

너희가 진리를 순종함으로 너희 영혼을 깨끗하게 하여 거짓이 없이 형제를 사랑하기에 이르렀으니 마음으로 뜨겁게 서로 사랑하라(벧전 1:22)

예배의 자리로 불러 주신 하나님 아버지,

예배의 시작 하나님의 이름 앞에 무릎을 꿇어 자복하면서 영광을 드립니다. 하나님께서 정하신 방법에 따라 예배를 드리오니 받아 주시옵소서. 그리고 머리를 숙인 저희들에게는 여호와께 영원히 성민이 되게 하시옵소서. 우리의 모든 생각과 정성 그리고 사랑을 모아 예배하기 원합니다.

고백-회개 예수님의 부활로 죄를 이기게 되었음을 확신해야겠건만, 부활이 없는 자들처럼 살아온 것을 회개합니다. 하늘을 사모해야 하면서도 눈에 보이는 것, 마음을 즐겁게 하는 것에 매달려 주님이 없는 삶을 살았음을 자복합니다. 주님의 부활에 영광을 드리지 못하였음을 용서해 주시옵소서.

오늘의 기도 여호와께서 샘으로 골짜기에서 솟아나게 하시고 산 사이에 흐르게 하셔서 밭의 곡식들을 거두게 하시니 감사드립니다. 저희들에게는 우상을 숭배하던 조상 적부터 지켜온 구습으로 이 명절을 보내기에 안타깝기 그지없음을 고백합니다. 이 좋은 시절에 하나님의 영광을 가리지 않게 하시옵소서.

교회의 형편과 사회적인 상황에 의한 현안적인 간구를 한다.

예배의 흐름 목사님을 대언자로 세우셔서 하늘 양식의 말씀을 진설하게 하심을 감사드립니다. 그 말씀으로 천국의 문을 여는 교회가 되도록 저희들이 헌신하게 하시옵소서.

○○ 찬양대를 세워주시고, 오늘도 그들이 마음과 몸을 드려 찬양할 때, 하나님의 은혜를 체험하는 복된 자리로 인도해 주시옵소서.

오늘도 주 앞에 수종을 드는 일꾼들이 있습니다. 저들의 수고를 주께서 기억하시고, 심는 대로 거두는 축복이 항상 있게 하시옵소서.

회중을 위한 기도 그 크신 팔로 안아 주시는 하나님께 나아갑니다. 힘들어 지칠 때마다 위로가 되어주셨던 주님이십니다. 낙심될 때, 소망을 갖게 하셨던 주님의 이름을 부르며, 은혜로 행하셨음에 감사하게 하시옵소서. 그리하여 구원해주신 주 예수님께 충성을 바치게 하시옵소서. 저희 각 성도들에게 또 다른 이름, 순종의 사람이라는 이름을 지어주시옵소서.

우리를 안아주시는 예수님의 이름으로 기도드립니다. 아멘.

9월 4주
>> 순종의 달

여호와의 이름을
자랑하는

> 너희 중에 지혜와 총명이 있는 자가 누구냐
> 그는 선행으로 말미암아 지혜의 온유함으로 그 행함을 보일지니라 (약 3:13)

거룩한 날을 주신 하나님 아버지,

예배의 시작 하늘에 계신 하나님께 찬송을 드립니다. 복된 시간에 의롭다 함을 받은 주님의 자녀들이 믿음으로 드리는 예배를 받아 주시옵소서. 하나님은 참으로 우리가 섬겨 마땅한 주님이십니다. ○○의 지체들이 여호와의 이름을 자랑하는 정직함으로 드리는 예배를 받아주시옵소서.

고백-회개 세상에서 저희들이 빛으로 살기를 기다렸고, 소금으로 살기를 원하였으나 그렇지 못했음을 회개합니다. 저희들이 지은 죄를 뉘우치고 자복합니다. 자기의 죄를 숨기는 자는 형통치 못하나 죄를 자복하고 버리는 자는 불쌍히 여김을 받으리라 하심의 은혜를 내려 주옵소서.

오늘의 기도 저희들의 나아가는 걸음을 힘차게 하셔서 죄를 멀리하고, 마귀의 유혹을 물리치며, 자신과 싸워서 이기는 오늘이 되게 하시옵소서. ○○ 교회의 권속들이 어디에서, 무엇을 하든지 십자가의 군사가 되게 이끌어 주시옵소서. 예수 이름으로 믿음과 소망 그리고 사랑으로 살게 하소서. 하나님의 사랑으로 완성되는 삶이기 원합니다.
<small>교회의 형편과 사회적인 상황에 의한 현안적인 간구를 한다.</small>

<small>예배의 흐름</small> 목사님께서 진리의 말씀으로 저희들을 인도하실 때, 생명을 살리는 사명으로 뭇 사람들을 주께로 이끌려는 열정을 품게 하시옵소서.

이 시간에 ○○ 찬양대의 찬송으로 하나님의 영광이 예배당 안에 가득하게 하시고, 저희들은 그 은혜로 하나님께 더욱 가까이 나아가도록 하시옵소서.

오늘도 하나님께서 받으실 만한 예배가 되기 위해서 지명된 이들이 봉사하도록 하셨으니 감사드립니다. 성전의 꽃꽂이와 성전의 청소 등으로 수고한 종들, 여러 모양으로 섬기는 이들을 복 되게 하시옵소서.

<small>회중을 위한 기도</small> 이제, 사랑하는 ○○의 지체들에게 회복의 은혜를 내려 주시옵소서. 하나님의 자비로우심으로 성도답게 살게 하소서. 이미 빛과 소금이 되라 하신 주님의 뜻대로 사는 종들이 되게 하옵소서. 개혁의 신앙을 물려받아 악을 물리치고 하나님을 기쁘시게 하는 것을 사모하는 삶이 되기를 원합니다.

회복의 주가 되시는 예수님의 이름으로 기도드립니다. 아멘.

10월 1주
>>성숙의 달

우리의 입술이 기뻐하고

이같이 너희 빛이 사람 앞에 비치게 하여 그들로 너희 착한 행실을 보고 하늘에 계신 너희 아버지께 영광을 돌리게 하라(마 5:16)

하늘 보좌에 계시는 하나님 아버지,

예배의 시작 10월의 첫째 주일에, 여호와의 성산으로 올라왔습니다, ○○의 권속이 주님의 이름을 찬양할 때, 우리의 입술이 기뻐하고, 가슴은 떨려옵니다. 오늘, 종일을 여호와 그 이름에 마땅한 영광을 드리며, 하나님을 즐거워하게 하시옵소서. 이 자리에 모인 거룩한 백성이 진심으로 무릎을 꿇고, 찬양을 드리게 하시옵소서.

고백-회개 저희에게 회개의 은혜를 주시옵소서. 죄악을 찾아내어 낱낱이 자복하게 하시옵소서. 오직 저희를 대하여 오래 참으시는 하나님의 사랑에 감사드립니다. 이 시간에 저희들의 죄를 자복할 때, 아무도 멸망치 않고 다 회개하기에 이르기를 원하심을 믿습니다. 사유하시는 은혜로 깨끗케 하시옵소서.

오늘의 기도 오늘이라는 이 삶이 산 제물로 드려지는 생활이 되게 하옵소서. 주님께서는 저희들의 영혼을 맡으셨다고 믿습니다. 주님의 소유로 살아가게 하시옵소서. 주님의 품에서 소망 가운데 즐거워하고 사랑으로 불타게 하시옵소서. ○○ 교회 안에서 이루어지는 모든 것들이 하나님의 사랑으로 나타나도록 도와주시옵소서. 저희들 개인적으로는 신앙의 성숙을 경험하게 하시옵소서.

교회의 형편과 사회적인 상황에 의한 현안적인 간구를 한다.

예배의 흐름 말씀을 선포하실 목사님께 영력을 더하여 주셔서 복음을 위해서 헌신하기를 다짐하는 복된 시간이 되기를 원합니다.

오늘도 주님을 영화롭게 해드리는 ○○ 찬양대를 세우셨으니, 예수님을 구주로 믿는 무리들이 한 마음으로 하나님을 찬양하며 예배하도록 하시옵소서.

이 예배가 영과 진리로 드려지기 위해서 봉사하는 여러 종들도 있으니, 그들이 더욱 충성스럽게 감당하게 하시옵소서.

회중을 위한 기도 구원의 감격으로 성전에서 성도들이 찬양하며 간구하는 기도에 응답해주시옵소서. 하나님께서 정하신 거룩한 날에, 영과 진리로 예배하는 지체들을 받아주시옵소서. 저희들이 주일의 예배에 승리함으로써 생활의 예배에도 날마다 승리하게 해주시옵소서. 성도들, 각자에게 허락하신 삶의 현장에서 하나님의 영광을 드러내게 하시옵소서.

사랑의 주, 예수님의 이름으로 기도드립니다. 아멘.

10월 2주
>> 성숙의 달

위로부터 내려지는 은혜에

> 너희가 열매를 많이 맺으면 내 아버지께서 영광을 받으실 것이요
> 너희는 내 제자가 되리라(요 15:8)

산 제물로 예배하게 하시는 하나님 아버지,

예배의 시작 주 하나님의 이름을 높이 부르며 찬송할 때, 저희들의 심령이 위로부터 내려지는 은혜에 젖어지기 원합니다. 예배할 때, 성령님의 충만하심을 받게 하시옵소서. 성부와 성자와 성령, 삼위일체 신에게 영광과 존귀를 세세토록 드리게 하시옵소서.

고백-회개 여호와께서는 저희들의 죄를 깨끗이 씻어주심을 믿습니다. 불의를 일삼으며 반역하며 저지른 모든 죄를 용서하여 주심을 믿고 죄를 고백합니다. 말에나 행동에나 불신자들과 어울려서 지냈음을 용서해 주시옵소서. 거룩한 자리에서 주홍 같이 붉은 죄가 눈처럼 희게 씻어지는 은혜를 입게 하시옵소서.

오늘의 기도 저희들에게 죽어가는 이들의 생명을 보게 하시옵소서. 하나님께서 구원하시려고 작정하신 영혼들을 보게 하시옵소서. 죄와 저주의 사슬에 매여 신음하고 있는 불신자들의 안타까움을 보게 하시옵소

서. 그들을 구하시려는 하나님의 마음을 알게 하시옵소서.
<small>교회의 형편과 사회적인 상황에 의한 현안적인 간구를 한다.</small>

예배의 흐름 오늘도 말씀을 들고 단 위에 서신 목사님을 위하여 간구합니다. 귀한 종에게 사자의 권위와 감화하는 말씀의 능력을 나타내 주시옵소서.

○○찬양대의 아름다운 찬양이 있는 예배로 하나님께 영광을 돌리게 되며 찬송의 능력을 체험하게 하시옵소서. 기도하는 마음으로 준비한 그들의 찬양으로 이 전에서 올려드려야 하는 하나님의 영광을 선포하게 하시옵소서.

누구보다도 이른 시간에 나와서 예배를 돕는 지체들이 있습니다. 저들의 봉사를 받으시고 복을 내려 주시옵소서.

회중을 위한 기도 저희들의 삶에서 맺어지는 성령의 열매를 통하여, 그 향기를 통하여 하나님께 영광이 되기를 빕니다. ○○의 성도들 스스로가 세워지고, 믿음이 연약한 지체들에게는 붙들어 주는 은혜를 경험하게 하시옵소서. 이로써 많은 사람들을 올바른 길로 돌아올 수 있게 하는 놀라운 역사가 끊임없이 일어나게 하시옵소서. 이를 위하여 저희들 자신을 산 제물로 받아주셔서 온 세상을 구원하기 위한 도구로 삼아 주시옵소서.

우리를 온전하게 해주신 예수님의 이름으로 기도드립니다. 아멘.

10월 3주
>>성숙의 달

십자가의 보혈을 바라보고

> 그러므로 형제들아 주께서 강림하시기까지 길이 참으라 보라 농부가 땅에서 나는 귀한 열매를 바라고 길이 참아 이른 비와 늦은 비를 기다리나니 (약 5:7)

예배하는 자들을 찾으시는 하나님 아버지,

예배의 시작 인생이 섬기고 예배할 분은 하나님 밖에 없습니다. 예배하는 ○○의 자녀들을 품어 주시옵소서. 십자가의 보혈을 바라보고 구원의 은혜를 찬양하며 예배하게 하시옵소서. 저희들이 믿음으로 하나 되어서 복에 복을 더하는 교회가 되게 하시옵소서.

고백-회개 하늘에 소망을 두지 않고, 하나님이 없는 이들과 똑같이 생각하고 행동해왔던 지난 시간을 회개합니다. 주님의 영광을 나타내야 하는 성도의 행실을 거절하고 여호와의 이름이 조롱거리가 되게 하였음을 자복합니다. 죄를 자복하는 저희들이 사유하심의 은혜를 받게 해주시옵소서.

오늘의 기도 주님 앞에 나와 무릎을 꿇게 하시니 감사드립니다. 신앙생활의 게으름이 저를 유혹에 빠지게 하였음을 고백합니다. 이 시간에, 저희들이 개인적으로 십자가에 장사 지내지는 은혜를 주시옵소서. 그 십자가의 죽음을 통해서 여호와를 바라는 의지가 담긴 새 형상으로 거듭나게 하시옵소서.

교회의 형편과 사회적인 상황에 의한 현안적인 간구를 한다.

예배의 흐름 갈보리 십자가의 보혈로 예배당이 적셔지기를 소망합니다. 목사님을 세우셔서 하늘 양식의 말씀을 진설하게 하심을 감사드립니다.

○○ 찬양대원들이 마음과 몸을 드려 찬양할 때, 하나님의 은혜를 체험하는 복된 자리로 인도해 주시옵소서.

많은 이들 가운데 예배를 위한 봉사자들이 순종함으로 섬기고 있사오니 복된 봉사가 되게 하옵소서. 성령님의 질서와 말씀이 예배하는 중에 흥왕해지는 교회가 되도록 복 내려 주시옵소서.

회중을 위한 기도 이웃과 마음을 같이 할 수 있는 태도를 갖기 원합니다. 그들과 같은 사랑을 가지고 뜻을 합하며 한 마음을 품게 하시옵소서. 예수님의 겸손하심으로 이웃을 대할 수 있게 하시옵소서. 그리하여 그들에게 예수님을 보여 주게 하시옵소서. 주님의 말씀대로, 오직 겸손한 마음으로 각각 자기보다 남을 낮게 여기게 하시옵소서.

영으로 충만하게 해주신 예수님의 이름으로 기도드립니다. 아멘.

10월 4주
>> 성숙의 달

하나님의 성호를 높여드리게

사랑하는 자여 악한 것을 본받지 말고 선한 것을 본받으라 선을 행하는 자는 하나님께 속하고 악을 행하는 자는 하나님을 뵈옵지 못하였느니라(요삼 1:11)

여호와께 성결되게 하시는 하나님 아버지,

예배의 시작 예배하는 자리에 오시는 하나님을 찬송합니다. 주님을 영화롭게 해드리려고 모인 이들에게 하나님의 성호를 높여드리게 하시옵소서. 영과 진리로 마음을 바칠 때, 성령님의 감화로 찬송을 부르게 하시옵소서. 하나님의 크신 은혜가 하늘로부터 내려 감격하여 드려지는 예배가 되게 하시옵소서.

고백-회개 ○○교회는 주님 앞에서 기도하는 교회가 되기 원합니다. 온 성도들이 주님의 뜻을 이루기 위해 기도의 무릎을 꿇게 하시옵소서. 기도로 살아야 하는데, 저희들의 교만함이 곧잘 주님을 잊게 하오니 용서해 주시옵소서. 저희들이 종종 주님보다는 자신에게 집착하도록 하는 죄의 유혹에 쓰러지오니 불쌍히 여겨 주시옵소서.

오늘의 기도 이 시간에, 말씀으로 오셔서 새롭게 지어 주시옵소서. 하나님 앞에 낱낱이 드러내놓아, 참마음으로 뉘우치며 기도하게 하시옵소서, 이제는 자신의 개혁이 일어나 하나님의 말씀으로 새롭게 지어지기 원합니다. 여기에 모인 형제들 모두 하나님의 품 안에서 걸어가게 하시옵소서.

교회의 형편과 사회적인 상황에 의한 현안적인 간구를 한다.

예배의 흐름 강단에서 생명과 진리로 이끄실 목사님께 하나님의 말씀으로 흥왕함을 보게 하옵소서.

예배를 위하여 ○○찬양대원들을 준비시키셨음에 감사드립니다. 하나님 앞에서 찬송을 맡은 이들이 벅찬 감격으로 찬양을 부르게 하시고, 저희들은 예배하려는 마음이 더욱 간절해지게 하시옵소서.

이 시간에도 한 시간의 예배를 위해 여러 모양으로 수종을 드는 종들에게 복을 내려 주시옵소서. 그들이 기쁜 마음으로 어떤 수고도 감당하게 해주시옵소서.

회중을 위한 기도 복된 날 아침에 주님 앞으로 나왔습니다. 종교개혁을 기념하여 지키는 이 날에 진실한 영혼으로 주 하나님께 찬양을 드리기 원합니다. 주님을 찬양하는 중에, 성령님의 깨달음으로 저희들의 양심이 괴롭고 책망하는 것일지라도 감사로 여기기 원합니다. 나아가 주님의 뜻에 귀를 기울이게 해주옵소서.

새 사람이 되게 해주신 예수님의 이름으로 기도드립니다. 아멘.

11월 1주
>>감사의 달

천에 하나,
만에 하나로 뽑아

> 우리 하나님이여 이제 우리가 주께 감사하오며
> 주의 영화로운 이름을 찬양하나이다(대상 29:13)

예배의 자리를 사모하게 하시는 하나님 아버지,

예배의 시작 ○○의 백성을 많은 인생들 가운데서 천에 하나, 만에 하나로 뽑아 자녀로 불러 주셨음을 기뻐합니다. ○○교회에 하나님의 영광의 가득하게 하시옵소서. 의롭다함의 은혜를 입은 자녀들이 아버지께 드리는 예배를 받으시며, 저희들의 입술에 의해서 주 하나님의 이름이 높이 받들어지게 하시옵소서.

고백-회개 이 시간에, 저희 죄를 고백하오니 용서하여 주시고, 십자가의 보혈로 정케 하여 주시옵소서. 육신의 미혹에 자신을 내어주었던 행실을 기억하오니 용서해 주시옵소서. 하나님 앞에서 감사하며 지내지 못했던 죄를 회개합니다. 저희들의 영혼에 항상 성령의 은혜가 생수의 강같이 흘러넘치게 하셔서, 죄를 이기고 사탄을 이기게 하시옵소서.

오늘의 기도 저희들의 영혼과 육체를 주님 앞에 드립니다. 저희들의 가습과 머리를 여호와께서 베풀어주신 은혜와 은총에 감사하는 생각으로 채워 주시기 원합니다. ○○ 교회의 권속들이 주님을 향한 사랑으로 가득 차게 하심을 믿습니다. 오늘까지 지켜주신 은혜, 베풀어주셨던 그 크신 자비하심에 감사하게 하시옵소서. 이로써, 저희들의 참 기쁨이 주님이 되게 하시옵소서. 교회를 통해서 무엇에든지 주님의 거룩하신 뜻이 드러나기 원합니다.

교회의 형편과 사회적인 상황에 의한 현안적인 간구를 한다.

예배의 흐름 주님의 귀한 교회를 위해서 세우신 담임 목사님께 신령한 은혜를 더하여 주시옵소서. 그의 말씀을 순종함으로 받게 하시옵소서.

오늘도 ○○찬양대를 세워주셨습니다. 저들이 하나님을 예배하는 저희들을 대신하여 찬양할 때, 여호와의 영광이 넘치게 하시옵소서.

이 예배의 순서가 원만히 진행되도록 봉사하는 지체들이 있어서 감사드립니다. 저들의 헌신으로 더욱 영화롭게 예배하게 하시옵소서.

회중을 위한 기도 마음이 쓰리게도 삶의 문제를 안고 나온 성도들이 있습니다. 혹시 저희들의 삶의 태도에 문제가 있는지요? 시냇가에 심겨진 나무같이 부족함이 없는 삶을 살면서도 지나친 욕심 때문에 곤경에 빠졌다면 용서해 주시옵소서. 그들이 인생의 고달픔을 찬양 중에, 기도 중에, 하나님의 말씀을 듣는 중에 해결을 받게 하시옵소서.

우리를 의롭다 하신 예수님의 이름으로 기도드립니다. 아멘.

11월 2주
>> 감사의 달

그 사랑에 찬미의 제사를

여호와 앞에 잠잠하고 참고 기다리라 자기 길이 형통하며
악한 꾀를 이루는 자 때문에 불평하지 말지어다 (시 37:7)

홀로 영광이 되시는 하나님 아버지,

예배의 시작 여호와의 은혜를 감사로 묵상하면서 지내던 중에, 성전에 올라왔습니다. ○○의 성도들에게 시간과 날을 주셔서 우리가 생명의 삶을 살고 있음에 감사드리게 하시옵소서. 하나님의 품 안에서 보호하심으로 살아왔음을 고백합니다. 살펴주시고, 돌아보심의 은혜였습니다. 그 사랑에 찬미의 제사를 드리게 하시옵소서.

고백-회개 연약한 인간의 모습 속에서 짐짓 죄를 짓고 말았던 한 주간의 모습이 부끄럽습니다. 십자가의 사랑을 실천하지 못했습니다. 진실한 믿음이나 열심을 다하는 생활을 하지 못하고, 형식적으로 지낸 시간들도 많았습니다. 용서하시는 은혜를 내려 주시옵소서. 하나님의 나라보다는 자신의 유익을 구하기에 바빴던 저희의 행실을 용서해주시옵소서.

오늘의 기도 저희들에게 입을 열어 한 영혼을 구하기 위한 간구를 하게

하시옵소서. 생명의 복음을 전하는 일을 제일 위에 두는 저희들이 되게 하시고, 교회에는 언제나 새 신자들이 있게 해 주시옵소서. 저희들은 전도의 사명을 깨닫고 그러한 역할을 감당하게 하시옵소서.
_{교회의 형편과 사회적인 상황에 의한 현안적인 간구를 한다.}

예배의 흐름 저희들에게 생명의 말씀을 기다리게 해주시옵소서. 목사님께서 진리의 말씀으로 저희들을 인도하실 때, 훈계와 법에서 떠나지 않겠다는 다짐을 하며 듣게 하시옵소서.

○○찬양대의 찬송으로 하나님의 영광이 예배당 안에 가득하게 하시고, 그 은혜로 하나님께 더욱 가까이 나아가도록 인도하시옵소서.

예배위원들을 지명하셔서 봉사하도록 하셨사오니 감사드립니다. 마귀의 훼방을 멸하시고, 오직 하늘의 하나님을 영화롭게 해드리는 순서로 예배가 진행되게 하시옵소서.

회중을 위한 기도 오늘까지 저희들의 심령을 주장하신 하나님이셨습니다. 금년에 남은 두 달 동안에도 하나님의 거룩하심으로 저희들을 거룩하게 하시옵소서. 성결한 심령으로 한 해를 승리하게 하시옵소서. 혹시라도 교만함과 나태함으로 주님의 영광을 가리는 일이 없도록 언행을 주장해주시옵소서. 하나님을 향한 열심이 변하지 않도록 지켜 주시옵소서. 새 다짐과 새 소망으로 벅찬 한 시간이 되게 하시옵소서.

죄를 이기게 하신 예수님의 이름으로 기도드립니다. 아멘.

11월 3주
>> 감사의 달

종일토록
주님을 찬송하고

> 사람은 입에서 나오는 열매로 말미암아 배부르게 되나니
> 곧 그의 입술에서 나는 것으로 말미암아 만족하게 되느니라 (잠 18:20)

감사로 찬양을 드리게 하시는 하나님 아버지,

예배의 시작 추수감사절 아침에 주님의 이름을 송축합니다. 저희들에게 하나님의 영광과 위엄을 보여 주셨음에 감사드리게 하시옵소서. 열매를 맺게 하신 은혜에 합당한 찬미의 예배를 드리기 원합니다. 구별해서 선택받은 무리들이 모였사오니, 이 복된 날에 종일토록 주님을 찬송하고 영광을 돌리게 하시옵소서.

고백-회개 십자가에서 흘리신 주님의 피로 저희들의 죄를 깨끗케 하시옵소서. 하나님께 합당한 삶을 살아드리지 못한 연약한 저희들에게 긍휼을 베풀어 주시옵소서. 죄를 자복하고 버리려 하는 이 시간에, 죄를 씻음 받고, 긍휼히 여기심을 받게 하시옵소서.

오늘의 기도 하나님께로 나올 때, 감사함으로 예배하게 하시니 더욱 감사드립니다. 저희들의 신원을 강건하게 하시고, 잘 살아왔음에 감사드립니다. 푸른 산, 넓은 들에 알알이 맺혀있는 열매들을 볼 때, 여호와

의 솜씨를 찬양합니다. 하나님께서 베풀어주신 은혜가 눈이 닿는 자리에, 손이 닿는 자리마다 흔적이 되어 있음을 즐거워합니다.

교회의 형편과 사회적인 상황에 의한 현안적인 간구를 한다.

예배의 흐름 목사님을 대언자로 세우셔서 생명의 양식을 전하게 하심을 감사드립니다. 그 말씀으로 성경을 부지런히 배우는 삶에 도전을 받게 하시옵소서.

저희 교회를 영화롭게 하셔서 ○○ 찬양대를 세워주시고, 오늘도 그들이 마음과 몸을 드려 찬양할 때, 하나님의 은혜를 체험하는 복된 자리로 인도해 주시옵소서.

예배를 돕는 손길들도 성령님께서 붙들어 주시고, 몸을 드려 충성할 때마다 기쁨으로 충만해지도록 심령을 주장하여 주시옵소서.

회중을 위한 기도 이 땅에는 아직도 하나님을 아버지라 부르지 않는 이들이 많이 있습니다. 여호와를 섬기지 않는 이들에게로 저희들을 보내주시옵소서. 잃어버린 자들에게로 일꾼을 보내시기 원하시는 하나님의 뜻을 이루어 드리기 위하여 기도하게 하시옵소서. 저희들이 이 땅에서 전도자로 부름을 받았다면 사람들에게로 가도록 하시옵소서. 주님의 가슴을 품고 지옥의 구덩이에 있는 이들에게 복음을 전하게 하시옵소서.

구원의 열매를 거두게 하신 예수님의 이름으로 기도드립니다. 아멘.

# 11월 4주
>> 감사의 달

하나님을 공경하는 예배를

> 나는 감사하는 목소리로 주께 제사를 드리며 나의 서원을 주께 갚겠나이다 구원은 여호와께 속하였나이다 하니라(욘 2:9)

만물을 거두게 하신 하나님 아버지,

예배의 시작 하나님을 사랑하기에 이곳에 모였습니다. 이제, 마음을 다하여 대속의 십자가를 지신 주님의 사랑을 찬양하게 하시옵소서. 영의 아버지이신 하나님을 공경하는 예배를 드리도록 인도하시옵소서. 스스로 정결하게 하고 여기에 모인 성도들에게 복을 내려주시옵소서.

고백-회개 은혜를 허락하셔서, 제가 마음을 다하여 믿는 것들을 생활로 옮길 수 있는 용기를 주시기 원합니다. 비록 큰 것만이 아니라, 아주 사소한 일일지라도 주님께서 미워하시는 일들을 버리기 원합니다. 이로써 저 혼자만 잘 되겠다는 욕심으로, 이웃을 돌아보기를 거절하는 죄에서 떠날 수 있는 용기를 주시기 원합니다.

오늘의 기도 여기까지 인도하신 사랑을 즐거워합니다. 저희들은 믿음의 눈으로 부활의 주님을 보았사오니, 겸손히 주님의 말씀을 받아들이게 하시옵소서. 힘을 다하여 그 말씀을 이루어드리는 아멘의 생활로 인도해 주시옵소서. 하나님의 말씀을 듣는 자들이 새로운 삶을 살고 주님 위해 변화된 삶을 사는 역사로 바뀌었던 사실이 저희들의 고백이 되기 원합니다.

교회의 형편과 사회적인 상황에 의한 현안적인 간구를 한다.

예배의 흐름 주님의 귀한 교회를 위해서 세우신 담임 목사님께서 전하시는 생명의 말씀으로 저희를 새롭게 하시옵소서.

여호와의 영광이 예배당에 선포되도록 찬양대를 세워주셨습니다. ○○ 찬양대원들이 하나님을 예배하는 저희들을 대신하여 찬양하는 역할을 귀하게 감당하게 하시옵소서.

이 시간에 예배를 위해서 성실히 맡은 직분의 자리에서 봉사하는 지체들을 기억해 주시옵소서. 저들의 수고를 통해서 더욱 영화롭게 예배를 드리게 하셨음에 감사드립니다.

회중을 위한 기도 찬양 중에 함께 하시고, 기도 중에 응답하시며, 말씀 중에 은혜가 임하게 하옵소서. 이로써 예수님을 닮아 가는 삶이 되게 하시옵소서. 저희 교회의 성도들을 붙드시고, 각자가 은사를 맡은 청지기가 되어 지체적인 사역을 감당하도록 이끌어 주시옵소서. 모두가 하나님의 충실한 일꾼이 되게 해주시옵소서.

십자가의 보혈로 죄를 씻어주신 예수님의 이름으로 기도드립니다. 아멘.

11월 5주
>> 감사의 달

메시야를 주신 하나님께 감사로

누추함과 어리석은 말이나 희롱의 말이 마땅치 아니하니
오히려 감사하는 말을 하라(엡 5:4)

모든 것들로 넘치게 하시는 하나님 아버지,

예배의 시작 이스라엘의 구속자에게 영광을 드립니다. 이스라엘의 거룩한 이이신 여호와께 감사드립니다. 약속하셨던 대로 메시야를 주신 하나님께 감사의 영광을 드리게 하시옵소서. 소리를 높여 찬양하는 저희들의 심령이 기쁨으로 흥겨워지게 하시고, 하나님께 영광을 드리는 것으로 만족하게 해주시옵소서.

고백-회개 하나님께서는 계신 곳 하늘에서 들으시며 저희들이 고백하는 죄를 사유해주시기를 간구합니다. 주님께서 이미 저희들에게 오셨음에도 주님이 없는 이들과 같이 살아온 죄를 용서해주시옵소서. 하나님 앞에서 예수님을 구주로 인정하지 않으면서도 천연덕스러웠던 인간의 교만함을 용서해주시옵소서.

오늘의 기도 오늘부터 대림절이 시작되는데, 아기 예수의 오신 것을 찬양하면서 성탄절을 기다리기 원합니다. 오늘, 저희들이 이 자리에 모인 것은 주님의 약속이 이루어졌기 때문입니다. 하나님께서 일찍이 저희의 선조들에게 약속하셨던 대로 메시야를 보내 주셨던 사실을 기억하게 하시옵소서. 그리고 다시 오실 심판의 주님을 기다리게 하시옵소서. 저희들은 주님을 기다리는 공동체가 되게 하시옵소서.

교회의 형편과 사회적인 상황에 의한 현안적인 간구를 한다.

예배의 흐름 강단에서 하나님의 말씀을 들려주시는 목사님께 말씀의 능력을 더하셔서 감화가 되게 하시옵소서.

○○찬양대 귀한 지체들의 찬양을 받아주시고 이들의 찬양을 통해서 하나님께는 영광이 드려지고, 회중에게는 소망을 얻게 하시옵소서.

예배당의 안팎에서 맡겨진 직무에 따라 봉사하는 종들이 있음에 감사드립니다. 귀한 지체들의 섬김으로 예배를 아름답게 하오니 종들이 은총을 입게 하시옵소서.

회중을 위한 기도 오늘, ○○의 성도들에게 재림하실 그리스도를 기다리게 하시옵소서. 이 백성에게 평안의 복을 내려주시옵소서. 수고하고 무거운 짐을 지고 나온 성도들에게 쉼을 주시옵소서. 하나님과의 화평을 주시옵소서. 심령을 치유하시고, 삶을 강건케 하여 주시옵소서. 고통 중에 있는 성도들에게 용기를 주시옵소서. 연단 중에 있는 성도들에게 인내하도록 은혜를 더하여 주시옵소서.

영생의 소망이 되신 예수님의 이름으로 기도드립니다. 아멘.

12월 1주
>> 재림대망의 달

모든 생각과
정성 사랑을 모아

> 보라 처녀가 잉태하여 아들을 낳을 것이요 그의 이름은 임마누엘이라 하리라 하셨으니 이를 번역한즉 하나님이 우리와 함께 계시다 함이라(마 1:23)

성탄의 기쁨을 주시는 하나님 아버지,

예배의 시작 ○○의 성도들에게 영광의 계절을 맞이하게 하셨습니다. 하나님의 이름을 부르는 입술이 기뻐서 즐겁게 해주시옵소서. 오직 하나님만이 경배를 받으시옵소서. 저희들의 모든 생각과 정성 그리고 사랑을 모아 예배하기 원합니다. 주님의 은혜로 불러 주셨사오니, 그 부르심에 믿음으로 순종하여 나와서 영과 진리로 드리는 예배가 되게 하시옵소서.

고백-회개 하늘 보좌를 버리시고 이 땅에 오신 예수님을 영접하지 않고, 저희들 자신의 생각에 치우쳐서 지낸 시간들을 회개합니다. 성탄절을 기다리면서 마땅히 우리의 임금으로 오신 주님께 영광을 드려야하건만 대림절마저도 우리의 날들로 지키려 했던 죄악을 회개하오니 깨끗이 씻어 주시옵소서.

오늘의 기도 이미 오신 예수님의 생일을 축하하면서 또 다시 오실 예수님을 기다리는 저희들이 되도록 이끌어 주심을 믿습니다. 메시야의 약속이 이루어지던 날, 하나님의 아들은 초라하게 오셨지만 다시 오시는 예수님께서는 하나님의 영광 가운데 오시리라 믿습니다.

교회의 형편과 사회적인 상황에 의한 현안적인 간구를 한다.

예배의 흐름 이 교회를 위하여 주의 종을 보내셨으니, 진리의 말씀을 기다립니다. 목사님께 성령님의 충만하심을 더하셔서 말씀을 선포하게 하시옵소서.

○○ 찬양대원들이 하나님을 찬양할 때, 이 예배당이 천상의 자리가 되기를 원합니다. 그 찬양으로 저희들에게는 예배하려는 마음이 더욱 간절해지게 하시옵소서.

이 한 시간의 예배가 거룩하게 드려지도록 여러 모양으로 수종을 드는 종들을 세우셨음에 감사드립니다.

회중을 위한 기도 오늘, 하나님을 찾은 지체들에게 단 한 사람도 거저 왔다가 거저 가는 이가 없기를 빕니다. 예배 중에 하나님의 사랑을 나누며, 성도의 교제로 사랑을 실천하는 은혜로운 예배가 되게 하시옵소서. 사실, 저희들은 부족한 가운데서 나왔으니 하나님의 능력으로 채워주셔서 승리자의 반열에 세워 주시옵소서.

언약의 성취로 오신 예수님의 이름으로 기도드립니다. 아멘.

12월 2주
>> 재림대망의 달

아기 예수님을 모신 구유

> 도둑이 오는 것은 도둑질하고 죽이고 멸망시키려는 것뿐이요 내가 온 것은 양으로 생명을 얻게 하고 더 풍성히 얻게 하려는 것이라 (요 10:10)

메시야의 계절을 맞게 하시는 하나님 아버지,

예배의 시작 성탄의 영광을 찬송하며 예배하는 저희들의 마음에 예수님께서 다시 나시기를 빕니다. 예배하러 모인 저희들에게 마음을 다하여, 하나님을 경배하고 나신 아기께 영광을 드리게 하시옵소서. 성탄절을 기다리는 ○○의 성도들의 마음 마음마다 아기 예수님을 모신 구유가 되게 하시옵소서.

고백-회개 아기 예수님께서 오셨던 그날을 기다리며 마음을 돌이켜 회개합니다. 목자들, 동방의 박사들처럼 주님을 경배하려 하기보다는 저희들의 일로 분주해있는 마음을 회개합니다. 주님을 기뻐하지 않는 악행을 저질렀으니 받아주시옵소서. 하나님의 뜻이 저희들의 순종을 통해서 이루어지도록 고쳐주시옵소서.

오늘의 기도 어떤 사람이든지, 자기들의 말로 하나님의 사랑을 듣게 하시옵소서. 성경을 번역하는 이들에게도 지혜를 더하셔서 어서 빨리 성경이 전해지게 하시옵소서. 그리하여 말씀으로 생명을 얻는 이들이 많아지기 원합니다. 성경을 구입할 수 없는 이들에게 생명의 말씀을 나누어 주는 일에 헌신하게 하옵소서.

<small>교회의 형편과 사회적인 상황에 의한 현안적인 간구를 한다.</small>

<small>예배의 흐름</small> 강단에서 생명과 진리로 이끄실 목사님께 성령님과 지혜에 충만케 하셔서 하나님의 말씀으로 흥왕함을 보게 하시옵소서.

이 교회를 위하여 ○○ 찬양대원들을 준비시키셨음에 감사드립니다. 하나님 앞에서 찬송을 맡은 이들이 벅찬 감격으로 찬양을 부르게 하시옵소서.

이 시간에도 한 시간의 예배를 위해 여러 모양으로 수종을 드는 종들에게 복을 내려 주시옵소서. 예배당에 출입하는 이들을 위하여 봉사할 때, 추위가 저들을 움츠러들지 않게 하시옵소서.

<small>회중을 위한 기도</small> 많은 이들 가운데 ○○ 교회의 성도들에게 세상의 사람들을 향하여 마음이 열리게 하시니 감사드립니다. 믿음의 눈으로 세계의 모든 사람들을 보게 하시니 감사드립니다. 이 마음은 성령께서 주신 것인 줄 믿으니 그들을 가슴에 품고 기도하도록 이끌어 주시옵소서.

생명의 빛이 되신 예수님의 이름으로 기도드립니다. 아멘.

12월 3주

>> 재림대망의 달

예수님의 나심을 축하하고

> 이르되 갈릴리 사람들아 어찌하여 서서 하늘을 쳐다보느냐 너희 가운데서 하늘로 올려지신 이 예수는 하늘로 가심을 본 그대로 오시리라 하였느니라(행 1:11)

하늘에 영광을 드리게 하시는 하나님 아버지,

예배의 시작 저희들을 죄와 죽음으로부터 구원해 주신 주님의 이름을 높여드리는 예배가 되기 원합니다. 성탄의 영광을 드러내는 예배가 되기 원합니다. 예수님의 나심을 축하하고, 약속하신 말씀에 따라 다시 오실 재림의 주님을 기다리는 예배가 되게 하시옵소서.

고백-회개 주님께서 나신 날, 눌 자리가 없으셨던 것처럼, 이 시간에 저희들의 마음에 예수님을 모셔 들이지 못함을 용서하옵소서. 성탄의 영광을 찬양하는 계절에도 세상에서 소유하고, 먹고 마시는 일들로 바빠야만 했던 교만함을 고백합니다. 지금 마음의 성소를 청결케 하고 주님께 내드리게 하옵소서.

오늘의 기도 성탄절에 예수님을 만나 경배하려는 사모의 마음을 주셨음에 찬송합니다. 저희들에게 믿음의 눈으로 예수님을 뵙게 하시옵소서. 주님을 만나 경배하는 성탄절이 되도록 도와주시옵소서. 동방의 박사들이 별을 보고 나섰던 여행길의 경험을 주시옵소서.
교회의 형편과 사회적인 상황에 의한 현안적인 간구를 한다.

예배의 흐름 말씀을 대언하실 목사님께서 단에 오르셨사오니 구원에 이르는 생명의 말씀을 선포하게 하시옵소서. 그 말씀에서 저희들을 위하시는 하나님의 사랑을 확인하게 하시옵소서.

○○ 찬양대의 귀한 지체들이 성탄을 찬양하려 합니다. 그들의 찬양을 통해서 하나님께는 영광이 드려지고, 혹시 찬송의 힘을 잃은 회중들이 힘을 얻기를 원합니다.

이 한 시간의 예배를 위해서 여기저기에서 봉사하는 종들이 있습니다. 귀한 지체들의 섬김으로 예배를 아름답게 하시니 종들이 은총을 입게 하시옵소서.

회중을 위한 기도 오늘, 죄인을 구원하시려고 구주를 보내주신 하나님의 사랑에 감격하기를 원합니다. 저희가 때때로 신앙에 실족할지라도 주님이 주시는 능력으로 이기게 하여 주시옵소서. 저희에게 주님이 주시는 소망의 기쁨으로 주님께서 원하시는 길을 걷도록 축복해 주시기를 간구합니다. 저희에게 산 소망을 허락하여 주시옵소서. 새로운 힘으로 세상을 이기게 하시옵소서.

산 소망이 되신 예수님의 이름으로 기도드립니다. 아멘.

12월 4주
>>재림대망의 달

마지막 주일에
여호와의 이름을

이것들을 증언하신 이가 이르시되 내가 진실로 속히 오리라 하시거늘
아멘 주 예수여 오시옵소서 (계 22:20)

세세토록 하나님이 되시는 하나님 아버지,

예배의 시작 하나님께서 살아주셨습니다. 금년의 마지막 주일에 여호와의 이름을 부르고자 모였습니다. 하나님께서 받으시기에 온전한 예배가 되게 해주시옵소서. 이 시간에, ○○의 백성에게 하나님의 살아계심을 경험하는 예배가 되게 하시옵소서. 찬양과 말씀으로 상한 심령들이 치유를 받게 하시고. 저희들을 위해서 준비된 하늘의 은혜를 내려주시옵소서.

고백-회개 저희들의 모습을 보니, 악한 행실에 몸을 내어주었던 것을 회개합니다. 겉으로 드러나지는 않으나 마음에 품은 죄악을 용서해 주시옵소서. 예배를 드릴 때 뿐, 언제나 순종에 부족한 저희들이었습니다. 주님의 피 묻으신 손으로 감싸주시고, 새롭게 하시는 은혜를 보게 하시옵소서.

오늘의 기도 금년의 삶을 보내고, 새 해을 맞이하려 합니다. 온갖 미혹된

말들이 넘쳐나는 세상에서 저희들에게 복음을 외치는 삶을 다짐하게 하시옵소서. 지금도 저희들의 귀에 세상의 타락으로 말미암은 신음, 죽음의 소리가 들려옵니다. 이들을 위해 기도하고, 복음을 전하는 용감한 저희들이 되게 하시옵소서.

교회의 형편과 사회적인 상황에 의한 현안적인 간구를 한다.

예배의 흐름 목사님께서 생명과 진리의 말씀을 선포하시게 하시옵소서. 강단에서부터 흘러나온 생명의 말씀이 저희들에게 생수가 되게 하시옵소서.

이 예배를 아름답게 하는 ○○ 찬양대의 귀한 지체들의 찬양을 받아 주옵소서. 이들의 찬양을 통해서 하나님께는 영광이 드려지고, 혹시 찬송의 힘을 잃은 회중들은 힘을 얻기를 원합니다.

오늘, 예배를 위해서 봉사한 손길이 있음에 감사드립니다. 그들의 섬김으로 예배를 아름답게 하시오니 종들이 은총을 입게 하옵소서.

회중을 위한 기도 저희들이 버리지 못하고 있는 제 눈의 대들보를 깨닫지 못하고 형제의 눈에 있는 티를 보는 마음을 다스려 주시옵소서. 이 교만함이 서로를 향하여 높은 담을 헐지 못하게 하고 있습니다. 자신보다는 이웃을 위하여 희생할 줄 알게 하시옵소서. 그리고 참으로 섬기는 겸손을 배우게 하시옵소서.

새 삶을 결단하게 해주신 예수님의 이름으로 기도드립니다. 아멘.

PRAY FOR......

PRAY FOR......

2
주일 찬양 예배 대표기도문

1월 1주

생명과 빛으로 오신 주님을

새해의 첫 시간에 예배하게 하시는 하나님 아버지,

사람의 걸음을 정하시고, 인도해 주심에 찬송을 드립니다. 생명과 빛으로 오신 주님을 즐거워하면서 예배의 자리로 나아갑니다. 영과 진리로 예배하게 하시고, 머리를 숙인 권속을 산 제물로 받으시옵소서.

저희들의 어리석음 때문에 하나님의 영광을 가리고, 그 거룩하심을 나타내지 못했음을 회개합니다. 하나님의 은혜가 나타나 저희들에게 회개할 기회를 주셨으니 감사드립니다. 믿음의 순결을 지키지 못하고, 음행하는 이들과 함께 하였음을 용서해주시옵소서.

오늘, 교회에 꼭 응답되어야 할 하나님의 일하심을 빈다.

새해의 첫째 주일에 하나님의 말씀을 듣습니다. ○○의 지체들이 하나님의 말씀으로 새롭게 하심을 믿고, 목사님의 설교에 마음을 내려놓게 하시옵소서. 듣는 귀와 보는 눈을 열게 하셔서 주님의 말씀으로 깨달음을 얻게 하시옵소서.

오늘, 하나님의 사랑이 저희들의 심령에 충만하게 해주시기를 빕니다. 그 사랑의 은혜로 죄를 용서받아 하나님의 자녀가 되었음에 감사드립니다. 주님 안에서 나타나신 하나님의 사랑이 충만하여 그 사랑으로 살아가게 하시옵소서.

죄인들에게 생명을 주신 예수님의 이름으로 기도드립니다. 아멘.

1월 2주

베풀어 주시는 신령한 식탁으로

자비로우신 하나님 아버지,

사랑하는 주님의 권속을 은혜의 자리로 불러 주셔서 영과 진리로 예배하게 하셨으니 영광을 드립니다. 베풀어 주시는 신령한 식탁으로 인해 천국 잔치의 기쁨을 누리는 한 시간이 되게 하시옵소서. 구원에 이르는 믿음을 갖도록 하신 하나님의 은혜에 감사하며 영광을 드립니다.

하나님의 은혜에 따라 거룩한 백성으로 구별되어야 하는데, 그렇지 못하였습니다. 하나님께서 보시기에 추하고 더럽게 지내왔던 죄를 고백합니다. 죄를 뉘우치는 주님의 백성들의 죄를 용서해 주시옵소서.

오늘, 교회에 꼭 응답되어야 할 하나님의 일하심을 빈다.

하나님을 사랑하는 만큼 주님의 말씀을 저희들의 마음에 두게 하시옵소서. 설교를 준비하신 목사님을 주님의 손으로 붙잡아 주셔서, 오늘 하나님의 말씀이 온전히 선포되기 원합니다.

저희들에게 황충을 금하여 토지소산을 멸하지 않게 하신다는 말씀을 보게 하시옵소서. 밭의 포도나무의 열매가 기한 전에 떨어지지 않게 해주시겠다는 약속을 이루어 주시옵소서. ○○의 지체들에게 베풀어 주시는 은혜를 가지고 교회를 섬기고 성도들을 도우며, 세상에서 구제하는 일에 헌신하게 하시옵소서.

영생을 주신 예수님의 이름으로 기도드립니다. 아멘.

1월 3주

마음을 다하고, 뜻을 다하는

영과 진리로 나아오게 하시는 하나님 아버지,

저희들에게 새 생명을 주신 여호와를 예배할 때, 영과 진리로 예배하게 하시옵소서. 구원의 하나님께 예배드림이 마음을 다하고, 뜻을 다하는 생명의 시간이 되게 하시옵소서.

저희들을 이 모습 그대로 받아 주시옵소서. 저희들은 어리석어 부지불식간에 죄를 짓고도 모릅니다. 하나님을 사랑함에 민감하지 못하고, 눈에 보이는 것들에 마음을 주며 지낸 것을 용서해주시옵소서. 하나님이 아닌 것들에게 여호와의 자리를 내어준 죄를 도말해 주시옵소서.

오늘, 교회에 꼭 응답되어야 할 하나님의 일하심을 빈다.

설교를 준비하신 목사님께 힘을 더하셔서 권세 있는 말씀을 선포할 수 있게 하옵소서. 그 말씀에 의해 더욱 하나님께로 나아가게 하시옵소서. ○○의 권속은 그 말씀을 생명으로 받아 영생에 이르는 양식으로 삼게 하시옵소서.

이제, 저희들은 더 이상, 옛 사람들이 아님을 깨닫습니다. 하나님께서 새롭게 지어 주셨으니, 결코 지난날의 삶처럼 유혹의 욕심을 따르지 않도록 도와주시옵소서. 사람이 마음으로 자기의 길을 계획할지라도 그 걸음을 인도하시는 여호와를 소망하게 하시옵소서.

천국 백성이 되게 해주신 예수님의 이름으로 기도드립니다. 아멘.

1월 4주

긍휼을 베푸시는 주님의 이름을

은혜를 사모하게 하시는 하나님 아버지,

성령님께서 저희들의 죄를 보여 주심에 감사드립니다. 주님께서 미워하시는 일들을 저지르고도 주 앞으로 나왔으니 받아주시옵소서. 언제나 같은 사랑으로 긍휼을 베푸시는 주님의 이름을 즐거워합니다.

하나님의 인도하심을 잊고, 자신의 영광을 구해왔던 지난 시간의 생활을 회개합니다. 입으로는 주 예수님을 주인으로 모신다 하면서도 실제는 주님을 섬기지 못했습니다. 생각과 말 그리고 행동으로 하나님이 미워하시는 일에만 힘써 왔음을 고백하오니 용서해 주시옵소서.

오늘, 교회에 꼭 응답되어야 할 하나님의 일하심을 빈다.

우리 교회에 말씀의 종으로 세워주신 담임 목사님과 여러 부교역자들을 위하여 빕니다. 그들의 기도와 사랑이 깊은 헌신을 통해서 우리 ○○의 지체들이 제자로 세워져 감을 감사드립니다. 저희들의 믿음 없음이 더욱 강건한 믿음으로 성장하게 인도하여 주시옵소서.

우리 교회의 강단이 생명의 강단이 되어, 온 성도들이 소생을 경험하게 하시옵소서. 말씀이 살아있는 ○○교회와 성도들이 되도록 인도해 주시옵소서. 말씀의 반석 위에 신앙의 집을 짓는 권속들이 되게 하시옵소서.

영혼의 구주이신 예수님의 이름으로 기도드립니다. 아멘.

2월 1주

축제의 기쁨으로 예배하게

2월을 맞아들이게 하시는 하나님 아버지,

하늘의 문이 열려 구원의 은혜와 평강의 복이 넘치게 하신 하나님의 이름에 합당한 영광을 드리는 예배가 되게 하시옵소서. 주님의 영으로 충만하여 잔치의 기쁨으로 예배하게 하시옵소서. 이 밤에 귀한 말씀을 받아 저희들의 영혼이 더욱 푸르기를 소망합니다.

이 밤에, 성령의 감동으로 깨닫게 해주시는 죄를 고백합니다. 믿음보다는 사람의 생각으로, 하나님의 뜻보다는 자신의 일을 이루기 위해서 동분서주하다가 이 시간에 나왔사오니 용서해주시옵소서.

오늘, 교회에 꼭 응답되어야 할 하나님의 일하심을 빈다.

이 시간에, 저희 교회도 주님을 따라 자신을 내주기 위하여 세상으로 보내지게 해주시기를 빕니다. 세상을 위하여 자신의 모든 것들을 주는 교회가 되게 하시옵소서. 저희들에게 있는 생명의 말씀을 죽어가는 이들에게 거저 줄 수 있게 하시옵소서.

설교를 준비하신 목사님을 주님의 손으로 붙잡아 주셔서, 오늘 저희들에게 하나님의 말씀이 온전히 선포되게 하시옵소서. 그 말씀을 인하여 저희들은 각자에게 주신 충성의 달란트를 잘 감당하게 하시옵소서. 그래서 ○○ 교회가 부흥을 경험하는 역사를 보게 하시옵소서.

믿음의 주, 예수님의 이름으로 기도드립니다. 아멘.

2월 2주

구원의 하나님을 향하여

찬송으로 살아오게 하시는 하나님 아버지,

마음으로 무릎을 꿇고 왕이 되신 주님의 이름을 높이 외칩니다. 구원의 하나님을 향하여 즐거이 외치는 시간으로 만들어 주심을 믿습니다. 성령님의 충만하심이 있어, 감사하는 예배로 영광을 받으시옵소서.

시험에 드는 일들이 많아 시험에 들지 않도록 깨어 있으라 하셨건만, 깨어있는 삶을 살지 못했음을 고백합니다. 성령님의 충만하심으로 마음을 다시 한 번 불붙게 하시옵소서. 저희들을 불쌍히 여겨 주시옵소서. 주님께 민감하고, 악에는 이기도록 하시옵소서.

오늘, 교회에 꼭 응답되어야 할 하나님의 일하심을 빈다.

강단 위에 세우신 목사님께서 하나님의 말씀을 선포하실 때 힘 있는 말씀, 능력의 말씀이 되게 해주시기를 빕니다. 저희들은 강단의 메시지에 은혜를 받게 하시옵소서. 그리하여 주님께서 오실 때까지 하늘나라에 마음을 두고 살게 하시옵소서.

주님께서는 저희들의 어리석음을 아시니, 저희들을 가르쳐 인도를 받게 하시옵소서. 주님은 저희들을 가르쳐 굳세게 되는 힘을 구하게 하옵소서. 사순절의 시간에 승리의 찬송을 부르면서 드려지는 예배에 하나님 앞에만 영광을 돌리게 하시옵소서.

영원히 의가 되신 예수님의 이름으로 기도드립니다. 아멘.

2월 3주

마음을 다하여 나의 주님께

하나님 아버지,

마음을 다하여 나의 주님께 찬양을 드리는 ○○ 교회 권속들의 찬송을 받으옵소서. 지금, 이 자리에 모인 ○○의 지체들에게 짧은 시간이지만 경건함과 거룩함으로 예배하게 하시옵소서. 생각과 마음을 모아서 여호와를 공경하는 저희들이 되게 하시옵소서.

금수와 버러지 같은 저희들을 용서해 주시고, 믿음의 사람으로 살게 하시옵소서. 기도를 들어 주셔서 성령의 충만함이 회복되기 원합니다. 오직 주님과 동행하도록 인도해 주시옵소서. 주님께서 다시 오실 때까지 책망 받을 것이 없게 해 주시옵소서.

오늘, 교회에 꼭 응답되어야 할 하나님의 일하심을 빈다.

여호와를 경외하는 것을 제일로 여기는 저희들의 심령이 되게 하시옵소서. 오늘, 종일을 지내면서 저를 위하여 예비 되어 있는 은혜를 바라게 하시고, 하나님의 계획을 이루어 드림에 열심을 내게 하시옵소서. 저의 삶이 곧 하나님의 나라이기를 빕니다.

이 시간에, 하늘의 문이 열리고, 영생의 말씀을 듣기 원합니다. 만나를 주우러 갔던 이들의 심정이 되어 생명의 양식을 거두는 마음으로 말씀을 대하게 하시옵소서.

예수님의 이름으로 기도드립니다. 아멘.

2월 4주

하나님의 손길을 찬양하는

하나님 아버지,

만유를 다스리시는 영원하심에 찬송을 드리니 받으시옵소서. 저희들에게 천국의 자녀 됨을 누리면서 하나님과의 인격적인 만남을 경험하는 복을 누리게 하시옵소서. 세상을 위하여 일을 하신 하나님의 손길을 찬양하는 복된 시간으로 인도해주시옵소서.

주님께서는 저희들이 끝까지 소망의 풍성함에 이르기를 원하셨으나 그렇게 하기에 부족했음을 고백합니다. 갈보리의 보혈로 저희를 새롭게 해주시옵소서. 부끄러울 것이 없는 일꾼으로 인정되게 하시옵소서.

오늘, 교회에 꼭 응답되어야 할 하나님의 일하심을 빈다.

복된 밤에 말씀을 들고 단 위에 서신 목사님과 함께 하셔서 생명을 구원하는 능력의 말씀을 증언하실 수 있도록 인도해주시옵소서. 사랑하는 ○○의 권속은 말씀을 받는 중에, 영안이 열려지고, 주님을 만나는 임재를 경험하게 하시옵소서.

이 시간에도 ○○교회를 축복합니다. 성도들의 심령에 언제나 주님께서 친히 임재하심을 믿습니다. 하나님의 말씀에 순종하는 생활로 저희들의 영혼을 굳건히 세우도록 도와주심을 믿습니다. 주님의 거룩하심이 저희들의 비어있는 영혼을 채워 주시옵소서.

예수님의 이름으로 기도드립니다. 아멘.

3월 1주

세세무궁토록 영광을 바치는

날과 시간을 다스리시는 하나님 아버지,

인생의 죄를 속하시고, 구원의 은혜를 누리게 하셨음에 그 이름을 높여 찬송합니다. 오직 마음을 다 드리는 지금, 감사로 제사하는 저희들이 되어 여호와의 영광을 인정하게 하시옵소서. 하나님의 이름을 높이고, 세세무궁토록 영광을 바치는 한 시간이 되게 하시옵소서.

주님의 대속으로 죄에서 구원을 받은 바, 항상 복종하여 두렵고 떨림으로 구원을 이루어야 했던 저희들입니다. 주 예수님의 보혈로 교만했던 죄를 씻음을 받고, 주님의 마음을 품게 하시옵소서.

오늘, 교회에 꼭 응답되어야 할 하나님의 일하심을 빈다.

이제, ○○의 권속에게 들려주시는 진리의 말씀을 기다립니다. 강단에서 흘러나오는 말씀의 은혜를 경험하게 하시옵소서. 하늘의 위로와 기쁨으로 세상을 이기는 은혜를 주시옵소서. 그리하여 형식적으로 흐르는 신앙생활에 활력이 되게 하시옵소서.

마귀는 저희들이 얻은 이 귀한 신분을 망치게 하려고 갖가지 유혹으로 덤빌 것입니다. 그럴지라도 겁을 먹거나 뒤로 물러나지 않게 하시옵소서. 우리 주님께서 불의한 재판정에서조차 당당하셨던 모습을 저의 것으로 삼게 하시옵소서.

사랑의 주, 예수님의 이름으로 기도드립니다. 아멘.

3월 2주

날마다 새롭게 하신 은혜를

여호와의 친 백성이 되게 하시는 하나님 아버지,

저희들의 아름다운 찬송을 통하여 여호와의 이름이 높아지기를 소망합니다. 오늘도 사랑하는 주님의 권속을 은혜의 자리로 불러 주셨으니 영광을 드립니다. 성령님의 충만하심으로 날마다 새롭게 하신 은혜를 찬송합니다.

믿음이 없이는 기쁘시게 못함을 알면서도 믿음이 없는 이들과 같이 지내온 죄를 고백합니다. 거룩한 백성으로 살아야 하는 저희들이기에 죄에 민감해야 하지만, 그렇지 못했음을 회개하오니 용서해주옵소서.

오늘, 교회에 꼭 응답되어야 할 하나님의 일하심을 빈다.

오늘 밤에도 진리의 말씀으로 풍성하게 하심을 믿습니다. 하나님의 말씀으로 ○○ 교회가 세워져 가기를 소망합니다. 말씀으로 저희에게 여호와 하나님을 사랑하도록 권면하시는 하나님을 바라보게 하시옵소서.

지상의 모든 이들을 구원하시려고 선교사들을 보내신 하나님께 찬양을 드립니다. 보내심을 받은 선교사님들이 늘 성령이 충만하여 힘 있게 복음을 전하게 하시옵소서. 예수님의 승리의 깃발이 펄럭이는 것을 바라보게 하시옵소서.

보혈을 흘려 주신 예수님의 이름으로 기도드립니다. 아멘.

3월 3주

마음으로 손을 높이 들고

우리를 복 되게 하시는 하나님 아버지,

거룩하신 여호와의 이름을 높이 올리고, 그 이름 아래로 들어가게 하옵소서. 하늘의 문이 열려 구원의 은혜와 평강의 복이 넘치게 하신 하나님의 이름에 영광을 돌리는 예배가 되게 하시옵소서. 마음으로 손을 높이 들고, 여호와의 이름에 찬송을 드리게 하시옵소서.

골고다 언덕의 십자가를 보면서 지내지 못했던 죄를 회개합니다. 고난의 십자가를 두려워하여 짐짓 마음을 다른 곳에 두었으니, 우리 하나님 여호와 보시기에 악을 행하였음을 고백합니다. 주님의 보혈로 새롭게 하시며 영생의 은혜를 소망하면서 살게 하시옵소서.

오늘, 교회에 꼭 응답되어야 할 하나님의 일하심을 빈다.

사랑하는 저희들에게 하나님의 말씀을 사모하게 하시옵소서. 이 시간에, 미쁜 마음으로 말씀을 받아 허망한 것을 물리치게 하시옵소서. 정금보다도 더 간직해야 될 말씀이니, 진리에 순종함으로 더욱 의로워지도록 이끌어 주시옵소서.

오늘도, 빠르게 바뀌는 사회 질서 속에서, 예수님의 가르치심에 복종하는 새로운 사랑의 생활을 건설하게 하시며, 현실의 모든 병폐가 사라지고 형제와 같이 서로 봉사하는 즐거운 날이 동터오게 하옵소서.

진리의 영이신 예수님의 이름으로 기도드립니다. 아멘.

3월 4주

찬송과 감사로 아버지께

환난에서도 지켜 주시는 하나님 아버지,

예수님의 이름으로 구원받게 하시고, 지금까지 지켜 주시니 감사드립니다. 주님의 크신 사랑에 찬송과 감사로 아버지를 영화롭게 하기 원합니다.

예수님께서 생명의 구주로 사셨던 삶을 묵상하는데 게을렀음을 회개합니다. 주님보다는 저희들 자신에게 집중해서 바쁘게 지냈음을 자복하오니, 용서해주시옵소서. 세상을 사랑하는 우상들에게서 돌아서도록 은혜를 주옵소서. 하나님의 역겨운 것에서 돌아서게 하시옵소서.

오늘, 교회에 꼭 응답되어야 할 하나님의 일하심을 빈다.

이 시간에, ○○의 강단을 축복합니다. 강단에서 선포되는 하나님의 말씀이 생수가 되어 시들은 성도들의 영혼을 소성케 해주시는 은혜를 보게 하시옵소서. 그 말씀으로 온 성도들은 한 몸을 이루게 하시며, 전도자로 세워지게 하시옵소서.

사랑하는 ○○교회에 많은 교역자들이 있게 하심을 감사드립니다. 그들의 수고와 기도로 말미암아 ○○교회의 성도들이 푸른 초장과 쉴 만한 물가로 인도함을 받게 하시고, 믿음에 굳건해지기 원합니다. 저희 교회에 교역자들을 위하여 기도하는 은혜를 부어주시옵소서.

기도하게 해주신 예수님의 이름으로 기도드립니다. 아멘.

3월 5주

여호와를 공경하여 예배하는

부활의 영광을 주시는 하나님 아버지,

전심으로 주를 향하여 고백하는 말, 여호와를 찬양한다 말하게 하시옵소서. 이 자리에 모인 무리에게 경건함과 거룩함으로 예배하게 하시옵소서. 생각과 마음을 모아서 여호와를 공경함으로써 예배하는 저희들이 되게 하시옵소서. 마음을 드려 경배하기 원합니다.

다시, 부활절을 맞이하면서 저희들의 믿음이 없음을 고백합니다. 부활신앙으로 살아야 했건만, 주님의 부활을 잊고 지낸 시간들이 많았음을 용서해 주시옵소서. 저희들도 부활할 것을 바라보며 살아야 하는데, 먼 후일의 일처럼 생각하는데 그쳤음을 회개합니다.

오늘, 교회에 꼭 응답되어야 할 하나님의 일하심을 빈다.

이 밤에도, 설교하시는 목사님께 영력을 더하셔서 생명의 말씀으로 저희들이 배부르게 하여 주시옵소서. 여호와의 모든 계명은 저희들을 위한 것임을 깨닫게 하시옵소서.

오늘도 ○○ 교회를 위하여 간구합니다. 하나님께서 기뻐하시는 주님의 몸이 되기를 소원합니다. 성도들은 오직, 십자가의 사랑으로 한 몸이 되기를 사모하게 하시옵소서. 몸이 하나요, 성령도 하나요, 하나님 아버지도 오직 한 분이심을 고백하는 공동체가 되게 하시옵소서.

부활의 주, 예수님의 이름으로 기도드립니다. 아멘.

4월 1주

평안으로 이끌어 주시는

성소에서 기다리시는 하나님 아버지,

저희들의 삶을 위로해 주시고, 순간순간 평안으로 이끌어 주시는 여호와를 사랑합니다. 이 시간에, 예배하도록 저희들을 불러 모아 주심에 감사드립니다. 하나님의 이름을 높이고, 세세무궁토록 영광을 바치는 한 시간이 되게 하시옵소서.

영원히 찬양 받으실 하나님의 이름을 즐거워합니다. 하나님께서 불러주셨으니, 거룩한 시간에 천국의 자녀 됨을 풍성히 누리면서 하나님과의 인격적인 만남을 경험하는 복을 누리게 하시옵소서.

오늘, 교회에 꼭 응답되어야 할 하나님의 일하심을 빈다.

날마다 유혹해오는 옛 사람의 행실을 끊임없이 거절하게 하시며, 주님의 이름으로 죄를 대적하여 싸우게 하시옵소서. 하나님의 자녀로서의 권세를 누림에 주목하게 하시옵소서. 여호와 앞에서 거룩함과 신실함으로 자녀 된 도리를 다하도록 성령님께 의탁합니다.

주님께서는 저희들을 위해 고난을 받으셨으나 저희들은 세상으로부터 받는 고난이 싫었습니다. 오히려 육체적으로 즐겁고 편안한 것을 더 원했습니다. 주님의 길과는 다른 편을 택하기를 좋아했던 저희들을 용서해주시옵소서.

죄를 거절하게 하신 예수님의 이름으로 기도드립니다. 아멘.

4월 2주

주님의 품 안에서 감사하는

부활 신앙을 사모하게 하시는 하나님 아버지,

하나님께서 아버지가 되어 주셔서, 그리스도인으로 자라나기를 기뻐하게 하신 사랑을 찬양 드립니다. 그리스도의 장성한 분량에 이르는 성숙이 이루어지도록 인도해 주옵소서. 또한 주님의 품 안에서 모자람이 없는 삶을 살아갈 수 있도록 날마다 만족하게 하시옵소서.

여호와의 은총을 구하면서 은혜의 바다로 나아가게 하시옵소서. 주님께서는 저희들에게 모든 사람으로 더불어 화평함과 거룩함을 따르라 하셨으나 순종하지 못했음을 기억합니다. 용서해주시옵소서.

오늘, 교회에 꼭 응답되어야 할 하나님의 일하심을 빈다.

이 좋은 시간에, 생명의 말씀을 듣게 하시니 감사드립니다. 말씀을 듣고 깨달은 것을 하나도 잊어버리지 않는 성도들이 되게 하시옵소서. 심령의 치료와 위로와 변화가 임하는 놀라운 은혜가 있기를 빕니다.

다시 또 시작되는 한 주간의 삶을 준비합니다. 저희들이 보내어진 삶의 자리에서 살아갈 때, 주님의 뜻이 이 땅에서 이루어지기 위해서 순종하기를 원합니다. 주님의 뜻이 하늘에서 이룸같이 땅에서도 이루어지도록 기도하게 하시옵소서. 하나님의 영광이 이 땅에 가득해지는 것을 바라보는 영안을 열어주시옵소서.

부활의 보증이 되신 예수님의 이름으로 기도드립니다. 아멘.

4월 3주

하나님의 나라가 이 땅에서

여호와의 이름을 주목하게 하시는 하나님 아버지,

오늘까지 저희들을 지켜 주신 은혜에 감사드립니다. ○○의 지체들이 주님을 섬기며 지내는 복을 주신 하나님을 경배합니다. ○○의 가족을 통하여 오늘도 하나님의 나라가 이 땅에서 이루어지게 하신 주님을 찬양합니다.

정죄함이 없게 해주시는 하나님을 믿습니다. 여호와를 양망하는 자에게 새 힘을 주심을 믿고, 그 능력에 저희들 자신을 내어드리게 하시옵소서. 이제는 땅에 속하여 눈에 보이는 것에 마음을 빼앗기지 않도록 인도해주시옵소서.

오늘, 교회에 꼭 응답되어야 할 하나님의 일하심을 빈다.

이 시간에도, 선포되는 말씀이 저희의 굳은 심령을 찔러 쪼개시는 은혜로 말씀을 듣게 하시니 감사드립니다. 그 말씀 한 마디도 땅에 떨어지지 않고, 성도들의 마음에 새겨져 열매를 맺게 하시옵소서.

선교사님들께서 복음의 순수한 빛을 가지고 온 땅에 퍼져 있는 민족들에게 복음을 전할 때, 함께 해 주시옵소서. 그들이 전하는 복음으로 주님의 잃어버린 양들을 돌아오게 하시옵소서. 모든 위험에서 그들을 보호하여 주시고, 모든 환란 중에서 인도하여 주시옵소서.

새 소망을 주신 예수님의 이름으로 기도드립니다. 아멘.

4월 4주

좋은 것으로 채워주시는 주께

높은 보좌에 계시는 하나님 아버지,

하늘과 땅을 지으신 날부터 좋은 것으로 우리를 채우시는 하나님을 찬양합니다. 하나님은 참으로 하늘의 영광을 드러내셨으니, 하나님의 이름에 합당한 영광을 드리는 예배가 되게 하시옵소서.

십자가서 떠난 죄를 고백하오니 하나님의 자비하심을 보게 하시옵소서. 순간적인 자신의 유익을 구하느라 주님께서 가신 길을 따를 것을 부인했던 죄를 회개합니다. 하나님의 뜻을 멀리하며 지냈던 죄악을 씻어 주시옵소서.

오늘, 교회에 꼭 응답되어야 할 하나님의 일하심을 빈다.

이 시간에 주시는 말씀에 진리로 충만한 교회가 되게 하시옵소서. 말씀을 전하여 주실 목사님께 성령의 기름을 부어 주심을 간구합니다. 말씀과 더불어 역사하시는 성령님께서 이끌어 주시는 대로 순종하는 교회가 되고, 지체들이 되게 하시옵소서.

○○ 교회의 지체들이 주님의 목적을 깨달아 받들어서 끝까지 따르게 하시옵소서. 세상을 향해서 주님의 말씀에 순종하여 지키게 하시기를 원합니다. 죄로 얼룩진 세상에 의의 행실로 다가가게 하시옵소서. 그리하여 선한 행실로 하나님의 영광을 드러내게 하시옵소서.

진리로 이끌어주시는 예수님의 이름으로 기도드립니다. 아멘.

5월 1주

여호와께 복 된 가정으로

가정에 복을 주시는 하나님 아버지,

○○의 가족이 하나님을 기쁘시게 해드리는 교회를 이루고자 기도하게 하심에 감사드립니다. 이 교회가 이 땅에서 이루시려는 하나님의 뜻에 순종하게 하시니, 참으로 모든 영광이 주님께만 드려지게 하시옵소서.

저희들에게도 자신이 마셔야 하는 고난의 잔을 고의로 피한 죄를 고백합니다. 회개할 때 임하는 여호와의 사유하심을 보게 하옵소서. 마음이 교만하여 여호와 앞에서 악을 행하였사오니 용서해주시옵소서.

오늘, 교회에 꼭 응답되어야 할 하나님의 일하심을 빈다.

하나님의 말씀이 저희들의 심령을 다스리게 하시옵소서. 하나님의 말씀 전하실 때 힘 있는 말씀, 능력이 있는 말씀 되게 하시며, 듣는 성도들이 강단의 메시지에 은혜를 받게 하시옵소서. 진리의 말씀에 순종하는 매일 매일의 삶에서 은혜에 잠기게 하시옵소서.

저희들의 가정을 여호와께서 복이 있는 가정으로 삼아주셨음에 감사드립니다. 저희를 향한 하나님의 계획이 나타나 가정에서 주님의 영광을 보며 지내게 하옵소서. 이 가정이 하나님 앞에서 단을 쌓는 제단이 되게 하시고, 기도의 응답을 보는 복된 터가 되도록 하시옵소서.

보이지 않는 식구이신 예수님의 이름으로 기도드립니다. 아멘.

5월 2주

주 안에서 성전이 되어가는

　인간을 성전으로 삼아주시는 하나님 아버지,
　이 백성들에게 여호와께서 주가 되어주셨음을 즐거워하여 찬송합니다. 세상을 위하여 일을 하신 하나님의 손길을 찬양하는 복된 예배로 인도해 주시옵소서.
　하나님은 저희 각 사람이 주 안에서 성전이 되어가기를 바라셨으나, 성전이 되는 삶을 거절하며 지낸 것을 회개합니다. 하나님의 불쌍히 여기심으로 용서를 받고, 생명의 영으로 오신 주님의 사랑으로 십자가 아래에서 참 소망을 얻게 하시옵소서.

오늘, 교회에 꼭 응답되어야 할 하나님의 일하심을 빈다.

　이제, 순서에 의해서 설교하실 목사님을 축복합니다. 단 위에 세우신 목사님께 영육간의 강건함을 주시옵소서. 저희들은 성경의 말씀에 따라 기도하게 해주시며, 순종하여 봉사하게 해주시고, 약속의 말씀이 성취될 것을 소망하게 하시옵소서.
　복음을 위해서 목숨을 바치시기로 작정하신 담임 목사님께 성령이 물 붓듯이 쏟아지기를 빕니다. 하늘의 문이 열려지고, 천상의 은혜가 갑절이나 더해지시게 하시옵소서. 그 은혜와 권능으로 양떼를 인도하시는 데 조금의 부족함이 없게 하시옵소서.
　천국문이 되어주신 예수님의 이름으로 기도드립니다. 아멘.

5월 3주

하나님께서 하나님이 되어주심에

사랑으로 인도하시는 하나님 아버지,

이 백성들에게 은총을 베풀어주시고, 날마다 하나님이 되어 주셨음을 인하여 찬양합니다. 눈을 감을 때마다, 주님의 사랑을 느낌이 밀려드는 것을 고백합니다. 언제나 저희들의 편이 되어 주시고, 연약해질 때 힘을 주시는 은혜에 찬양을 드립니다.

불신자들은 자기를 사랑하며 돈을 사랑하며 자긍하며 교만한데, 저희들의 모습이 그러하였습니다. 용서해주시옵소서. 이제, 그리스도의 보혈로 말미암아 회복되어 아무 것도 염려하지 말고 오직 모든 일에 기도와 간구로 살아가게 하시옵소서.

오늘, 교회에 꼭 응답되어야 할 하나님의 일하심을 빈다.

이 밤에, 하나님의 말씀을 듣습니다. 사랑하는 지체들은 그 말씀의 법대로 신앙생활을 하여 영광의 자리에 도달하게 하시옵소서. 성경을 가까이 하고, 성경의 말씀에 순종해서 면류관을 받게 하시옵소서.

만세 전부터 택함을 받은 저희 지체들의 가정으로 말미암아 영광을 드립니다. 인생이라는 바다를 저 혼자서 항해하는 것처럼 여기고 혼자서 몸부림쳤던 외로움을 받아 주시옵소서. 식구들에게는 여호와를 자신의 힘으로 삼는 은총을 내려 주시옵소서.

지혜의 영이신 예수님의 이름으로 기도드립니다. 아멘.

5월 4주

여호와 앞에서 드리는 삶

하나님께로 더 나아가게 하시는 하나님 아버지,

영광과 존귀를 드립니다. 저희들을 사랑하셔서, 한 가지 소원을 주시옵소서. 최선을 다하여 하나님을 사랑하는 저희들이 되게 하시옵소서. 주님을 사랑하고, 주님을 가장 귀하게 여기도록 감동해 주옵소서.

여호와 앞에서 자신을 드리는 삶을 살지 못한 죄를 고백합니다. 주님께서는 저희들을 모든 선한 일에 예비함이 되도록 자기를 깨끗하게 하라고 하셨으나 그렇게 하지 못했음을 용서해주시옵소서. 자신을 제물로 드리게 하시옵소서.

오늘, 교회에 꼭 응답되어야 할 하나님의 일하심을 빈다.

이 시간에 선포되는 주님의 말씀이 저희를 비추는 거울이 되어 신앙으로 바로 서게 하옵소서. 위로의 말씀으로 연약한 심령을 강하게 해주시옵소서. 간절한 마음으로 듣게 하시고, 가슴에 새기고, 말씀에 감동이 되어 눈에서 눈물을 흘리기 원합니다.

오늘, 하나님께서 사랑하시는 ○○ 교회의 지체들이 하나님의 말씀과 성령님께 충만함으로 풍성한 삶을 살아가는 은총을 누리게 하시옵소서. 지체들이 같은 말, 같은 마음, 같은 행동으로 하나님께 영광을 돌리는 한 날이 되게 하시옵소서.

의의 백성이 되게 해주신 예수님의 이름으로 기도드립니다. 아멘.

5월 5주

이 모인 자리를 새롭게

여호와께 존귀하게 하시는 하나님 아버지,

멸망당할 죄인을 위하여 독생자를 세상에 보내 주신 하나님의 계획을 찬양합니다. 오늘도 저희들의 생명에 새로운 날을 주셨으니, 이 모인 자리를 새롭게 하시옵소서. 저희들을 구원하시므로 새 생명을 지으신 하나님께 감사드립니다.

때로는 주님의 간섭이 귀찮고, 자신의 이기심으로 살아보려 한 죄를 용서해 주시옵소서. 이제는 하나님의 긍휼하심을 받고, 때를 따라 돕는 은혜를 얻는 것에 목마르게 하시옵소서. 사유하시는 은총으로 새롭게 다짐하여 여호와를 앙망하게 하시옵소서.

· 오늘, 교회에 꼭 응답되어야 할 하나님의 일하심을 빈다.

이 밤에도 하나님의 말씀을 사모합니다. ○○의 성도들에게 하나님의 말씀을 귀하게 여기는 은혜를 경험하게 하시옵소서. 주님의 집에 속한 모든 이들이 천국의 법도를 사랑하게 하시옵소서.

우리 주님께서 이 땅에 계시던 동안에, 하나님께 순종하셨던 삶이 저의 것이 되게 하시옵소서. 이 시간에, 성령님께서 주님의 생각과 마음을 저희에게 부어주시옵소서. 하나님을 사랑하는 저희들의 마음을 하나님께 주목하는 심령으로 내보이게 하시옵소서.

십자가의 은혜를 주신 예수님의 이름으로 기도드립니다. 아멘.

6월 1주

골고다의 십자가를 바라보는

하나님의 영광을 바라보게 하시는 하나님 아버지,

만유를 다스리시는 권세가 다 하나님의 것임에 찬송합니다. 지금, 주님의 예배당에 회개의 은혜가 충만하기를 소원합니다. 매일 매일의 생활에서 후히 주시고 꾸짖지 않으시는 하나님을 체험하게 하심에 찬양을 드리게 하시옵소서.

골고다의 십자가를 바라보기보다 고난은 주님께서만 당하시고, 좋은 것만 얻기를 생각했던 죄를 회개합니다. 하나님의 뜻을 거절함으로써 저희들이 주님께 죄를 지었사오니 용서해주시옵소서.

오늘, 교회에 꼭 응답되어야 할 하나님의 일하심을 빈다.

하나님의 영광을 구하기 위해서 이전에 즐기던 것들로부터 떠나게 하시옵소서. 눈에 보이는 것들에서 만족을 구하려던 생각을 거절하게 하시옵소서. 오직 하나님의 자녀답게, 거룩한 신분을 지키는 매일 매일의 삶을 소망하게 하시옵소서.

거룩한 시간에 하나님의 말씀으로 저희들을 심령을 새롭게 해주시옵소서. 주님의 말씀을 사랑하여 간절한 마음으로 듣게 하시고, 진리를 배워 보화를 지니게 하시옵소서.

죄를 씻김 받게 해주신 예수님의 이름으로 기도드립니다. 아멘.

6월 2주

번성케 하시는 여호와

모든 것들로 풍성하게 하시는 하나님 아버지,

저희들의 모든 것이 되시며, 이 시간까지 지켜주셨음에 영광을 드립니다. ○○의 지체들이 기도하러 모이고, 열심히 서로 사랑하는 중에 은혜의 풍성함을 보게 하시옵소서. 번성케 하시는 여호와의 손이 임하여 믿음의 부요를 누리게 하시옵소서.

죄악 된 저희의 행실을 되돌아보며 죄를 자복합니다. 자신의 이익을 구하느라 하나님의 말씀을 어기고, 성령님의 권고하심도 뿌리치고 지내왔습니다. 용서해 주심을 믿고 회개하오니, 하나님의 공의하심에 따른 구속의 은혜를 누리게 하시옵소서.

오늘, 교회에 꼭 응답되어야 할 하나님의 일하심을 빈다.

오늘도 저희들이 여호와의 사랑을 받고 있는 자녀라는 사실을 잊지 않게 하시옵소서. 저희가 여호와 앞에서 하나님께서 의도하신 성도의 삶을 살도록 은혜를 주시옵소서. 마귀가 저의 영혼을 더럽히고, 하나님의 자녀 된 권세를 누리지 못하도록 유혹할 때 물리치게 하옵소서.

이 밤에, 권면의 말씀으로 성도의 삶을 풍성히 살게 하시옵소서. 영생에 이르는 진리가 주는 복된 생활을 사모하는 말씀을 듣게 하시옵소서. 주님의 말씀이 언제나 심령에 머무르기를 원합니다.

말씀의 주, 예수님의 이름으로 기도드립니다. 아멘.

6월 3주

영원한 생명을 주셨음에

영광의 찬미를 받으시는 하나님 아버지,

기도하고, 찬송을 하도록 저희들을 불러 모아 주셨음에 감사드립니다. 영원한 생명을 주신 그 은총에 마음을 다해 찬양을 드립니다. ○○의 권속에게 임마누엘의 복을 주셨음에 찬송을 드리게 하시옵소서.

저희들의 죄를 고백하니 불쌍히 여겨 주시옵소서. 이 자리에서 저희의 죄 때문에 주님께서 십자가의 고난당하셨던 아픔을 느끼게 하시옵소서. 지은 죄를 뉘우쳐 회개하는 이 자리가 되게 하옵소서. 자신의 죄를 고백할 때, 용서해 주심을 믿습니다.

오늘, 교회에 꼭 응답되어야 할 하나님의 일하심을 빈다.

이 밤에도 하나님의 말씀을 달게 받게 하시옵소서. 깨우쳐 주시는 말씀으로 새 교훈을 받게 하시고, 종일 묵상하는 저희들이 되게 하시옵소서. 하나님의 말씀에 대해서, 아멘으로 받고, 순종하려는 감격으로 가슴이 뜨거워지게 하시옵소서.

사랑을 베풀기에 지극히 인색한 저희들의 마음을 변화시켜 주시옵소서. 주님의 사랑을 실천할 수 있는 저희가 될 수 있도록 인도하여 주시옵소서. 저희들이 믿음이 연약하여 주의 도우심을 간구하오니 그리스도의 빛을 세상에 발하게 하시옵소서.

생명의 주, 예수님의 이름으로 기도드립니다. 아멘.

6월 4주

존귀와 영광이 다 주께

성소에서 그 이름이 영화로우신 하나님 아버지,

할렐루야로 여호와의 위대하심을 찬송합니다. 존귀와 영광이 다 주께 있으시기에, 찬송을 드립니다. 예수님의 십자가 보혈로 새롭게 되었음이 저희들에게 찬송의 제목이 됩니다.

저희들은 여호와를 찬양하는 삶을 사는 데 게을렀습니다. 날마다 하나님을 찬양하기 원하였으나, 죄로 얼룩진 자신의 모습 밖에 없습니다. 저희들의 죄를 용서해주시옵소서. 성령님의 충만하심이 있어 춤을 추며 기뻐하는 예배로 영광을 받으옵소서.

오늘, 교회에 꼭 응답되어야 할 하나님의 일하심을 빈다.

우리 교회의 강단을 축복합니다. 진리의 말씀만이 선포되는 강단이 되기를 빕니다. 거룩한 지체들이 하나님의 말씀을 따르고 지키게 하시옵소서. 영생의 진리를 주셨으니, 말씀에 오직 순종하게 하시옵소서.

하나님 앞에서 ○○ 교회가 이 땅에 보내어진 주님의 몸으로서의 아름다움을 보전하게 하시옵소서. 이 교회가 이 지역에 하나님의 진리를 선포되게 하시옵소서. 성도들이 기도와 사랑으로 교회가 지역을 섬기게 하옵소서. 이를 위해서 저희들이 물질을 드리는 일에도 열심을 내도록 이끌어주시옵소서.

새 사람이 되게 해주신 예수님의 이름으로 기도드립니다. 아멘.

7월 1주

임마누엘로 같이 하신

여름의 계절을 주시는 하나님 아버지,

자기 백성을 향해서 임마누엘로 같이 하신 그 은혜를 감사합니다. 주님과 복음을 위하여 자신을 내놓는 저희들과 ○○교회가 되도록 이끌어 주시옵소서. 하나님의 일이 이루어지고, 주님의 나라가 어서 속히 이루어지는데 힘을 다하는 저희들이 되기 원합니다.

지금, 돌이켜볼 때, 허물이 많이 있음을 고백합니다. 저희들의 심령이 죄로 더러워졌고, 마음이 죄로 가득 찼음을 회개합니다. 매일 매일의 생활에서 후히 주시고 꾸짖지 않으시는 하나님을 체험하게 하심을 믿어 용서를 구합니다.

오늘, 교회에 꼭 응답되어야 할 하나님의 일하심을 빈다.

이 예배를 위해서 목사님으로 하여금 말씀을 준비하게 하심에 감사드립니다. 저희들의 영혼을 새롭게 하고, 하나님의 사람으로 세상에 나갈 담대함을 주시는 말씀이 들려질 것을 믿습니다.

오늘도 하나님의 말씀에 순종하게 하시옵소서. 종교적인 의무에서의 순종이 아니라 하나님을 사랑하기 때문에 순종을 즐거워하게 하시옵소서. 저희가 생각하는 것이나 말을 하는 것 그리고 무엇을 행하든지 그것이 순종을 통해서 하나님께 나아가는 길이 되기를 빕니다.

아멘이신 예수님의 이름으로 기도드립니다. 아멘.

7월 2주

은혜와 진리 안에서

지금까지 지켜주신 하나님 아버지,

여호와의 섭리를 깨달으며, 인생이라는 삶을 바라보게 하신 크신 사랑에 찬양을 드립니다. 은혜와 진리 안에서 십자가를 지고 인내의 힘과 변하지 않는 믿음으로 그리스도를 따르게 하시옵소서.

좋은 것으로 만족하게 하셨으나, 저희들의 심정은 불평과 불만이었음을 회개합니다. 죄를 지었던 행위로부터 돌이켜 자복하게 하시고, 죄악에서 떠나는 용기를 누리게 하시옵소서. 이 백성들이 저지른 죄와 실수를 용서하시고, 우리를 길이 하나님의 것으로 삼아주시옵소서.

오늘, 교회에 꼭 응답되어야 할 하나님의 일하심을 빈다.

말씀을 준비하신 목사님께 성령으로 감동해주시고, 하나님의 뜻이 선포되기 원합니다. 하나님의 말씀으로 저희들을 향한 주님의 뜻이 무엇인지 분별하여 새로워지게 하시옵소서.

우리 하나님께서 선한 목자가 되시어 ○○의 지체들을 푸른 초장으로 인도하셨음에 감사드립니다. 주님의 은혜로 저희들의 연약함을 긍휼히 여겨주시고 지체들 모두에게 사랑과 기쁨으로 가득 차게 도와주시옵소서. 하나님의 말씀으로 행복하게 하시고 온 교회가 신령한 은혜를 받아 믿음의 반석 위에 굳건히 세워지게 하시옵소서.

보혈의 주, 예수님의 이름으로 기도드립니다. 아멘.

7월 3주

들어가며 나오며 꼴을 얻는

오직 감사할 분이 되시는 하나님 아버지,

구원의 문이신 주님께로 들어가서 은혜를 누리는 저희들이 되게 하시옵소서. 주님과 더불어 지내는 중에, 들어가며 나오며 꼴을 얻는 은혜를 보게 하시며 신령한 복을 받아 즐거움을 누리게 하시옵소서.

하나님께서 주시는 그대로 감사함으로 받아야했건만 부족함으로 여기고 불만으로 바라보았음을 회개합니다. 돌이켜 보건대, 주님께서 주신 것들이 많았음에도 받은 복은 헤아리지 않고, 이기적인 욕망에 눈이 어두웠음을 용서해주시옵소서.

오늘, 교회에 꼭 응답되어야 할 하나님의 일하심을 빈다.

저희들이 세상에서 살아가는 동안에, 성령님께 충만한 한 날이기를 빕니다. 이로써 저희 인생을 새롭게 해준 복음을 이웃에게 전하게 하시옵소서. 아직도 인생의 문제 속에서 헤매고 있는 이들에게 문제의 해결이 되시는 그리스도를 전해주게 하시옵소서. 이 귀한 날을 전도자로서 충성을 다하게 하시옵소서.

오늘도, 예배하는 중에 저희들의 믿음이 말씀의 반석 위에 세워지고, 하나님의 은혜를 바라는 소망을 말씀 안에서 갖게 하시옵소서. 그 소망이 기쁨이 되어 즐거움을 누리게 하시옵소서.

영원을 사모하게 하신 예수님의 이름으로 기도드립니다. 아멘.

7월 4주

여호와의 도우심에 찬송으로

모든 것에 풍성하게 하시는 하나님 아버지,

저희들이 거두어들인 것들이 많아 여호와의 도우심을 찬송합니다. 비록 바라지 않은 일을 하게 되거나, 어려운 일에 부딪치더라도 감사함으로 받아들이며 살게 하시옵소서.

세상 사는 날 동안에 하나님의 일꾼으로서의 사는 삶보다는 자신의 생각과 바람에만 마음을 쏟았던 죄를 고백합니다. 주님의 사람이라 하면서도, 주님이 없는 사람의 모습이었던 행실을 용서해 주옵소서. 옛사람의 행위를 버리지 못함을 뉘우칩니다.

오늘, 교회에 꼭 응답되어야 할 하나님의 일하심을 빈다.

우리 ○○교회에 목사님을 세워주셨음에 감사드립니다. 목사님께서 성령의 은혜로 지금보다 갑절의 근면하심과 열렬하심, 신중하심, 관대하심으로 사역에 임하게 하시옵소서. 목사님의 비전과 교회에 주신 사명을 감당하시는 종이 되게 하시옵소서.

이 시간에, 성령님의 깨닫게 하시는 은혜로 말씀의 진리를 풍성하게 얻게 하시옵소서. 그 진리로 말미암아 기도의 무릎을 꿇게 하시며, 기도를 통해서 하나님의 일을 이루어 드리도록 인도해주시옵소서.

주님의 사람이라 불러 주신 예수님의 이름으로 기도드립니다. 아멘.

8월 1주

작은 일에도 감사하는

만물을 주시는 하나님 아버지,

베풀어 주시는 은혜를 생각할 때, 참으로 감사드립니다. 은혜 가운데서 날마다 지켜 보호하여 주심을 깨달을 때, 더욱 더 감사를 드립니다. 주님께서 주셨음을 생각하여, 작은 일에도 감사하는 심령으로 만들어 주시옵소서.

지난 시간의 삶을 돌이켜보니, 부끄럽게도 허물과 죄로 얼룩져 있음을 고백합니다. 하나님의 영광을 구하지 못하고, 말씀에 순종하여 주님의 뜻을 이루어드리는 데도 실패했음을 회개합니다. 보혈의 은혜로 죄를 씻음 받게 하시옵소서.

오늘, 교회에 꼭 응답되어야 할 하나님의 일하심을 빈다.

하늘의 말씀을 전하시는 목사님께 능력을 더하시옵소서. 전하시는 말씀이 이 백성들에게 빛이 되기를 소망합니다. 감사함으로 주님의 말씀을 받는 성도들의 심령을 준비시켜 주시옵소서.

오늘도 하나님이 나라가 이 땅에서 확장되기를 기도하게 하셨음에 감사드립니다. 저희를 성령님께 충만하게 하셔서 삶의 터전으로 보내어진 제자가 되어 살아가기를 사모하게 하시옵소서. 믿음의 역사, 사랑의 수고, 소망의 인내로 말미암은 열매를 맺게 하시옵소서.

의의 빛, 예수님의 이름으로 기도드립니다. 아멘.

8월 2주

언제나 임마누엘로 함께

사랑으로 돌보아 주시는 하나님 아버지,

주님의 은혜가 저희들로 하여금 친구가 되게 해 주셨으니, ○○ 교회에는 언제나 임마누엘로 함께 하시옵소서. 주님의 친구는 주님의 말씀을 지킨다고 하셨으니, 온 성도들이 교회를 중심으로 해서 주님의 뜻을 이루어드리는 아름다운 삶을 살게 하시옵소서.

지금, 저희들을 살필진대, 주의 자녀라 하기에는 너무 초라한 모습을 회개합니다. 저희들의 말과 행실에 주님의 자녀다운 모습이 어디에 있습니까? 용서해주시옵소서. 제자로서의 삶을 다하지 못한 연약함을 불쌍히 여겨 주시옵소서.

오늘, 교회에 꼭 응답되어야 할 하나님의 일하심을 빈다.

진리의 말씀으로 저희들을 새롭게 하실 목사님의 기도에 응답하셔서 말씀이 풍성한 시간이 되게 하시옵소서. 위로부터 주시는 생명의 말씀을 받아 저희들이 향기로운 제물이 되기 원합니다.

저희들에게 하나님께서 주시는 하늘의 신령한 복으로 인하여 날마다 승리하게 하시옵소서. 저희들의 연약함과 부족함을 주님의 강하심과 부요하심으로 채워주시옵소서. 마음과 영이 하나 되어 주 앞에 드리는 이 시간이 되게 하시옵소서.

길이 되시는 예수님의 이름으로 기도드립니다. 아멘.

8월 3주

주님과 함께 살고

하늘을 바라보게 하시는 하나님 아버지,

저희들의 심령을 지극히 은혜로우신 주님의 놀라우신 사랑으로 채워주시옵소서. 그리하여 저희들이 순종 안에서 주님과 함께 살고 주의 사랑 안에서 죽으며, 다시 일어나 주님의 영광 속에서 주님과 함께 영원히 즐거워 할 수 있게 하시옵소서.

하나님을 거스르며 지냈던 죄를 고백하오니 용서해주시옵소서. 저희들 중에 부정한 입술의 죄를 지은 이들에게 긍휼히 여겨 주시옵소서. 불순종과 거역했던 일로 괴로워하는 이들의 죄도 용서해주시옵소서.

오늘, 교회에 꼭 응답되어야 할 하나님의 일하심을 빈다.

사랑하는 ○○의 지체들이 목사님과 믿음의 선배들의 사랑어린 지도를 받아 온전함에 이르기 원합니다. 이 분들의 기도와 사랑을 통해서 주님 앞에서 봉사의 일을 할 수 있기까지 자라게 하시옵소서. 그리하여 그리스도의 몸으로 세워지게 하시옵소서.

오늘도 말씀을 전해주시는 목사님을 위해서 간구합니다. 사랑하는 종이 성령님의 능력과 권세에 붙들리게 하시옵소서. 저희들을 사랑하시는 주님의 말씀을 전하시게 하시옵소서.

은총을 주시는 예수님의 이름으로 기도드립니다. 아멘.

8월 4주

보혈로 적셔진 십자가를

자기 백성으로 삼아주시는 하나님 아버지,

보혈로 적셔진 주님의 십자가를 바라보니, 회개하지 않고는 견딜 수 없습니다. 죄와 온갖 허물로 말미암은 부끄러움에 회개의 눈물이 쏟아짐을 고백합니다. 더러워진 손과 발을 보혈의 은혜로 새롭게 하시고, 용서해주시옵소서.

영혼을 구원하시는 하나님의 사랑으로 부요함의 은혜를 주시기 원합니다. 저희 재정에 궁핍함을 모르는 삶을 허락해 주옵소서. 여호와를 기뻐하면 마음의 소원을 이루어주신다는 말씀의 약속을 응답해주시옵소서. 재물을 통해서 하나님의 나라를 이루어 가게 하시옵소서.

오늘, 교회에 꼭 응답되어야 할 하나님의 일하심을 빈다.

목사님께서 말씀을 선포하실 때, 성령님의 감동하심이 있기를 소망합니다. 영원에 이르도록 해주는 말씀을 붙잡고, 평생을 살아가겠노라는 거룩한 다짐이 있게 하옵소서. 그 말씀에서 하나님의 음성을 듣고 응답받는 경험을 누리게 하시옵소서.

저희들의 심령이 쪼개지는 역사가 일어나게 해주시옵소서. 주의 성도들이 말씀을 통하여 삶의 문제를 해결을 받고, 은혜를 받음으로 기쁨을 얻고, 하나님의 기뻐하시는 뜻을 깨닫는 시간이 되게 하옵소서.

십자가의 은혜이신 예수님의 이름으로 기도드립니다. 아멘.

8월 5주

저희들의 심령을 하늘나라에

심령을 뜨겁게 해 주시는 하나님 아버지,

여호와 앞에서 잘못된 생각과 마음으로 살아온 죄를 고백합니다. 육신이 약하다는 핑계로, 세상에 죄가 많이 있다는 핑계로 그 죄를 자연스럽게 저지른 행실을 회개합니다. 저희들을 불쌍히 여겨 주시옵소서.

비록 가난하지만, 하나님께서 도와주심을 바라고, 소망 중에 지내고 있는 ○○의 지체들을 축복합니다. 부모와 자녀들이 거룩한 성전을 만들어가는 아름다운 가정이 되게 하시옵소서. 저희 식구들이 받는 복을 통해서 하나님의 영광이 나타나기 원합니다.

오늘, 교회에 꼭 응답되어야 할 하나님의 일하심을 빈다.

영생에 이르는 말씀을 듣게 하시니 저희들의 심령을 하늘나라에 두게 하시옵소서. 그것이 저희들에게 기쁨이 되기를 소망합니다. 이로써 주님을 향한 저희들의 믿음이 굳건해지게 하시고, 주님을 사랑함으로 저희 삶이 채워지게 하시옵소서.

○○ 교회에 세워주신 지도자들을 축복합니다. 그들이 맡겨진 양떼를 위해서 오직 주님의 음성에만 민감하게 하시기 원합니다. 세상과 타협하지 않으며 오직 주님 가신 발자취만 따라감으로써 사도의 모델이 되게 하시옵소서.

영원의 약속이신 예수님의 이름으로 기도드립니다. 아멘.

9월 1주

주님의 십자가 길을 묵상하는

새로운 시간을 주시는 하나님 아버지,

가을을 내다보고 있습니다. 분주하기만 했던 저희들입니다. 입술로만 결심을 하고 다짐이 있었지, 행함으로는 아무 것도 시작하지 못했음을 용서해 주시옵소서. 이제라도 세상을 향해서 하나씩 실천하는 은혜를 주시옵소서.

'오직 예수님'에 대한 신앙정신을 날마다 고백하게 하시옵소서. 복음으로 사는 날들이 오래 될수록 신앙생활이 습관이 되지 않게 해주시기를 빕니다.

오늘, 교회에 꼭 응답되어야 할 하나님의 일하심을 빈다.

이 밤에도 하늘의 신령한 복과 땅의 기름진 복이 약속되어 있는 말씀으로 살아가기를 다짐하게 하시옵소서. ○○의 강단을 성령의 능력과 권세로 함께 해주시옵소서. 주님의 십자가 길을 묵상하는 하나님의 말씀을 듣는 귀를 주시옵소서.

매일 매일을 살아갈 때, 사람들 앞에서 높아지려는 마음을 버리는 훈련을 받기 원합니다. 저희들은 겸손한 마음으로 있게 하시고, 이웃과는 존경과 관대함으로 대하는 삶을 보게 하시옵소서. 날마다 하루의 삶에서 예수님의 향기를 드러내도록 이끌어 주시옵소서.

믿음의 문이신 예수님의 이름으로 기도드립니다. 아멘.

9월 2주

마음과 성품 그리고 힘을 다하여

사랑받는 자녀로 삼아주시는 하나님 아버지,

돌이켜 보건대, 여호와 앞에서 죄를 지은 것이 많으니, 저희들의 허물과 죄로 더러워진 양심을 주님의 보혈로 씻어 주시옵소서. 알고 지은 죄, 모르고 지은 죄를 깨끗케 하사, 정결한 영혼을 갖게 하옵소서.

○○교회의 성도들은 어느 곳에 있든지, 마음과 성품 그리고 힘을 다하여 주님께만 이끌려지게 하시옵소서. 성도들에게 여호와를 가까이 하고 그 계명을 지켜 순종함에 이르기를 소망하게 하시옵소서. 저희 심령의 어두운 눈을 열어 주님과 동행하는 삶을 살게 하시옵소서.

오늘, 교회에 꼭 응답되어야 할 하나님의 일하심을 빈다.

목사님께서 하나님의 말씀을 선포하실 때, 믿음의 눈을 떠서 하나님을 아버지로 보게 해 주시옵소서. 사랑하는 지체들이 하나님의 말씀을 사모하여 청종하게 하옵소서. 말씀의 지혜와 명철로 온전한 성도의 삶을 살게 하시옵소서.

거룩한 시간에 천국의 자녀 됨을 풍성히 누리면서 하나님과의 인격적인 만남을 경험하는 복을 누리게 하시옵소서. 성령님의 충만하심으로 소망의 풍성함에 이르게 해주시옵소서. 이로써 세상에 대해서는 세상을 향하여 교회의 사명을 감당하도록 도와주시옵소서.

보혈의 은혜가 되신 예수님의 이름으로 기도드립니다. 아멘.

9월 3주

여호와의 은혜에 소망을 두고

인생길의 참 소망이 되시는 하나님 아버지,

이 시간에, 예배하려고 주님의 이름을 부르기 전에, 저희들의 죄를 고백합니다. 하나님의 영광을 가리는 일을 행한 죄를 회개합니다. 좀 더 주님께 집중했다면 하나님께 영광을 드릴 수 있었으나 그렇게 하지 않은 게으름을 용서해주시옵소서.

하나님의 손길에 자신을 내려놓는 저희들의 심령이 복되기를 소망합니다. 여호와의 은혜에 소망을 두고 축복의 언어로 하루를 시작하게 하옵소서. 무릎을 모으도록 믿음을 주시고, 이끌어 주신 사랑 앞에 저희 자신을 드립니다. 이 모습 그대로가 예물이 되기를 원합니다.

오늘, 교회에 꼭 응답되어야 할 하나님의 일하심을 빈다.

지난 시간의 삶은 사실, 죄와 허물로 얼룩졌으나 이 밤의 말씀으로 새롭게 해 주시옵소서. 즐거운 마음으로 하나님의 말씀을 받아 법도를 사랑하고 지키기를 소망합니다. 주님의 말씀으로 저희들이 온전히 세워지도록 인도해주시옵소서.

저희들의 흐트러진 모습을 발견하게 하시고 신앙으로 바로 서게 하시옵소서. 주님을 믿는 모든 그리스도인들이 이 사회의 빛과 소금의 역할을 감당하기에 부족함이 없도록 인도해주시옵소서.

만물의 주, 예수님의 이름으로 기도드립니다. 아멘.

9월 4주

성령님의 단비와도 같은 역사로

여호와를 인정하게 하시는 하나님 아버지,

여호와를 가까이 하여 말씀대로 살기를 원하였지만 부끄러운 모습으로 살았음을 고백합니다. 긍휼을 베푸시옵소서. 주님의 영광을 가리는 말을 해왔고, 감정에 따라 행동을 했던 삶을 용서해주시옵소서.

주님의 일에 목숨을 드려 헌신하시는 ○○○ 목사님께 복을 내려 주시기 원합니다. 존경하는 목사님께 하나님의 지혜와 재능을 허락해 주시고, 이 교회를 돌보실 때, 신령한 능력으로 감당하시도록 이끌어 주시옵소서. 저희 교회가 세워져 있는 곳에서 교회에 주신 하나님의 소원을 이루어 드리게 하시옵소서.

오늘, 교회에 꼭 응답되어야 할 하나님의 일하심을 빈다.

이 밤에도 하나님의 말씀을 사랑하게 하옵소서. 저희들의 메마른 심령이 성령님의 단비와도 같은 역사로 사막에서 꽃이 피는 것을 보게 하시고, 생수가 흘러넘침을 누리게 하시옵소서.

저희들에게 더욱 강력한 영성을 갖게 하심으로 이 사회가 지탱되는 푯대가 되게 인도하여 주시옵소서. 이 땅의 모든 교회들이 주님의 사랑을 소외된 이 사회에 골고루 나누어 줄 수 있는 귀한 사명을 감당하도록 하시옵소서.

찬양을 받으실 예수님의 이름으로 기도드립니다. 아멘.

10월 1주

주님의 진리로 충만케 하사

우리에게 왕이 되시는 하나님 아버지,

저희들에게 회개의 은혜를 주셔서 왕의 자녀로 살지 못했던 죄를 고백하게 하시옵소서. 하나님의 자녀 된 신분으로 세상을 이기지 못하였고, 또한 은혜도 나누지 못했음을 주님의 피로 깨끗케 하시옵소서.

여호와 앞에서 예수님을 구주로 믿는 믿음을 날마다 고백하게 하시옵소서. 하나님의 은혜가 저희에게 나타나 의롭다 여겨 주셨으므로 저희의 예수님에 대한 믿음을 날마다 새롭게 하시옵소서.

오늘, 교회에 꼭 응답되어야 할 하나님의 일하심을 빈다.

목사님을 강단에 오르게 하시고, 말씀을 주시니 감사합니다. 목사님의 말씀을 들을 때, 성령님께서 저희들의 마음에 감동 주시기를 소망합니다. 성령님의 인도하심에 따라 진리에 순종하려는 결단을 하는 예배가 되게 하시옵소서.

저희들의 연약함 때문에, 세상을 향해서 주님의 성호를 가리지 않게 하시옵소서. 아울러 저희들의 완악함으로 말미암아 이웃을 시험에 들게 하는 사람들이 되지 않도록 복을 더하여 주시옵소서. 저희들의 심령을 주님의 진리로 충만케 하사 신앙인으로서 향기 나는 삶이 될 수 있게 하시옵소서.

영생의 복이신 예수님의 이름으로 기도드립니다. 아멘.

10월 2주

하나님의 은혜를 입은 자들이

하늘에 계신 우리 하나님 아버지,

이 시간에, 주님 앞에서 바르게 행하지 못한 죄를 다 내려놓게 하시옵소서. 여호와께 마음을 두지 못하여 불순종의 자식들처럼 행한 일들을 용서해 주옵소서. 하나님 앞에서 부끄러움을 느끼는 그대로 회개하게 하시고, 사죄의 은총을 받게 하시옵소서.

사랑하는 ○○의 지체들이 성경대로 생육하며 번성하며 하나님의 품 안에서 복 되었음에 감사드립니다. 하나님께서 복을 주시니 그동안에도 찬송으로 살아온 지체입니다. 저희들이 교회 안에서 모범이 되게 하시고, 교회의 부흥에 크게 쓰이게 하시옵소서.

오늘, 교회에 꼭 응답되어야 할 하나님의 일하심을 빈다.

목사님께 영력을 더하셔서 말씀을 선포하실 때, 권능이 있는 강단이 되게 하시옵소서. 그 말씀에 순종함으로써 더욱 복을 받는 성도들이 되고, 가정이 되게 하시옵소서. 그 은혜로 주께 붙어 있는 저희들이 되기 원합니다.

하나님의 은혜를 입은 자들이 어떤 모습으로 살아야 할 것인지를 분별할 수 있게 하시옵소서. 어두운 이 시대를 사는 저희들이 빛과 소금의 역할을 감당할 수 있도록 인도해주시옵소서.

은혜의 문이신 예수님의 이름으로 기도드립니다. 아멘.

10월 3주

성령 하나님의 다스리심을

성부, 성자, 성령의 하나님 아버지,

저희들의 죄를 저지른 모습을 봅니다. 경건함과 거룩함에 부족함을 받아주시옵소서. 절제하지 못하고, 혈기를 일삼으며 살았던 날들을 고백하오니 용서해주시옵소서. 여호와 앞에서 살아가게 하시옵소서.

저희들이 살아가는 이 세상, 흑암의 문화를 그리스도의 피로 정복하게 해주시기를 빕니다. ○○의 지체들이 모두 전도자로 보내져서 주님께로부터 받은 생명을 나누는 데 앞장서게 하시옵소서. 누구를 만나든지, 생명의 복음을 나누게 하시옵소서.

오늘, 교회에 꼭 응답되어야 할 하나님의 일하심을 빈다.

오늘 밤에도 말씀으로 말미암은 성령의 충만함을 내려주시옵소서. 그리하여 저희들로 하여금 성령 하나님의 다스리심을 기다리게 하시옵소서. 말씀에 응답하여 성령님의 열매를 맺는 삶이 되도록 인도해주심을 간절히 구합니다.

○○의 지체들에게 이 시대를 분별할 수 있는 지혜가 있기를 원합니다. 암울한 이웃들에게 주님의 사랑을 전할 수 있도록 복으로 더하여 주시옵소서. 저희들에게 주님의 사랑이 늘 풍성할 수 있도록 은혜로 더하여 주시옵소서.

영으로 충만하신 예수님의 이름으로 기도드립니다. 아멘.

10월 4주

종교개혁을 기억하면서 드리는 예배

자신을 돌아보게 하시는 하나님 아버지,

오늘은 종교개혁을 기억하면서 예배하는데, 벌써 저희들의 믿음은 습관이 되었음을 용서하시고, 예배드리는 것이 의식을 행하는 것처럼 형식이 되었음을 용서하시옵소서. 주님을 사랑함보다 종교적인 행위에 그쳐버린 저희들의 믿음 생활을 용서해주시옵소서.

이 시간에, 교회를 위하여 머리를 숙이게 하시니 감사드립니다. 저희 교회의 모든 성도들이 하나님을 기쁘시게 해드리는 공동체를 이루게 하시옵소서. 우리 교회가 이 땅에서 이루시려는 하나님의 뜻에 순종하게 하시옵소서.

오늘, 교회에 꼭 응답되어야 할 하나님의 일하심을 빈다.

이 시간에, 하나님의 말씀을 듣고자 합니다. 저희들이 하나님의 말씀을 받을 때, 왕의 명령을 기다리는 신하와 같은 마음을 주시옵소서. 이 밤에 저희들이 영적으로 살기 위하여 꼭 듣고, 실천해야 될 말씀을 주시기를 빕니다.

만물이 익어가는 결실의 좋은 계절을 저희에게 주셨습니다. 저희들에게 남은 햇볕을 아껴 열매를 맺음에 최선을 다하게 하시옵소서. 주님의 일을 더욱 열심히 하여 하나님의 나라를 이루어지게 하시옵소서.

회개의 주, 예수님의 이름으로 기도드립니다. 아멘.

11월 1주

사유하시는 은혜의 옷을

날마다 우리를 새롭게 하시는 하나님 아버지,

주님의 이름으로 머리를 숙이니 먼저 저희 죄를 고백합니다. 마땅히 청지기로 살아야 했던 삶이 죄와 허물로 더럽혀졌습니다. 용서해주시옵소서. 시간과 물질 그리고 사람들과의 관계에서 청지기의 위치를 잃고 자고하게 지냈습니다. 사유하시는 은혜의 옷을 입혀 주시옵소서.

이 시간에, ○○ 교회의 지체들이 하나 되게 하신 하나님의 사랑에 찬양을 드립니다. 하나님을 모시고, 서로 사랑하면서 주님의 장성한 분량에까지 자라나는 저희들이 되기 원합니다.

오늘, 교회에 꼭 응답되어야 할 하나님의 일하심을 빈다.

거룩한 시간에, 말씀을 들고 단 위에 서신 목사님께 성령님의 강하신 역사가 함께 하시기를 빕니다. 생명을 구원하는 능력의 말씀을 선포하실 수 있도록 인도하시옵소서. 말씀을 바라는 은혜를 주시옵소서.

오늘도 말씀 중에 저희들이 감당해야 할 십자가를 발견하게 하시옵소서. 그리고 주님께서 가신 길을 바로 따르는 신실한 교인들이 되게 하시옵소서. 날마다 자신을 부인하고 하나님을 인정하게 하시옵소서. 그 말씀으로 인하여 승리하게 하시고 주님의 사랑을 증거하는 주님의 증인들이 되도록 인도하여 주시옵소서.

죄를 속해주신 예수님의 이름으로 기도드립니다. 아멘.

11월 2주

여호와의 영광을 인정하는

그 이름을 하늘에 선포하시는 하나님 아버지,

하나님의 이름을 널리 전하지 못한 죄를 고백합니다. 그 이름의 향기로움을 땅 끝까지 전해야했건만 사는 일로 분주해서 전하지 못한 죄를 용서해주시옵소서. 감사로 제사하는 저희들이 되어 여호와의 영광을 인정하는 삶으로 인도해주시옵소서.

저희를 주님 앞에서 세우셔서 오늘날까지 인도해 주신 주님의 뜻을 이루어드리게 하시옵소서. 혹시 순간순간 어려움에 부딪친다 해도, 의의 행실을 지탱할 용기를 주시옵소서. 이 땅에서 주신 사명을 아름답게 감당하여 저를 위해 마련해 주신 상급을 바라보게 하시옵소서.

오늘, 교회에 꼭 응답되어야 할 하나님의 일하심을 빈다.

목사님께서 전해주시는 말씀을 하나님의 음성으로 받게 하시옵소서. 저희들이 받아야 하는 하나님의 말씀으로 듣기를 소망합니다. 이로써 여호와 앞에서 거룩하기에 힘쓰고, 애쓰는 저희들이 되게 하시옵소서.

이 밤에, 육체적으로 병든 교인들을 고쳐주시옵소서. 사업의 문제가 있는 성도들에게는 힘이 되어 주시옵소서. 종말로 성도들이 무엇에든지 참되고, 경건하며 옳으며 정결하게 하시고, 칭찬 받고 인정받는 믿음이 되게 하여 주시옵소서.

영광의 주, 예수님의 이름으로 기도드립니다. 아멘.

11월 3주

진리의 풍성함을 누리게

생명의 진리로 이끌어 주시는 하나님 아버지,

저희들의 지난 시간에서 맡겨진 사명을 다하지 못했던 삶을 회개합니다. 하나님을 기쁘시게 하는 소망에 따라 행하도록 하셨으나 순종하지 못한 죄를 용서해주시옵소서. 때로는 자신의 양심을 속이고, 사람 앞에서 보이도록 행한 일들도 많이 있사오니 용서해주시옵소서.

이제, 하나님의 특별하신 계획이 저희 교회의 지체들에게 나타나기를 축복합니다. 이 땅에서의 삶을 허락해 주시고, ○○ 교회의 성도로 지내게 하셨으니, 기왕에 저희 교회에 내려주신 은총이 우리 가정에도 넘치도록 도와주시옵소서.

오늘, 교회에 꼭 응답되어야 할 하나님의 일하심을 빈다.

주님의 자녀들에게 말씀을 주시옵소서. 구원에 이르게 하시는 생명의 말씀을 받게 하옵소서. 성령님의 감동하심으로 진리의 풍성함을 누리게 하옵소서. 그 깨달음으로 더욱 열심을 내어 여호와를 찾는 ○○의 권속이 되게 하시옵소서.

이 나라, 이 민족을 기억하여 주시옵소서. 하나님의 간섭 없이는 소망이 없습니다. 지금까지도 인도하셨음을 고백하오니 정치와 경제, 사회와 문화를 주장해 주옵소서. 하나님을 인정하는 은혜를 주시옵소서.

진리가 되신 예수님의 이름으로 기도드립니다. 아멘.

11월 4주

성령님의 기름 부으심이

연약한 지체들을 불쌍히 여기시는 하나님 아버지,

저희들의 모습을 내어 놓습니다. 행함에 따라 저희들을 보지 마시고, 죄를 용서해주시옵소서. 연약함 때문에 저지를 수밖에 없었던 죄를 씻어 주시고, 저희들에게는 새로움의 용기를 지니게 하시옵소서.

오늘, 성령님의 강한 기름 부으심이 임하여 우리를 괴롭히고 있는 질병에서 고침을 받게 하시옵소서. 사랑하는 지체들이 시달리고, 육체가 연약해져서 낙심될 때, 그들을 병상에서 붙드시고, 그들이 누워 있을 때마다 병을 고쳐 주시옵소서. 이로써 다음 주일에는 우리와 함께 예배하게 하시옵소서.

오늘, 교회에 꼭 응답되어야 할 하나님의 일하심을 빈다.

목사님께서 진리의 말씀을 대언하실 때, 저희들의 귀를 열어주시기 원합니다. 영적으로 귀가 열리고, 하늘의 은혜를 보는 영안이 뜨이게 하옵소서. 그 은혜로 새 생명의 역사를 보게 하시옵소서.

주님께서 특별한 섭리 가운데 이곳에 저희 교회를 세워 주셨으니 감사합니다. 세상 사람들과 어린아이들에게 주님의 복음을 전하는 귀한 터전이 되게 하여 주시옵소서. 온 지체들이 하나가 되어 거룩한 교회를 이루어 나가게 하여 주시옵소서.

믿음의 주이신 예수님의 이름으로 기도드립니다. 아멘.

11월 5주

여호와의 자비로우신 이름에

긍휼이 풍성하신 하나님 아버지,

여기까지 인도해주신 여호와의 자비로우신 이름에 찬송을 드리게 하시옵소서. 하늘의 문이 열려 구원의 은혜와 평강의 복이 넘치게 하신 하나님의 이름에 합당한 영광을 드리는 예배가 되기를 빕니다. 하나님 앞에서 저희들의 삶 전체가 진실한 예배가 되게 하시옵소서.

십자가에서 이루어진 은혜의 길로 행치 아니하였고, 하나님의 말씀에도 순종치 아니하였음을 회개합니다. 하나님을 버리고 얼굴을 돌이켜 여호와의 성소를 등지고 살았던 죄를 용서해주시옵소서.

오늘, 교회에 꼭 응답되어야 할 하나님의 일하심을 빈다.

강단을 통해서 생명의 말씀으로 영혼이 부요함을 누리기 원합니다. 피곤했던 마음에 소생함의 힘을 공급받게 하시옵소서. 말씀이 선포될 때, 성령님의 크신 감동으로 주님을 바라보게 하시옵소서. 은혜로 충만하도록 인도하여 주시옵소서.

주님의 몸 된 교회를 위하여 수고하시는 담임 목사님께 은혜와 진리로 충만케 하여 주시옵소서. 교역자분들과 여러 장로님들, 그리고 집사님들에게도 더욱 크신 복을 내려 주시옵소서. 그래서 교회와 목사님을 받들어 섬기는 데 부족함이 없게 도와주시옵소서.

은혜의 문이신 예수님의 이름으로 기도드립니다. 아멘.

12월 1주

예수님의 십자가를 바라보도록

성탄의 계절을 열어주신 하나님 아버지,

저희들의 행실을 돌아보니, 부끄러운 고백을 합니다. 하나님의 영광을 위해 살아오지 못했음을 회개합니다. 교회를 통해서, 이웃을 향해서 주님의 영광을 구하는데 힘을 다하지 못한 죄를 용서해주시옵소서.

예수님의 십자가를 바라보게 하시옵소서. 십자가에서 흘리신 그 피에 믿음의 손을 담그게 하시옵소서. 이로써 주님의 피로 저의 가슴을 적시게 하시옵소서. 주님의 피로 죽었던 저희에게 새 생명에 이르는 은혜를 체험하게 해주시옵소서. 죄에 대하여 죽게 하시고, 의에 대하여 살게 하시옵소서.

오늘, 교회에 꼭 응답되어야 할 하나님의 일하심을 빈다.

목사님을 단 위에 세우셔서 하나님의 말씀을 들려주시니 감사드립니다. 하나님의 종에게 성령의 능력이 더하시기 바라며, 말씀 속에서 저희들이 거듭나게 하시옵소서. 말씀과 함께 성령님의 충만하심의 역사를 경험하기 원합니다.

아직도 교회 주변에는 어두운 그늘을 헤매며 고통 속에 울부짖고 있는 인생들이 있습니다. 주님께서 친히 이들에게 참 빛을 비춰 주셔서 진리와 생명의 길로 나아오도록 인도하여 주시옵소서.

성결케 하신 예수님의 이름으로 기도드립니다. 아멘.

12월 2주

영혼이 소성함을 누리는

성탄절을 기다리게 하시는 하나님 아버지,

주님의 이름을 찬양하려 하오나, 죄가 저희들을 용납하지 못하게 하오니 고백합니다. 성령님의 은혜로 저희 죄를 낱낱이 회개하게 하옵소서. 상한 심령을 드리고, 정결케 해주시는 은혜를 보게 하시옵소서.

옛 원수 사탄이 저희를 미혹해서 방탕함에 빠지지 않도록 성령님의 지켜주심을 기다립니다. 마귀에게 틈을 내어주지 않도록 붙잡아 주시옵소서. 저희가 혹시 유혹의 욕심에 넘어졌다 할지라도 속히 깨닫게 하시고, 일어나도록 도와주시옵소서.

오늘, 교회에 꼭 응답되어야 할 하나님의 일하심을 빈다.

강단에 세워주신 귀한 종을 통해서 하나님의 말씀이 대언될 때, 주님의 말씀으로 영혼이 소성함을 누리게 하옵소서. 성령의 두루마기를 입혀 주시고, 권세 있는 말씀을 전하실 수 있도록 인도해 주시옵소서. 그 말씀을 마음에 새겨둘 때마다 위로가 되게 하시고, 하나님을 향한 사랑이 깊어지기 원합니다.

주님의 교회와 참된 예배를 드리기 위하여 몸을 바쳐 충성하는 손길들이 있습니다. 저들의 수고를 주님께서 받아 주시고, 저들이 결코 부족함이 없는 삶이 될 수 있도록 인도하여 주시옵소서.

죄악에서 구해주신 예수님의 이름으로 기도드립니다. 아멘.

12월 3주

다시 오실 주님을

언약을 성취하시는 하나님 아버지,

은혜와 은총의 시간을 기억하게 하시며 저희를 이 귀한 자리에 성회로 모이게 하신 은혜를 감사하며 주님을 찬양합니다. 저희들의 삶이 하나님을 찬양하게 하시옵소서.

하나님의 뜻을 거스르며 지냈던 죄를 고백합니다. 성도로 온전하게 세워지기 위해서 말씀을 가까이 해야 하는데 부족하였음을 용서해주시옵소서. 단순하게 말씀을 믿고, 따르지 못했음을 용서해주시옵소서.

오늘, 교회에 꼭 응답되어야 할 하나님의 일하심을 빈다.

이 밤에도, 저희에게 하나님의 말씀을 사모하는 열정을 주옵소서. 온유하고도 겸손하게 말씀을 가까이 하게 하시옵소서. 사모함으로써 듣는 말씀에서 생명의 삶을 누리게 하옵소서. 영혼의 부요함을 즐거워하게 하시옵소서. 생명의 약속이 들어있는 말씀으로 저희들이 소망을 누리게 하시옵소서.

세속과 죄악에 찌든 저희 심령이 성령의 능력으로 깨끗해지고 새 사람이 되기를 원합니다. 보혜사 성령께서 죄로 물든 저희 심령을 훈계하시고 일깨워 주셔서 다시는 죄에 눌리는 안타까운 심령으로 살아가지 않게 하시옵소서.

재림의 주, 예수님의 이름으로 기도드립니다. 아멘.

12월 4주

한 해 동안 베풀어주신 은혜에

여기에까지 인도해주신 하나님 아버지,

지난 한 해 동안 교회의 성도들에게 나타났던 여호와의 은혜에 감사합니다. 그 은혜로 저희 모두가 주님의 형제요 함께 수고하고 함께 군사 된 자로 주님을 섬기게 해 오셨음을 기억하게 하시옵소서.

한 해를 보내면서, 저희들의 모습을 살펴볼 때, 하나님께 인내하지 못했음을 고백합니다. 인내를 통해서 온전함을 이루었어야 하는데, 조바심 때문에 불신앙의 모습으로 살아왔던 죄를 용서해주시옵소서.

오늘, 교회에 꼭 응답되어야 할 하나님의 일하심을 빈다.

목사님께서 생명의 말씀을 듣고 단 위에 서셨습니다. 말씀을 듣고 단 위에 서신 목사님과 함께 하셔서 생명을 구원하는 능력의 말씀을 증언하실 수 있도록 인도해주시옵소서. 말씀을 선포될 때, 사탄의 권세는 일체 틈을 타지 못하게 하시옵소서.

○○의 양떼를 위하여 교역자님들을 세워주셨음에 감사드립니다. 오늘도 하나님의 일을 감당함에 지치지 않게 해주시고, 더 큰 일을 행하는 사역자가 되게 하시옵소서. 여러 부교역자님들, 각자에게 주신 은사로 하나님 뜻에 꼭 합한 교회가 되기 위해 더욱 더 헌신하는 종들이 되도록 은혜를 더하여 주시옵소서.

찬양의 문이신 예수님의 이름으로 기도드립니다. 아멘.

PRAY FOR......

PRAY FOR......

3
삼일(수) 예배
대표기도문

1월 1주

저희들의 손에 복을 주심을

복에 복이 되시는 하나님 아버지,

새해를 맞이하면서 묵은 죄를 고백합니다. 해가 바뀌는 분주함으로 말미암아 저희 자신을 돌아보지 못한 죄를 회개할 때, 용서해주시옵소서. 이미 작년이라는 시간을 보내면서 버렸어야 하는 죄를 용서해주시고, 새롭게 시작하도록 인도해주시옵소서.

오늘도 우리 하나님께서 저희들의 손에 복을 주심을 믿습니다. 날마다 우리의 짐을 지시는 여호와께서 저희 가정에서 쓰고도 여유로울 재정을 마련해 주실 것을 기대합니다. 하나님의 공급하심을 누리면서 이웃에게도 나누어주는 생활이 되게 하시옵소서.

오늘, 교회 공동체적으로 빌어야 될 기도를 한다.

저희들에게 생명의 말씀으로 은혜를 내려 주시옵소서. 이 밤에 목사님께서 준비하신 말씀을 아멘으로 받으며, 말씀에 순종하고자 하는 다짐이 있기를 원합니다. 저희들에게 거룩한 결단을 보게 하시옵소서.

저희들 서로가 뜨겁게 사랑하고 전도함으로써 ○○교회가 부흥하는 원년이 되게 하시옵소서. 교회를 위하여 사명을 감당할 임원들과 일꾼들이 뽑혔으니 임명된 모든 일꾼들이 맡은 직임에 충성을 다하도록 축복해 주시옵소서. 이 열심이 식지 않게 하시옵소서.

복의 이름이신 예수님의 이름으로 기도드립니다. 아멘.

1월 2주

순종을 결단하는 예배

교회를 세워가시는 하나님 아버지,

저희들의 찬송에 영광을 받으시고, 또한 죄를 회개할 때 용서해 주시옵소서. 저희들만 아는 곳에 숨겨두었던 죄를 드러내어 회개하게 하시옵소서. 그리하여 하나님께 영광이 되지 않는 죄를 다 고백하고 용서를 구하게 하시옵소서.

○○교회를 이 지역에 세우시고, 세상을 섬기게 하셨음에 감사드립니다. 우리 교회에 속한 지체들이 하나님을 사랑하고, 이웃을 사랑하게 하시옵소서. 천국 복음을 전파하며, 눌린 자를 자유케 하는 교회가 되게 하시옵소서.

오늘, 교회 공동체적으로 빌어야 될 기도를 한다.

강단에서 선포되는 말씀을 아멘으로 받게 하시고, 순종을 결단하게 하옵소서. 저희들이 의를 행할 수 있는 진리의 말씀을 반가운 마음으로 청종하게 하시옵소서.

저희들의 행실이 하나님 나라 확장에 쓰임 받게 하시옵소서. 저희들에게 세상을 향하여 빛이 되며, 소금이 되게 하시고 그들에게 유익을 줄 수 있는 나눔의 삶이 되게 하시옵소서. 경건의 능력이 부족하니 성령으로 충만케 하시어 경건의 능력을 나타내게 하시옵소서.

천국의 사람이 되게 하신 예수님의 이름으로 기도드립니다. 아멘.

1월 3주

모든 것을 내어드리는

열납되는 예배를 사모하게 하시는 하나님 아버지,

지난 한 주간의 행실에 있어서 주님과 동행하는데 부족했음을 용서해주시옵소서. 저희에게 있는 모든 것을 내어드리는 삶에도 부족하였습니다. 저희들의 게으름을 용서해주시옵소서.

사랑하는 지체들이 여호와 앞에서 성도로서 온전케 되기를 소망합니다. 저희 마음을 다스릴 수 있는 은혜를 주옵소서. 욕심에 민감하여 자신을 미혹하려는 것을 알아차리게 하시옵소서. 구원에 이르게 하신 십자가 아래에 욕심을 내려놓는 은혜를 경험하기를 원합니다.

오늘, 교회 공동체적으로 빌어야 될 기도를 한다.

오늘의 말씀을 사모하는 마음으로 받아 흠이 없이 여호와의 법대로 살겠노라는 다짐을 하게 하시옵소서. 낙심되었던 마음은 말씀의 힘으로 용기를 갖게 하시고, 진리를 따르는 중에 하나님의 나라를 바라보기 원합니다.

여러 가지 문제를 안고 나아온 성도들이 있습니다. 고단한 중에도 예배하러 나온 이들의 신앙을 귀히 여기시옵소서. 몸이 아프다거나 생활의 형편으로 예배에 나오지 못한 성도들을 기억해주시옵소서. 그들에게도 복된 시간을 갖게 해주시옵소서.

오늘 나의 편이신 예수님의 이름으로 기도드립니다. 아멘.

1월 4주

오직 여호와의 이름만이

여호와의 이름으로 만족하게 하시는 하나님 아버지,

저희들을 돌아볼 때, 하나님의 사람으로 살지 못한 죄를 고백합니다. 하나님을 주목하지 못하고, 자신의 생각에 따라 지냈습니다. 하나님의 평화와 질서를 선포해야 함에도 불구하고 많은 핑계와 게으름 속에서 무책임한 삶을 살았습니다. 모든 죄를 용서해 주시옵소서.

하나님의 생명에서 떠나 있었던 저희를 불쌍히 여겨주신 은혜를 새롭게 하기 원합니다. 그 은혜로 하나님이 없이 지내던 저를 깨워주셨습니다. 하나님께 대하여 무관심했고, 진리를 깨달으려 함에 무지하였습니다. 보혈의 공로를 받아들이게 하시고, 천국을 사모하게 하옵소서.

오늘, 교회 공동체적으로 빌어야 될 기도를 한다.

강단에 계신 목사님께 성령님의 권능을 더하여 주시옵소서. ○○의 지체들에게 겸손한 마음으로 하나님의 사자의 입술에 의해 생명과 진리의 말씀을 듣게 하시옵소서. 대언되는 하나님의 명령에 순종하여 지키게 하시옵소서.

저희들의 연약함을 아시고 성령님을 허락하신 하나님 감사합니다. 저희들에게 담대히 세상을 이기도록 축복하여 주시옵소서. 저희들이 낮아지게 하시고, 저희의 어리석음 가운데 지혜롭게 하시옵소서.

구원의 주, 예수님의 이름으로 기도드립니다. 아멘.

2월 1주

주님 앞에서 성도로서

세상에서 성도로 살아가게 하시는 하나님 아버지,

주일 이후에 사흘 동안, 주님 앞에서 성도로서의 모자라기 그지없는 모습을 회개합니다. 하나님의 말씀을 순종하면서 빛으로, 소금으로 살았어야 하나 아무 생각 없이 되는대로 살아온 죄를 용서해주시옵소서. 믿음이 없이 행해왔던 지난 시간들의 모든 것을 용서해주시옵소서.

이 자리에 머리를 숙인 지체들이 순간마다 하나님을 사랑한다고 고백하고, 여호와의 원하심에 순종하는 헌신의 시간을 보내게 하시옵소서. 말씀에 순종하며 살 때, 여태껏 경험해보지 못한 놀라운 일들을 보게 하시옵소서.

오늘, 교회 공동체적으로 빌어야 될 기도를 한다.

목사님께서 준비하신 말씀을 전하실 때, 새롭게 깨닫는 천국의 법도가 되기를 소망합니다. 저희들이 평생에 지키고 따를 생명의 약속이 되게 하시옵소서.

십자가로 말미암아 구속의 은혜를 누리면서 살아가는 지체들이 되게 하옵소서. 저희들의 시민권이 하늘에 있음을 고백하는 ○○ 교회가 되게 하옵소서. 주님께서 오실 때까지 하늘나라에 마음을 두고 살게 하옵소서. 저 천국에 소망을 두고 지내는 저희들이 되기 원합니다.

영생을 주신 이름, 예수님의 이름으로 기도드립니다. 아멘.

2월 2주

하나님의 자비하심을 기억하며

베풀어주시는 은혜를 늘 기억하게 하시는 하나님 아버지,

이 밤에, 저희들의 마음 깊은 곳에서 외치는 양심의 소리를 듣습니다. 사람들의 눈을 속일 수 있어도 하나님 앞에서는 가릴 수 없는 죄가 있음을 회개하며 고백합니다. 죄의 허물을 용서해주시옵소서.

우리 교회 안에서 주님의 형제와 자매들이 남의 잘못이나 허물이 있을 때마다 자신을 먼저 돌아보는 사랑으로 충만하기 원합니다. 진정으로 감싸주고, 피차 덕 세우기를 힘쓰는 사랑하는 저희들로 만들어 주시옵소서. 성령님의 충만함으로 주님의 뜻을 깨달아 진리의 빛을 비추는 성도의 삶이 되게 하시옵소서.

오늘, 교회 공동체적으로 빌어야 될 기도를 한다.

주님께서 말씀하시니 힘을 얻기 원합니다. 주님의 말씀으로 고난도 담대하게 부딪치게 하옵소서. 말씀과 함께 하는 은혜를 나타내 주옵소서. 그 은혜가 임하여 저희들이 말씀 안에서 살아갈 것을 믿습니다.

예배 중에 함께 하시는 하나님의 사랑을 나누며, 성도의 교제로 사랑을 실천하는 은혜로운 예배가 되게 하여 주시옵소서. 서로가 부족한 가운데 한 몸을 이루고 있습니다. 하나님의 능력으로 채워주셔서 승리자의 반열에 서게 하여 주시옵소서.

믿음으로 살게 해주신 예수님의 이름으로 기도드립니다. 아멘.

2월 3주

회개와 돌아봄의 은혜를

기도하게 하시는 하나님 아버지,

저희들에게 회개와 돌아봄의 은혜를 주시옵소서. 아무리 간구를 해도 이루어지지 않는 일들에 대하여 하나님의 응답이 없음을 원망하기 전에 저희 자신을 돌아보기 원합니다. 머리에 티끌을 뒤집어쓰는 은혜를 주시옵소서.

우리 민족은 고난과 역경만을 거듭해온 백성입니다. 다시는 이 땅에 고난이 없게 하시고 분쟁이 없게 하옵소서. 남과 북으로 갈라진 이 땅을 하루 빨리 통일시켜 주셔서 이 민족의 한을 풀어주시옵소서.

오늘, 교회 공동체적으로 빌어야 될 기도를 한다.

이 밤에, 하나님의 말씀으로 소망을 굳게 잡도록 하시옵소서. 천국을 바라보고, 하나님의 인도하심을 바라는 소망을 갖기 원합니다. 믿음을 지키고 사는 것이 때로는 힘들기도 하지만 약속의 말씀을 붙잡고, 소망으로 이기게 하시옵소서.

살리시는 주님의 말씀으로 어려움에 처해 있는 이들을 불쌍히 여겨 주시옵소서. 오직 하나님의 위로와 소망을 바라며 사는 그들에게 힘을 주시옵소서. 힘들고 지쳐서 넘어질 때, 늘 옆에서 너는 내 아들이라는 주님의 사랑스런 음성을 들려주시옵소서.

위로와 소망의 이름이신 예수님의 이름으로 기도드립니다. 아멘.

2월 4주

열매를 맺게 하시고

소망의 풍성함을 주시는 하나님 아버지,

기도와 간구로 살아야 하는 삶이었으나, 여호와를 찾음에 소홀했음을 회개합니다. 저희들의 경험과 생각의 판단으로 살았던 모습을 그대로 내어놓습니다. 용서해주시옵소서.

세상에서 지내는 동안에 하나님의 자비로 열매 맺는 삶을 살게 해주시옵소서. 하나님이 자비하시기에 저희도 자비한 사람이 되어 열매를 맺게 하시고, 그 상급에 약속되어 있는 복을 누리게 하시옵소서.

오늘, 교회 공동체적으로 빌어야 될 기도를 한다.

이 밤에도, 생명의 양식을 먹게 하시오니 감사드립니다. 하나님의 미쁘신 말씀으로 즐거움을 삼게 하시옵소서. 그 즐거움이 저희들의 굶주린 영혼에 양식이 되고, 위로와 힘이 되기를 소망합니다. 목사님께 증언의 은혜를 더하여 주시옵소서.

저희들이 심령으로 새롭게 되어 주님과 함께 걷는 한 해가 되도록 인도해주시옵소서. 그리하여 회개보다는 승리에 대한 감사의 기도가 넘치는 복된 한 해가 되게 하시옵소서. 은혜를 사모하게 하시고, 감사로 열매 맺는 복을 허락받게 하시옵소서.

나무가 되어주신 예수님의 이름으로 기도드립니다. 아멘.

3월 1주

열심을 품고 주를 섬겨

하나님의 마음에 합하도록 하시는 하나님 아버지,

저희들 자신에게 문제가 있음을 발견하도록 은혜를 내려 주시옵소서. 저희들의 죄악으로 인하여 여호와의 손이 함께 할 수 없음을 깨닫게 하시옵소서. 버릴 죄는 버리고, 도려낼 죄는 도려내게 하시옵소서.

저희들이 열심을 품고 주를 섬김으로써 하나님의 마음에 합한 심령으로 지내도록 도와주시옵소서. 생명의 진리를 가까이 하게 하셔서 참과 거짓을 구별하여 선택하는 지혜를 갖게 하시옵소서. 또한 하나님의 영광을 거스르는 행위는 거절하기 원합니다.

오늘, 교회 공동체적으로 빌어야 될 기도를 한다.

이 시간에, 저희들의 마음이 주님의 말씀으로 향하게 하시옵소서. 세상에 헛된 것들에 팔려 있던 눈을 돌려 선포되는 말씀의 진리를 보게 하시옵소서. 영생의 말씀이 저희들 각자를 부활 신앙으로 굳게 하시옵소서.

저희들이 말씀을 사모하고 기도에 힘쓰므로 하나님을 경외하는데 부족함이 없는 교회가 되게 하시옵소서. 저희들의 모든 것들로 전도에 열심을 내고 성령님의 역사하심에 온전히 순종하며, 성도의 교제를 나눌 수 있도록 도와주시옵소서.

서로 사랑하게 해주신 예수님의 이름으로 기도드립니다. 아멘.

3월 2주

주님께서 함께 하심이

하늘 양식으로 배불리 하시는 하나님 아버지,

하나님의 뜻에 합당하게 살아오지 못한 이 부족한 저희들의 허물과 죄를 고백합니다. 저희들의 소유하려는 욕심에 사로 잡혀 있었음을 용서해 주시옵소서. 버리지 못하는 탐욕의 죄를 용서해 주시옵소서.

주님께서 함께 하심이 바로 인생 최고의 복이요, 은혜임을 깨닫게 하시옵소서. 천국 시민으로서 하늘의 소리에 귀를 기울이는 은혜를 주시옵소서. 듣고자 해서 들을 수 있는 것이 아니고, 은혜로 듣게 하시옵소서. 하나님께서 저희를 통해서 이루고자 하시는 일들에도 주목하는 눈을 갖게 하시옵소서.

오늘, 교회 공동체적으로 빌어야 될 기도를 한다.

영생에 이르는 진리를 선포하시는 목사님께 능력을 더하여 주시고 저희들은 기쁨으로 받아 순종하게 하시옵소서. 목사님의 입술을 사용하여 들려주시는 말씀을 청종하게 하시옵소서. 생명의 말씀을 받아 마음의 판에 새기도록 하옵소서.

하나님 앞에서 자녀 된 청지기로 살기 원합니다. 지혜의 청지기로 살기 원합니다. 아는 것이 많아질수록 그 놀라운 지식을 펴신 하나님을 발견하기 원합니다. 지혜와 함께 복음의 청지기가 되기 원합니다.

생명의 떡이신 예수님의 이름으로 기도드립니다. 아멘.

3월 3주

나의 왕, 나의 주이심을

은혜의 자리로 나아오게 하시는 하나님 아버지,

저희들의 더럽기 짝이 없는 죄를 회개하고, 새 사람으로 태어나려고 모였습니다. 오만함으로 얼룩진 저희들은 이미 하나님께서 받으실만한 예배를 드릴 자격을 잃었사오니 용서해 주시옵소서.

오늘, 베드로가 주님께 드린 고백이 저희들의 것이 되게 해주시기를 소원합니다. 예수님이 저희에게 하나님의 아들이시며, 예수님이 그리스도이심을 고백하게 하시옵소서. 나의 왕, 나의 주이심을 고백하고, 이 고백에 들어있는 비밀을 깨닫게 하시옵소서.

오늘, 교회 공동체적으로 빌어야 될 기도를 한다.

베풀어 주시는 신령한 식탁으로 인하여 은혜를 누리는 시간이 되게 하시옵소서. 설교를 준비하신 목사님께 성령의 감동하심이 있기 원합니다. 저희들에게 말씀하실 하나님의 메시지를 전하시도록 이끌어 주시기 원합니다.

고통에 처해 있는 이들에게 임마누엘의 하나님께서 위로가 되어주시기를 빕니다. 절망의 나락에 있는 이들에게 하나님의 이름이 희망이 되게 하시옵소서. 몸도, 마음도, 생각도, 영도 새롭게 해 주시는 주님의 은총을 받게 하시옵소서.

나의 왕이신 예수님의 이름으로 기도드립니다. 아멘.

3월 4주

하늘에서 내려주시는 은총으로

오직, 하늘을 바라보게 하시는 하나님 아버지,

하나님의 뜻을 이루어드림에 집중하지 못했던 지난 시간들이었습니다. 저희들을 어루만지셔서 죄를 용서해 주시고, 결단을 하게 하시옵소서. 주님의 뜻을 이루어드리는 데 부족하였음을 용서해주시옵소서.

오늘, 우리 민족을 위하여 입술을 엽니다. 이 나라와 민족을 불쌍히 여기사 복을 허락하시고 지켜 주시옵소서. 먼저, 이 나라와 백성이 하나님을 경외하며 두려워하게 하시옵소서. 살아가는 동안에, 민족의 구원을 위하여 기도를 쉬지 않기를 빕니다.

오늘, 교회 공동체적으로 빌어야 될 기도를 한다.

말씀을 준비하신 목사님께 성령으로 감동해주시고, 하나님의 뜻이 온전히 선포되기를 원합니다. 그 말씀으로 주님의 뜻이 무엇인지 분별하게 하시옵소서.

이제까지, 날마다 하늘에서 내려주시는 은총으로 살게 하심을 감사합니다. 저희들의 삶에서 맺어지는 성령의 열매를 통하여, 그 향기를 통하여 하나님께 영광이 되고 많은 사람들을 올바른 길로 돌아올 수 있게 하는 놀라운 역사가 끊임없이 이어지게 하옵소서.

부요하게 해주신 예수님의 이름으로 기도드립니다. 아멘.

3월 5주

세상의 빛이 되시는 주님

빛으로 살아가라 하시는 하나님 아버지,

저희들의 모습은 하나님의 사람이라 부르기에 부족함을 솔직히 고백합니다. 주님께 맡겨서 살겠다고 하였으나 주님을 주인으로 모시지 못하고, 여전히 삶의 주인 자리를 지키고 있었음을 용서해주시옵소서.

사랑하는 ○○의 지체들을 인도하시며, 기도해 주시는 목사님을 모신 것을 기쁘게 여깁니다. 늘 슬퍼하는 자와 피로에 지친 사람들을 주님의 사랑으로 위로하기 원하시는 소원이 열매 맺도록 하시옵소서.

오늘, 교회 공동체적으로 빌어야 될 기도를 한다.

강단에 서서 주님의 귀한 말씀을 증언하실 목사님에게 신령한 능력과 성령으로 충만케 하시옵소서. 그리하여 말씀을 통하여 주의 영광이 드러나게 하시고 주님께서 귀히 쓰시는 종으로 삼아 주시기 원합니다. ○○교회가 말씀이 풍성하고 사랑이 넘치는 교회가 되도록 이끌어 주시옵소서.

세상의 빛이 되시는 주님의 마음으로 이 나라를 사랑하게 하시옵소서. 이제, 저희들이 살아가는 이 나라의 목표가 하나님의 뜻을 이루어드리는 것이 되게 하시옵소서. 우리나라의 모든 이들이 자신들이 맡은 자리에서 주님의 일을 기쁨으로 성취하게 하시옵소서.

생명의 빛, 예수님의 이름으로 기도드립니다. 아멘.

4월 1주

받은 복을 헤아려 감사로

이미, 받은 복을 기억하게 하시는 하나님 아버지,

여호와의 은혜로 사는 이상, 늘 감사하며 지냈어야 함에도 저희들은 감사를 잊고 지냈습니다. 여호와 앞에서 만족할 줄 몰랐던 삶을 용서해 주시옵소서. 받은 복을 헤아려 감사로 영광을 드리게 하시옵소서.

목사님께 영력을 더하셔서 말씀을 선포하실 때, 권능이 있는 강단이 되게 하옵소서. 선포되는 주님의 말씀이 저희를 비추는 거울이 되어 우리의 흐트러진 모습을 발견하게 하시고 신앙으로 바로 서게 하옵소서.

오늘, 교회 공동체적으로 빌어야 될 기도를 한다.

주님의 사자가 말씀을 선포하실 때 힘 있는 말씀, 능력 있는 말씀이 되게 하시며, 성도들이 강단의 메시지에 은혜를 받게 하시옵소서. 그 말씀에 주목해서 저희들의 눈을 주님께로 고정시키게 하시옵소서.

저희 교회가 살아남으로 이웃이 살게 하시고, 죽어가는 수많은 영혼들을 주 앞으로 인도하는 구원의 방주가 되게 하시옵소서. 저희 교회에 부흥의 불길이 타오르게 하시옵소서.

저희들에게 주님의 가슴으로 이웃을 품게 하옵소서. 자기 이웃의 궁핍함을 알고도 자기만족에만 빠져 있는 이들이 없는 사회를 만드는 일에 믿음의 일꾼들이 헌신하게 하시옵소서.

사랑의 길이신 예수님의 이름으로 기도드립니다. 아멘.

4월 2주

상한 심령으로 은혜를

자기 백성에게 인내하시는 하나님 아버지,

저희들에 대하여 오래 참으시는 여호와의 은혜로 죄를 깨닫게 하시고 회개하도록 하셨음에 감사드립니다. 저희들이 살면서 어그러지고, 거스르는 일을 안 할 수 없으나 그때마다 용서를 구하게 하시옵소서. 상한 심령으로 은혜를 소망하도록 이끌어 주시옵소서.

오늘, 교회 공동체적으로 빌어야 될 기도를 한다.

말씀을 듣고 단 위에 서신 목사님과 함께 하셔서 생명을 구원하는 능력의 말씀을 전하실 수 있도록 인도하옵소서. 한 말씀도 땅에 떨어지지 아니하고 성도들의 마음 밭에 새겨져 열매를 맺게 하시옵소서.

참으로 기도드리니, 저희들의 눈을 뜨게 해 주시기 원합니다. 믿음의 눈을 떠서 하나님을 아버지로 보게 해 주시옵소서. 그리고 주님께서는 잠시도 떠나지 않으시고, 임마누엘로 함께 하심에 감사하게 하시옵소서. 이에, 오직 주님만을 사랑하는 즐거움으로 지내게 하시옵소서.

오늘, 각 나라마다 다스리는 통치자들이 주님의 마음을 품기 원합니다. 어떤 나라든지, 세계 환경 속에서 자신들의 위치를 발견하여 주님의 뜻을 깨닫는 대로 다스려지게 하시옵소서. 그래서 사람들마다 주님의 뜻을 따르려는 지혜를 갖게 하시옵소서.

임마누엘이신 예수님의 이름으로 기도드립니다. 아멘.

4월 3주

십자가에서 나타난 주님의 사랑

사랑과 은혜를 날마다 더하시는 하나님 아버지,

이 시간에, 저희들의 허물을 보게 됩니다. 자기의 좋은 생각에 따라 멋대로 살던 행실을 용서해 주시옵소서. 십자가에서 나타난 주님의 사랑과 긍휼로 이 더러움을 깨끗이 씻어 주시고, 용서해 주시옵소서.

저희들을 주님의 몸으로 주신 ○○교회에서 한 지체로 섬기게 하셨사오니, 서로를 섬기되 열심을 내게 하시옵소서. 이 교회에 속한 지체들이 은혜 안으로 들어가게 하시옵소서. 교회 공동체에서 하나 된 성도들을 섬기는 희락을 저의 기쁨으로 삼게 하시옵소서.

오늘, 교회 공동체적으로 빌어야 될 기도를 한다.

말씀을 준비하신 목사님께 성령으로 감동해주시고, 하나님의 뜻이 온전히 선포되기 원합니다. 그 말씀으로 저희들을 향한 주님의 뜻이 무엇인지 분별하여 새로워지게 하시옵소서.

○○의 지체들 중에, 병든 이들이 있어 간구합니다. 육체적으로 병들어서 병원이나 집에서 치료 중인 이들을 하나님의 자비하심으로 고쳐주시옵소서. 살아가는 환경이 곤해서 함께 하지 못한 지체들도 불쌍히 여기시옵소서. 그들에게 주님의 평안을 허락하시고, 예수 이름의 능력을 바라게 하시옵소서.

기도의 문이신 예수님의 이름으로 기도드립니다. 아멘.

4월 4주

주님의 사랑의 힘으로

사랑으로 살라 하시는 하나님 아버지,

죄악이 가득한 곳에 머물러서 지냈던 죄를 고백합니다. 주님의 사랑은 측량할 수 없으신데, 저희는 늘 죄짓는 생활뿐이었음을 회개합니다. 십자가의 보혈로 정케 하여 주시옵소서.

주님의 죽으심은 저희를 죄로부터 구원해 주시기 위함이셨음을 확인합니다. 주님께서 죽음을 이기시고 부활하심으로써 저희가 의인이 되었음을 세상에 선포해 주셨습니다. 그 은혜를 기억하며 한 날을 지내도록 인도해 주시옵소서.

오늘, 교회 공동체적으로 빌어야 될 기도를 한다.

말씀을 선포하실 목사님에게 영력을 더하시기 원합니다. 하나님의 대언자로서 생명력 넘치는, 살아 있는 말씀으로 저희들을 감동케 하시옵소서. 그 말씀의 은혜로 말미암아 저희들은 토기장이에 의해서 빚어진 토기로서의 삶에 성실하게 하시옵소서.

주님의 사랑의 힘으로 저희들의 심령을 이끌어 주시옵소서. 더 이상 흔들리지 않으며, 불신앙의 죄에서 떠나 믿음 안에서 머무르게 하시옵소서. 주님을 향한 저희 마음을 뜨겁게 하시고, 임마누엘의 신앙으로 이기도록 이끌어 주시옵소서.

생명의 길이 되어주신 예수님의 이름으로 기도드립니다. 아멘.

5월 1주

하나님의 음성을 기다리는

세미한 음성을 기다리게 하시는 하나님 아버지,

이 시간에, 하나님의 감동 안에서 사랑으로 하나 되어 영광을 드리는 예배로 진행되게 하시옵소서. 먹고, 살아가는 땅의 것들로 분주하게 지내다 나왔지만 신령한 예배를 드리기 원합니다.

하나님을 섬기고, 순종하는 삶에 신실하지 못한 것을 회개합니다. 날마다 좋은 것으로 허락하셨으나 저희들은 주님께 드리는 데 인색하였습니다. 시간을 드리지 못했고, 물질을 드리지 못했으며, 순종하는 행실도 드리지 못했음을 용서해주시옵소서.

오늘, 교회 공동체적으로 빌어야 될 기도를 한다.

말씀을 전하실 목사님을 붙잡아 주옵소서. 그 말씀이 생명의 메시지가 되어, 저희들에게 오직 순종만이 있을 따름임을 믿고 감사하게 하시옵소서. 예수님께서 친히 교회의 머리가 되게 하시고, 주님의 사랑과 진리와 은혜가 가득 찬 교회가 되게 하옵소서.

저희 교회를 위하여 세워주신 모든 기관장들을 붙들어 주시옵소서. 직분자들이 주님의 은혜를 더욱 사모하게 되기를 원합니다. 저희들의 심령에 늘 새로운 소망과 새로운 능력을 허락하시고 청지기의 사명을 잘 감당할 수 있도록 도와주시옵소서.

보혈을 흘려 주신 예수님의 이름으로 기도드립니다. 아멘.

5월 2주

여호와의 이름에 영광을 새겨

여호와께 가정을 세워 주시는 하나님 아버지,

오늘도 부모님에 의해서 베풀어 주신 은혜를 즐거워합니다. 하나님께서 노년의 부모님을 보호해 주셨으며, 그들에게 약속하신 은혜와 복을 자손들이 받아 누리게 하셨음에 감사드립니다. 저희들이 어버이를 더 공경하고 잘 모심으로써 거룩한 후손이 되게 하시옵소서.

여호와의 은혜는 매일 저희들에게 풍성하게 살도록 하셨으나 욕심의 미혹에 빠져 죄를 짓게 되었습니다. 저희들이 죄를 내어놓고 고백할 때, 용서해 주시옵소서. 주님의 피 공로로 인한 사유하심의 은총으로 깨끗이 씻어주시옵소서.

오늘, 교회 공동체적으로 빌어야 될 기도를 한다.

강단에 세우신 목사님을 붙잡아 주셔서 진리의 말씀을 준비하신 그대로 선포하게 하시옵소서. 말씀에 대한 응답으로 저희들은 믿음과 소망, 사랑의 아름다움으로 주님을 기쁘시게 해드리게 인도하시옵소서.

저희들이 믿음 안에서 강건하게 하시옵소서. 개인적으로는 영적인 침체를 벗어나서 다시 기도로 뜨거워지게 하시옵소서. 지체들 모두가 사랑으로 하나가 되는 은혜로 살아가게 하시옵소서. 세상에서 기업으로 주신 사업과 직장 위에 늘 하나님의 은혜가 충만하게 하시옵소서.

죄를 이기게 하신 예수님의 이름으로 기도드립니다. 아멘.

5월 3주

여호와 앞에서 살아드리는

심령에 하나님을 모시게 하시는 하나님 아버지,

저희들의 죄 된 모습에 부끄럽습니다. 허물로 추해진 모습을 고백하니 용서해 주시옵소서. 바리새인과 조금도 다름이 없었던 종교적인 신앙을 버리기 원합니다. 십자가의 보혈로 죄악을 씻겨내어 주시옵소서.

저희들이 여호와 앞에서 살아가기를 소망합니다. 저에게 세상으로부터 자신을 구별하는 은혜를 입게 하시옵소서. 악인들의 꾀를 거절하고, 죄인의 길로부터 떠나는 거룩함이 체험되게 하시옵소서. 하나님의 착하심으로 소망을 주셨습니다.

오늘, 교회 공동체적으로 빌어야 될 기도를 한다.

목사님의 말씀에 귀를 기울이게 하시옵소서. 그 말씀으로 새 생명을 얻은 기쁨 속에 살아가는 저희들이 되게 하시옵소서. 저희들은 오직 주님의 은혜로 하나님의 말씀을 가까이 하게 하시옵소서.

우리 ○○의 성도들 중에서 원하지 않게 어려운 일들을 만난 이들을 불쌍히 여겨 주시옵소서. 질병으로 고통을 당하고 있는 이들에게는 치료하시는 하나님의 손길로 어루만져 주시옵소서. 그들에게 다시 한 번 삶의 기회를 얻게 하시옵소서.

구원의 주, 예수님의 이름으로 기도드립니다. 아멘.

5월 4주

마귀의 일을 멸하신 주께

가정을 천국으로 삼아주시는 하나님 아버지,

저희들을 살펴볼 때, 가족과 일가친척의 복음화에 무관심했던 죄를 고백합니다. 가정을 제단으로 삼는 것에 소홀했던 죄를 용서해 주시옵소서. 오직 여호와만을 의지하는 간구에 기쁨을 보게 해주시옵소서.

죽음의 권세를 깨뜨리고 부활하심으로써 마귀의 일을 멸하신 분이 나의 주님이심에 찬양을 드립니다. 예수님께서 사탄의 손에서 저희를 건져주시고, 하나님의 자녀가 되게 하셨음에, 주님을 왕으로 섬기게 하시옵소서. 자녀로서 마땅히 하나님의 나라가 확장되어짐을 비전으로 품고 살아가게 하시옵소서.

오늘, 교회 공동체적으로 빌어야 될 기도를 한다.

강단에서 하나님의 말씀이 선포될 때, 마음의 문을 활짝 열고 듣게 하시고, 주님의 말씀을 생명의 양식으로 받아 심령이 배부르게 하시옵소서. 하나님의 말씀을 보물처럼 마음에 쌓아두게 하시옵소서.

오늘도 형제자매의 교제가 있음에 찬송합니다. 사랑하는 지체들에게 말씀을 붙잡고 기도하는 생활을 하게 하시옵소서. 저희들 각자에게는 하나님의 뜻을 이루어 드리는 손과 발이 되게 하시옵소서. 말세를 살아갈 때, 하늘의 권능으로 승리하도록 이끌어 주시옵소서.

영생의 보장이신 예수님의 이름으로 기도드립니다. 아멘.

5월 5주

오늘, 예배로 다시 일어나는

교회의 영광을 사모하게 하시는 하나님 아버지,

하나님께 찬송을 드릴 때, 회개의 영으로 충만해지기 원합니다. 주님께는 행위로 죄를 짓지 않았으나 마음으로 주님을 떠나있던 죄를 회개합니다. 겉과 속이 다른 이중적이었던 삶을 용서해 주시옵소서.

설교를 위하여 단 위에 세우신 목사님께 영육간의 강건함을 주시옵소서. 그리고 주저앉았던 저희들은 그 말씀으로 다시 일어나는 체험을 주시옵소서. 말씀의 생수로 메마른 영혼이 시원해지게 하시옵소서.

오늘, 교회 공동체적으로 빌어야 될 기도를 한다.

담임 목사님과 교역자들을 위해서 기도하게 하시옵소서. 바울이 곤경에 처할 때 좋은 동반자가 되었던 디도와 같이 목회자들과 함께 하는 지체들이 되게 하시옵소서. 담임 목사님과 같은 믿음을 따라 그의 편에 서서 성도의 삶을 살도록 이끌어 주시옵소서.

아직도 하나님을 모르는 사람들은 우상숭배를 버리지 못하고 있습니다. 나라의 크고 작은 행사에 미신을 섬기는 일들이 벌어지고 있음을 용서해 주시옵소서. 죄를 버리고 하나님께로 돌아오는 이 백성이 되게 하시옵소서. 육체를 자랑하는 일을 거절하고 거룩한 백성, 거룩한 민족이 되게 하시옵소서.

성도가 되게 하신 예수님의 이름으로 기도드립니다. 아멘.

6월 1주

하나님을 사랑하는 열정을

여호와를 날마다 구하게 하시는 하나님 아버지,

저희들을 받아 주시옵소서. 하나님의 뜻을 저버리고, 주님을 섬기지 않는 이들처럼 살아온 죄를 고백합니다. 저희들의 모자라기 그지없는 모습을 주님께 내놓으니 용서해주시옵소서. 저희들의 죄를 십자가의 보혈로 씻어 주시옵소서.

여호와의 도우심으로 선한 행실에 힘쓰게 하시며, 오직 하나님께 영광을 두는 자녀가 되게 하시옵소서. 저희들의 재산은 금이나 은이 아니고, 주님과 친밀하게 교제하는 영성의 풍성이기를 소망합니다.

오늘, 교회 공동체적으로 빌어야 될 기도를 한다.

설교를 준비하신 목사님께 힘을 더하셔서 권세가 있는 말씀을 선포할 수 있게 하옵소서. 말씀으로 상한 심령들이 치유를 받게 하시옵소서. 그리하여 여호와를 사랑하는 열정을 품게 해주시옵소서. 하나님의 영광을 위해서 무엇이라도 하겠다는 소원을 갖게 하시옵소서.

○○의 지체들은 피 흘리심으로써 구속하신 그리스도를 기억하며 하나님 나라의 영광을 위하여 믿지 않는 우리의 이웃에게 전도하게 하시옵소서. 저희들의 마음이 온전히 하나님만을 바라볼 수 있도록 동행하여 주시옵소서.

죄에서 구속해주신 예수님의 이름으로 기도드립니다. 아멘.

6월 2주

하나 된 형제, 한 목소리로

이 민족을 긍휼히 여기시는 하나님 아버지,

우리나라와 민족에 대한 죄를 고백합니다. 나라를 위해 기도하고, 민족의 복음화를 위하여 애를 쓰지만, 형식적으로 그친 경우가 많았음을 용서해 주시옵소서. 이 나라와 이 백성들을 위하여 기도하며, 전도하기를 쉬지 않게 하시옵소서.

지금 혹시라도 ○○ 교회의 권속들 중에, 마음의 분열과 갈등으로 말미암아 나누인 지체들이 있다면 서로를 용서하게 하시옵소서. 서로를 받아들일 수 있는 사랑으로 위로해 주시기 원합니다. 또한 나눔과 반목이라는 불행에 빠진 경우가 있다면 그 상처를 치유하여 주옵소서.

오늘, 교회 공동체적으로 빌어야 될 기도를 한다.

말씀을 준비하여 설교를 하시는 목사님께 영력을 더해 주시기 원합니다. 은혜의 단비를 받는 성도들이 되게 하시옵소서. 성령님께서 저희들의 심령을 주장하시어 복을 주시는 말씀을 듣게 하시옵소서.

저희 모두가 예수님을 닮아가게 하시옵소서. 이 주간에도 말씀생활과 기도생활에 승리하도록 이끌어 주시옵소서. 날마다 찬송이 넘치고, 감사가 충만하며, 은혜가 풍성하게 하시옵소서. 이로써 저희들의 삶에 하나님의 나라가 충만히 임하도록 복을 내려 주시옵소서.

생명의 구주, 예수님의 이름으로 기도드립니다. 아멘.

6월 3주

찬양과 경배를 받으시고

찬양과 경배의 주인이 되시는 하나님 아버지,

죄 속에서 살던 우리가 주님의 대속하심을 감사하며 주님 앞에 다시 모였습니다. 저희들의 찬양과 경배를 받으시고 저희를 진리의 빛으로 인도하여 주시옵소서. 독생자를 보내주신 사랑, 대속의 은총으로 죄를 용서해주시옵소서. 저희들의 상한 심령을 받으시고, 용서해주시는 은총을 기다리게 하시옵소서.

하나님의 지혜의 영과 하나님의 계시의 영을 충만하게 하셔서 하늘에 속한 사람으로 온전히 살아가도록 이끌어 주시옵소서. 제가 주님의 사람이 되어 날을 구별해서 주일을 지키듯이, 삶의 모든 것에서 구별하는 은혜를 얻게 하옵소서.

오늘, 교회 공동체적으로 빌어야 될 기도를 한다.

목사님께서 말씀을 전하실 때, 하나님의 능력과 은혜가 드러나게 하옵소서. 성령이 저희를 이끌어 '아멘'으로 말씀을 듣게 하시옵소서.

예배하는 지체들 중에, 여러 가지 문제를 안고 나아온 성도들이 있습니다. 그들이 예배를 통해서 그 문제를 해결 받고, 신령한 은혜를 받게 하시옵소서. 사정이 있어 예배에 함께 참여하지 못한 이들에게는 다음 시간에는 모두 나와서 주님께 영광 돌리게 하시옵소서.

신령하게 해주시는 예수님의 이름으로 기도드립니다. 아멘.

6월 4주

주님의 사랑에 감격하여

　천국을 사모하면서 지내게 하시는 하나님 아버지,
　바쁘게 살았던 하루, 일손을 정리하고 다시 모였습니다. 이 시간에, 지난 주일 후 사흘의 생활을 돌이켜 볼 때, 주님의 음성에 귀를 기울이는 데 게을렀음을 회개합니다. 하나님께 주목하기보다는 세상의 일에 분주하였음을 용서해주시옵소서.
　죽어야 될 저희를 대신하여 죽어주신 주님의 사랑에 감격하게 해주시옵소서. 마귀의 올무에서 벗어나게 해주시고, 예수님께서 사신 바가 되어 주셨으니, 그 은혜를 늘 기억하게 하시옵소서.

오늘, 교회 공동체적으로 빌어야 될 기도를 한다.

　목사님께서 준비해주신 하나님의 말씀에 귀를 기울이고, 순종으로 응답하도록 하시옵소서. 하나님께서 들려주시는 음성으로 들을 수 있도록 이끌어 주시옵소서. 말씀을 하신 하나님께 응답으로 저희들이 이루어야만 하는 주님의 일을 성취하도록 하시옵소서.
　언제든지 무릎을 꿇게 하시고, 무엇을 하겠다고 덤비기 전에, 하나님께 조아릴 수 있는 은혜를 원합니다. 죄로 말미암은 교만은 하나님께 여쭙는 것을 잊게 합니다. 응답이 여호와께 있음에도, 자신이 이룬다는 착각에서 벗어날 수 있도록 이끌어 주시옵소서.
　영원에 이르게 해주신 예수님의 이름으로 기도드립니다. 아멘.

7월 1주

오직 여호와를 높이는

진리를 사모하며 지내게 하시는 하나님 아버지,

돌이켜 볼 때, 선한 일에 열심을 내지 못한 저희들을 용서해주시옵소서. 저희 개인적으로나 교회적으로 몸소 행했어야 하는 선한 일들이 많은데 부족했음을 회개합니다. 주님의 보혈로 죄를 씻어주시옵소서.

저희 믿음은 오직 여호와의 말씀으로 말미암았으니, 하나님의 말씀을 가까이 하고, 그 말씀의 진리에 귀를 기울이는 사모함을 주시고, 마음에 간직하게 하시옵소서. 하나님의 말씀으로 양식을 삼는 다짐의 은혜를 주시옵소서.

오늘, 교회 공동체적으로 빌어야 될 기도를 한다.

하나님의 말씀이 선포될 때, 마음의 문을 활짝 열고 듣게 하시며, 주님의 말씀을 생명의 양식으로 받아 심령이 배부르게 하시옵소서.

우리 교회의 여러 기관들이 부흥되게 하시옵소서. 직분자들이 겸손한 자세로 자신을 하나님께 전적으로 맡기게 해주시고, 저희들의 손길에 선한 열매들이 많이 쌓이게 하시옵소서.

성도들을 보살피고 돕는 중에, 믿음이 연약한 이들을 붙잡아 주는 은혜를 주시옵소서. 아직도 곳곳에 사랑을 나타내고 심어야 할 곳이 많습니다.

영원을 사모하게 해주신 예수님의 이름으로 기도드립니다. 아멘.

7월 2주

하나님의 친 백성이 되어

인생을 굽어 살펴주시는 하나님 아버지,

저희들의 양심이 괴로울 만큼 여러 가지의 죄와 허물이 있어 회개합니다. 하나님의 뜻을 알면서도 고의로 거절하며, 자신의 뜻대로 행해 왔습니다. 주님의 깨끗케 하시는 보혈로 죄를 씻음 받게 하옵소서.

이 시간에도, 주님의 은총과 도움을 바라는 생명들이 현실 속에 수없이 많이 있습니다. 나라의 일을 맡은 위정자들, 국민을 위해서 봉사하는 공무원들, 휴전선을 지키는 국군장병들, 대학가의 젊은 지성들을 사랑과 능력으로 보살펴 주시옵소서.

_{오늘, 교회 공동체적으로 빌어야 될 기도를 한다.}

목사님의 입술을 통하여, 준비된 말씀에도 성령님의 역사가 나타나기 원합니다. 하나님의 말씀으로 이 시대를 살아가는 저희들이 되게 하시옵소서. ○○교회의 권속에게 말씀의 약속이 이루어지는 것을 소망하게 하시옵소서.

친히 사랑의 본이 되어 주신 예수님을 따라 사랑으로 살게 하시옵소서. 주님 안에서 드러난 하나님의 사랑이 저희 사랑이 되기 원합니다. 사람의 사랑이 아닌, 하나님의 사랑을 하기 원합니다. 독생자를 내어 주셨던 그 사랑으로 모든 이들을 사랑하게 하시옵소서.

보혈의 주, 예수님의 이름으로 기도드립니다. 아멘.

7월 3주

나를 나 되게 하신 하나님께

가난한 심령으로 지내게 하시는 하나님 아버지,

저희들의 부족한 모습에 부끄럽습니다. 육신의 안일과 평안만을 추구할 때가 많았음을 회개합니다. 말씀을 사모하고, 말씀에 순종하기보다는 인간의 생각과 인간의 지혜를 따르던 불신앙을 용서해 주옵소서.

하나님 앞에서나 자기 자신에 대하여 결심이 많고, 주님께 영광을 드리려 하지만 육신의 연약함으로 말미암아 행함이 뒤따르지 못하오니 힘을 주시옵소서. 다짐한 것을 이루고야 말겠다는 담대함을 갖게 하시고 인내심을 주시옵소서.

오늘, 교회 공동체적으로 빌어야 될 기도를 한다.

설교를 준비하신 목사님에게 성령의 능력이 더해지기 원합니다. 이제 저희들은 겸손히 말씀을 듣게 하옵소서. 말씀으로 새 힘을 얻게 해 주시옵소서. 강단에서 주님의 권세와 주권이 선포되는 귀한 시간이 되게 하여 주시옵소서.

저희 교회에 속한 권속을 위하여 간구하오니, 이 시간을 통해서 가정마다 은혜의 강물이 흘러가게 하시옵소서. 성전에서 흘러나오는 생수의 역사가 가정마다 흘러서 더욱 더 믿음 안에서 굳건히 세워지는 권속들이 되어 저희 모두 믿음의 역사를 이어가게 하시옵소서.

의의 문이신 예수님의 이름으로 기도드립니다. 아멘.

7월 4주

하늘의 영광을 구하는 한 시간

인생의 기도를 받으시는 하나님 아버지,

주님의 이름으로 다시 모인 지금, 회개의 은혜를 내려 주시옵소서. 하나님이 나라를 이루어 드리는데 앞장서지 않았던 죄를 고백합니다. 주님의 영광을 구하는 것에 무관심했던 삶을 용서해주시옵소서.

죄로 말미암아 저주 아래에 처해 있던 저희였습니다. 그런데 주님께서 십자가에 달려 죽으심으로 저주에서 속량 받았음에 감사드립니다. 저희 하루는 언제나 주님의 보혈을 찬양하는 시간이 되게 하시옵소서.

오늘, 교회 공동체적으로 빌어야 될 기도를 한다.

오늘도 저희들을 위하여 진리의 말씀을 주심에 감사드립니다. 오늘도 하나님의 말씀을 대언하시는 목사님을 성령의 권능으로 붙들어 주시고 주님의 역사가 펼쳐지게 하시옵소서.

돌 같은 심령을 녹여 주심으로 순종의 기쁨으로 회개하고 결단할 수 있는 시간이 되게 인도하여 주시옵소서. 말씀을 듣는 성도들이 강단의 메시지에 은혜를 받게 하시옵소서.

주님만을 의지하며, 주님만을 순종하게 하심으로써 영광을 돌리게 하시옵소서. 항상 기뻐하게 하시고, 쉬지 말고 기도하게 하시며, 범사에 예수님의 뜻대로 살아가는 믿음의 사람들이 되게 하시옵소서.

생명 진리가 되신 예수님의 이름으로 기도드립니다. 아멘.

8월 1주

의와 진리로 이 전을

교회를 거룩하게 하시는 하나님 아버지,

주님 앞에 머리를 조아리니 죄가 기억나 회개합니다. 세상의 법으로는 죄가 안 되지만, 하나님께 대하여 의롭지 못하게 행한 일들이 많았사오니 용서해 주시옵소서. 하나님의 편을 취하는데 부족했음을 불쌍히 여겨주시옵소서. 신앙의 담대함을 갖게 하시옵소서.

바라오니 오직 여호와의 율법을 즐거워하는 삶을 누리도록 인도해 주시옵소서. 하나님의 말씀으로 저희가 만족해지며, 그 말씀이 주는 은혜로 담대히 살아갈 때, 기쁨이 저희 것이 됨을 확인하게 하옵소서.

오늘, 교회 공동체적으로 빌어야 될 기도를 한다.

목사님께서 하늘의 말씀을 준비하셨음에 감사드립니다. 주님의 말씀을 대언하실 목사님 위에 크신 은혜와 능력으로 함께 해주시옵소서. 생명의 양식을 배불리 먹어, 저희들의 믿음이 견고하여지기를 원합니다. 강단에서 선포되는 말씀으로 주님 앞에서 믿음을 더욱 굳게 하며, 흔들리지 않는 삶을 살기를 소원하게 하시옵소서.

저희들은 주님 안에서 한 가족이 되고 주님께 받아들여지고, 주님께 더욱 필요한 존재가 되게 하시옵소서. 주님의 사랑으로 이웃을 사랑하게 하시옵소서. 그 사랑으로 서로, 성도의 사랑을 나누게 하시옵소서.

속죄함의 주, 예수님의 이름으로 기도드립니다. 아멘.

8월 2주

심령을 곱게 빻아서

　심령을 새롭게 하여 예배하게 하시는 하나님 아버지,
　지금, 지난 시간의 삶을 되돌아 볼 때, 주님께서 주신 시간들을 성실하게 보내지 못한 죄를 고백합니다. 저희들의 죄로 주님의 시간들을 얼룩지게 하였사오니 용서해주시옵소서. 갈보리의 십자가에서 흘리신 보혈로 저희들을 성결케 하여 주시옵소서.
　오늘, 저희들의 가정에 재물이 핍절하지 않도록 여호와의 채우심이 나타나게 하시옵소서. 부요와 재물이 넘쳐서 어려운 이들에게 나누어 주고, 베푸는 손길을 통해서 주님의 일을 이루어드리게 하시옵소서.

오늘, 교회 공동체적으로 빌어야 될 기도를 한다.

　연약한 영혼들을 위해서 목사님께서 생명의 말씀을 준비하게 하셨으니 감사합니다. 목사님께 성령님으로 충만하게 하셔서, 말씀을 전하실 때 사탄의 권세가 틈타지 못하게 하시옵소서. 저희들을 인도하시는 말씀을 생명수로 받아 마시는 은혜가 이 교회에 가득하게 하시옵소서.
　작은 일에도 충성하게 하시고 때를 얻든지 못 얻든지 전도하게 하시옵소서. 함께 머리를 숙인 지체들에게 맡겨진 사명에 최선을 다하겠노라 도전하게 하시옵소서. 주님의 나라가 확장됨을 기뻐하게 하시고 하나님의 의가 이루어지는 것에 감사하게 하시옵소서.
　구주 예수님의 이름으로 기도드립니다. 아멘.

8월 3주

여호와의 거룩하심이 이 성전에

하나님의 영으로 충만하게 하시는 하나님 아버지,

마음으로는 거룩하기를 원하나 살아가는 태도에 있어서는 여전히 불신자들과 다름이 없었음을 회개합니다. 하나님의 뜻을 이루어드리는 청지기의 사명을 말하면서도, 복을 받는 것에만 마음을 두는 불신앙적인 자세를 용서해주시옵소서.

우리 주 예수님만이 길이요, 진리이며, 생명이 되심을 고백하도록 하시옵소서. 성령님께서 저희 마음을 여시며, '너는 내 아들이라' 말씀하시는 하나님의 음성을 듣도록 저희 심령의 귀를 열어 주시옵소서.

오늘, 교회 공동체적으로 빌어야 될 기도를 한다.

은혜를 사모하는 밤에, 목사님께서 말씀을 전하실 때 하나님의 능력과 은혜가 드러나게 하시옵소서. 그 말씀에 순종하여 주님의 뜻을 이루어 드리겠다는 각오를 하게 하시기 원합니다. 성령님께서 저희를 이끌어 아멘으로 말씀을 듣게 하시옵소서.

주님의 십자가로 말미암아 우리 교회의 성도들은 모두 인생의 문제를 해결 받게 하시옵소서. 하늘나라의 백성 되게 하신 하나님의 이름을 높이는 고백을 하게 하시옵소서. 주님의 이름으로 죄를 이기겠다는 다짐으로 예배당 밖으로 나아가게 하시옵소서.

구원의 문, 예수님의 이름으로 기도드립니다. 아멘.

8월 4주

죄 사함에 눈물을 쏟아

성령으로 인도해 주시는 하나님 아버지,

예배하러 나와 주님의 십자가를 바라보니 지은 죄가 마음을 아프게 합니다. 주님을 의지한다 하면서도 눈에 보이는 것들에 마음을 두고 살았던 것을 용서해 주시옵소서. 믿음보다는 사람의 생각으로, 하나님의 뜻보다는 자신의 일을 이루려했음을 용서해 주시옵소서.

오늘, 삶의 현장에서 복음의 증인이 되기를 원합니다. 주님께서 몸을 가지고 저희들에게 오셨듯이 저희 또한 구원을 받아야 하는 이들에게로 가게 하시옵소서. 생명을 살리시는 주님의 손이 저희와 함께 하여 전도인으로 사는 한 날이 되게 하시옵소서.

오늘, 교회 공동체적으로 빌어야 될 기도를 한다.

이 밤에, 저희들의 심령을 하나님께로 향하게 하시고, 말씀에 주목하게 하시옵소서. 목사님께서 하나님의 말씀을 전하실 때, 성령님의 능력이 드러나게 하시고, 저희들은 은혜 속에서 듣기를 원합니다.

저희들은 하나님께서 성령으로 인도하심을 믿고 힘을 얻는 승리의 생활을 하게 하시옵소서. 천국을 바라보며, 영원을 향한 소망을 지니고 살아갈 믿음을 더하여 주시옵소서. 주님의 사랑이 늘 몸에 배어 실천하며 살아가도록 인도하여 주시옵소서.

소망의 주가 되신 예수님의 이름으로 기도드립니다. 아멘.

8월 5주

회개의 은혜로 인하여

의인의 길로 걷게 하시는 하나님 아버지,

죽을 수밖에 없는 저희들을 사랑하시되 독생자 외아들까지 내주심으로 죄 용서 받게 하셨사오니 감사를 드립니다. 그리스도를 믿는 믿음 안에 살아갈 수 있도록 힘을 더하여 주시옵소서.

중심을 보시는 여호와 앞에서 지난 시간에 저지른 죄를 고백합니다. 회개의 은혜로 인하여 사람들에게 드러나지 않았던 추악한 죄를 낱낱이 고백하게 하옵소서. 주님의 영광을 구하지 않은 죄의 행실을 용서해주시옵소서.

오늘, 교회 공동체적으로 빌어야 될 기도를 한다.

이 백성을 위하여 진리의 말씀을 준비해주신 은혜에 감사드립니다. 목사님의 입술을 통하여 말씀을 전해질 때, 저희들의 심령을 새롭게 하시는 하나님의 말씀만 선포되기 원합니다. 그 말씀으로 주저앉았던 저희들이 다시 일어나는 은혜를 주옵소서.

이 민족에 복을 내리시어, 복지국가가 되게 하시옵소서. 정의사회가 구현되게 하시되, 하나님을 경외하여 민족적으로 회개하고 돌아오는 복음의 역사가 있게 하시옵소서. 저희들이 이 민족을 품고 기도할 때, 복음의 불길이 타오르게 하시옵소서.

보배 피를 흘려주신 예수님의 이름으로 기도드립니다. 아멘.

9월 1주

자녀 된 모습으로 아버지께

거룩한 산, 시온에 오르게 하시는 하나님 아버지,

주님을 영화롭게 해드리지 못했기에 회개합니다. 자신의 이익과 자신의 즐거움이 되는 것만 좇았던 행실을 측은히 보아주시옵소서. 영생이 없는 이들과 다름이 없이 지낸 죄를 회개하니 용서해 주시옵소서.

진리의 말씀으로 자신을 거룩하게 하기에 힘쓰게 하시며, 제자로서의 삶을 살아가도록 이끌어 주시소서. 지금 겪고 있는 연단을 통과한 다음에는 단련된 만큼 주님의 강한 용사가 되는 모습을 바라보게 하시옵소서. 주님의 말씀이 저희 심령에 풍성히 거하기를 소망합니다.

오늘, 교회 공동체적으로 빌어야 될 기도를 한다.

하나님의 말씀을 목마른 사슴과 같이 사모하게 하시옵소서. 목사님께서 말씀을 선포하실 때, 영력을 더하여 주시옵소서. 권능이 있는 강단이 되게 하시옵소서. 목사님의 설교를 진리의 빛과 은총의 향기로 가득 채워주시옵소서.

교회를 위하여 간구하오니, 교회 안의 크고 작은 모임들마다 하나님의 영이 친히 역사해 주시옵소서. 그리하여 모든 지체들이 주님의 몸 된 교회를 위하여 지체의 역할을 감당하도록 이끌어 주시옵소서. 저희를 향하신 주님의 뜻을 찾아 충성을 다하도록 복을 내려 주시옵소서.

복의 문이 되어주신 예수님의 이름으로 기도드립니다. 아멘.

9월 2주

깨끗하게 드려지는 제물이 되어

자기 백성에게 긍휼하신 하나님 아버지,

하나님께서는 잠시도 저희들의 곁을 떠나지 않으셨지만, 저희는 주님의 곁을 떠났던 모습을 고백합니다. 저희들의 욕심 때문에 주님의 말씀에 순종하기를 거절하게 하였음을 괴로워합니다. 거룩해야 하는 삶을 이기적인 마음으로 거절했사오니 용서해 주시옵소서.

○○교회가 이 사회에서 죄로 부패되어 가는 부분을 깨끗하게 할 수 있는 소금의 역할을 감당하게 하옵소서. 우리 교회의 관심이 세상을 섬기는 것이 되게 하시옵소서. 이웃을 사랑하고, 아픈 이들은 위로하며, 병든 이들을 위해서 기도하는 공동체로 만들어 주시옵소서.

오늘, 교회 공동체적으로 빌어야 될 기도를 한다.

설교를 준비하신 목사님을 주님의 손으로 붙잡아 주시옵소서. 오늘, 저희들에게 하나님의 말씀이 온전히 선포되게 하시옵소서. 강단에서 전해지는 말씀이 생명의 양식이 되어, 지체들의 영혼이 되살아나서 교회 안에 사랑과 기쁨과 찬송이 넘치게 하시옵소서.

성경을 가까이 하고, 성경 말씀에 순종해서 면류관을 받게 하시옵소서. 저희들이 성경 말씀에 따라 기도하게 해주시며, 순종하여 봉사하게 해주시고, 약속의 말씀이 성취될 것을 소망하게 하시옵소서.

기도의 문이 되신 예수님의 이름으로 기도드립니다. 아멘.

9월 3주

하늘에 계신 하나님을

우리를 너그럽게 하시는 하나님 아버지,

저희들을 살피니 지난 시간에도 방황하며 살았음을 고백하며 용서를 구합니다. 말씀을 가까이 하기를 귀찮아했던 마음이었습니다. 말씀에 순종하며 살기보다는 인간의 생각과 인간의 지혜를 따르는 불신앙의 모습을 용서해 주시옵소서.

하나님께서 자녀라 불러주신 날부터 저희들을 위하여 천사를 보내주셨음에 감사드립니다. 저희의 연약함을 아시고, 힘들어 할 때마다 천사를 보내주셔서 보호해 주시오니 감사드립니다. 이 세상에서 살아가는 동안에 천사를 보내어 저희 부족함을 도와주시는 하나님께 찬양을 드리며 지내게 하시옵소서.

오늘, 교회 공동체적으로 빌어야 될 기도를 한다.

이제, 강단에서 선포되는 주님의 말씀이 저희들에게 거울이 되기를 빕니다. 우둔한 귀를 열어서 듣게 하사, 저희들의 흐트러진 모습을 발견하게 하옵소서. 그 말씀으로 두려움과 경외함이 있게 하시옵소서.

병들어 고통당하는 성도에게는 치유의 역사가 나타나기 원합니다. 또한 성도들의 사업과 가정과 자녀들에게 함께 하셔서 복에 복을 더해주는 놀라운 주님의 역사가 일어나게 해주시기를 빕니다.

영생의 보장이신 예수님의 이름으로 기도드립니다. 아멘.

9월 4주

영광을 취하실 하나님을 주목하여

얼굴을 들어 우리에게 비취시는 하나님 아버지,

이 시간에, 저희들의 죄를 고백합니다. 경건하게 살아온 것 같으나 그러하지 못하였습니다. 이미 마음으로는 의롭지 못하였고, 이웃을 정죄하고 판단하는 죄의 시간들의 연속이었음을 용서해 주시옵소서.

지금, 저희들은 하나님 앞에서 자녀가 되었다는 사실만으로도 가슴이 벅찹니다. 단 한 번도 죄에 대하여 거스르지 못했었는데, 지금은 죄를 대적하며 지내게 되었사오니 감사드립니다. 죄의 본성을 죽이고, 의롭게 지내기를 사모하게 하시옵소서.

오늘, 교회 공동체적으로 빌어야 될 기도를 한다.

오늘의 예배에서도 말씀을 듣게 하시니 감사드립니다. 강단을 통해서 들려주시는 말씀에 인생의 문제를 해결 받고, 신령한 은혜를 받게 하시옵소서. 그 말씀이 천국시민의 계명이 되고, 법도가 되며, 율례가 되게 하시옵소서.

이제, 옛사람을 벗어버리고, 새사람을 입게 하여 주시옵소서. 하나님 앞에서 저희 무리는 들어가며 나가며 신령한 꼴을 얻게 하시옵소서. 서로 피차간에 소망을 주고, 용기를 주고, 새 힘을 공급해주는 공동체가 되게 하시옵소서. 오직 주님께 소망을 두게 하시옵소서.

의롭다 인을 쳐주신 예수님의 이름으로 기도드립니다. 아멘.

10월 1주

성령님께서 인도하심에 따라

날마다 우리를 권고하시는 하나님 아버지,
하나님의 자녀로 살아야 하는 삶에 집중하지 못하고 지내왔습니다. 저희들의 행실이 하나님께 죄 되었음을 고백합니다. 천국의 창고에 쌓아두는 것에는 관심이 없고, 이곳에서 먹고 마시는 즐거움으로 지내고 있음을 회개하오니 용서해주시옵소서.

지금까지도 성실하게 하나님의 시간을 지키면서 복을 누리고 있음에 감사드립니다. 어떤 경우에라도 저희들은 인내함을 보게 하시기 원합니다. 위기의 순간마다 성령님의 역사하심을 느끼도록 해주옵소서.

오늘, 교회 공동체적으로 빌어야 될 기도를 한다.

말씀을 주시는 목사님께 이전보다 성령님의 능력이 더하시기를 빕니다. 주님의 말씀을 생명의 양식으로 받아 심령이 배부르게 하시옵소서. 말씀의 성찬이 베풀어진 거룩한 시간에 온 몸으로 주님께 영광을 드리게 하시옵소서.

저희들이 섬기고 있는 교회를 축복합니다. 주님의 교회가 날마다 부흥하게 하시옵소서. 하나님의 은혜 가운데 은혜와 진리가 충만한 교회가 되게 하시며, 하나님을 사랑하여 영광을 돌리고, 이웃을 사랑하여 덕을 끼치는 복된 교회가 되게 하여 주시옵소서.

속죄의 길이 되신 예수님의 이름으로 기도드립니다. 아멘.

10월 2주

하나님께서 원하시는 예배로

그 이름이 온 땅에 아름다우신 하나님 아버지,

주님 앞에서 저희들이 행한 것이라고는 죄를 지은 것 밖에 없어 회개합니다. 하늘의 문을 여시고, 각종 좋은 것으로 베풀어 주셨으나, 주님의 시간, 건강, 물질을 하나님의 영광을 위해서 쓰지 못한 죄를 깨끗이 씻어서 사하여 주시옵소서.

사탄이 옛 사람의 생활을 유혹해도 믿음으로 거절하도록 은총을 내려 주옵소서. 주님의 강권하시는 위로로 승리를 경험하게 하시옵소서. 악에 빠지지 않게 보전하시기를 기도하셨던 주님의 간구가 저희의 소원이 되게 하시옵소서.

오늘, 교회 공동체적으로 빌어야 될 기도를 한다.

진리의 말씀으로 천국까지 인도하시는 하나님을 바라봅니다. 말씀을 준비하신 목사님께 성령으로 감동해주시고, 하나님의 뜻이 온전히 선포되기 원합니다. 목사님께서 하나님의 말씀을 전하실 때, 저희들은 은혜 속에서 듣게 하시옵소서.

○○교회에는 언제나 하나님의 영이 임마누엘로 함께 하시옵소서. 주님께 친구가 되어 온 성도들이 교회를 중심으로 해서 주님의 뜻을 이루어드리는 삶을 살게 하시옵소서.

자비로우신 주, 예수님의 이름으로 기도드립니다. 아멘.

10월 3주

산 제물이 되어 드려지는

거룩한 성소를 찾게 하신 하나님 아버지,

이 밤에, 저희들의 소위를 살펴보니 회개할 것뿐입니다. 경건의 모양만 있을 뿐, 경건의 능력을 갖는 데는 관심이 없었음을 고백합니다. 하늘에 소망을 두지 않고, 지내온 저희들의 죄를 용서해주시옵소서.

오늘, ○○교회의 지체들에게 꼭 필요한 은혜를 내려 주시고, 저희들이 평소에 간구하던 기도의 응답을 보는 복 된 시간이 되기를 간구합니다. 저희들은 연약해서 때때로 하나님께로부터 멀어질 때가 있음을 고백합니다. 하나님의 영이 저희들에게 충만하시기를 빕니다. 이로써 하나님께 열정을 회복하고, 기도를 가까이 하게 하시옵소서.

오늘, 교회 공동체적으로 빌어야 될 기도를 한다.

저희들을 진리의 은혜로 풍성하게 하시옵소서. 목사님의 설교를 통해서 예수님의 십자가로 말미암아 죄 문제가 해결되었음을 확인하게 해주시고, 천국 백성으로 살아가려는 다짐을 새롭게 하게 하옵소서.

여러 가지로 문제를 안고 나온 ○○의 성도들이 있습니다. 이 시간에, 다 해결 받고 은혜 받는 시간이 되게 하시옵소서. 육신의 병으로 고통을 당하는 성도에게 건강과 힘을 주시옵소서. 나아가 무슨 일을 하든지 말씀의 인도와 기준에 따라 행하게 하시옵소서.

영원에 이르는 문이신 예수님의 이름으로 기도드립니다. 아멘.

10월 4주

예수님의 이름에 감격해서

인생에게 복이 주시는 하나님 아버지,

세월을 아끼지 못하고, 지냈던 삶을 회개합니다. 한 번 가면 다시 오지 않는 주님의 시간에 쓸데없는 일에 몰두한 채 주님의 일을 찾지 않았던 죄를 고백합니다. 저희들이 회개할 때, 주님의 십자가의 능력으로 용서해 주시옵소서.

영원히 죽을 수밖에 저희에게 예수님께서 생명을 주셨습니다. 죄 사함을 받아 의롭다 여겨주시며, 하나님을 아버지라 부르며 교제하게 해주셨사오니 이 모든 영광이 하나님께 있음을 고백합니다. 저희를 자녀로 삼아주심은 하나님의 영광을 구하라 하심인 줄로 믿습니다.

오늘, 교회 공동체적으로 빌어야 될 기도를 한다.

설교하시는 목사님께 영력을 더하셔서 생명의 말씀으로 저희들이 배부르게 하여 주시옵소서. 오늘, 선포되는 말씀을 ○○교회의 권속이 아멘으로 받아 제사를 드림보다 더 나은 순종함에 이르게 하시옵소서.

하나님 앞에서 저희들에게 신앙의 결실을 내다보도록 해주시옵소서. 하늘의 하나님께는 열매를 맺게 하시옵소서. 이로써 응답이 있는 신앙생활로, 축복으로 이어지는 믿음으로, 사명으로 새로워지는 충성으로 결실하게 도와주시옵소서.

성결케 하신 주, 예수님의 이름으로 기도드립니다. 아멘.

11월 1주

주님을 기다리는 이 시간

여호와를 항상 모시게 하시는 하나님 아버지,

과연, 저희들이 다시 오시는 주님을 기다리고 있는가를 생각합니다. 주님의 재림을 소망하지 않고, 지금 당장에만 좋은 일들에 마음을 빼앗기고, 만족해하는 저희들을 용서해주시옵소서. 여전히 땅의 것들에 마음을 빼앗기고 있음을 불쌍히 여겨 주시옵소서.

이 한 주간을 지내면서 ○○의 지체들이 하나님의 말씀에 위로를 받기 원합니다. 저희 심령이 하나님의 말씀에 주의하고, 하나님의 말씀을 삶의 첫 자리에 두겠다는 다짐을 하게 하시옵소서. 그 말씀만이 연단을 참아 이겨내게 하시고, 인내하여 승리하게 해주심을 믿습니다.

오늘, 교회 공동체적으로 빌어야 될 기도를 한다.

하나님의 말씀이 선포될 때, 사모하는 마음을 갖게 하옵소서. 여호와께서 저희들에게 주시는 평생에 지켜 따를 말씀으로 받기 원합니다. 이 자리에 모인 주님의 백성들에게 반가운 진리가 되게 하시옵소서.

교회의 각 기관 기관들이 오직 하나님의 영광을 위하여 헌신하게 하시옵소서. 그들의 헌신으로 복을 주시되 하나님께 봉사하는 기쁨을 맛보는 귀한 복을 내려 주시옵소서. 지체들이 서로를 사랑하며 성도의 귀한 교제를 나누게 하시옵소서.

구원의 보장이신 예수님의 이름으로 기도드립니다. 아멘.

11월 2주

베풀어주신 것들이 많이 있음에

주신 복을 헤아리게 하시는 하나님 아버지,

주님 앞에서 받은 은혜에 대한 감사를 잃어버리고 살아온 죄를 회개합니다. 저희들이 받은 것을 헤아리면 감사할 것뿐인데도, 불평하고 낙심하면서 지냈음을 용서해 주시옵소서. 베풀어주신 것들이 많이 있음을 헤아리게 하시옵소서.

마른 땅에 시내가 흐르게 하겠다고 약속하신 말씀이 저희에게 이루어지기를 원합니다. 부요하게 하시는 재정의 은혜를 통해서 하나님의 교회를 섬기는 복을 누리게 하시옵소서. 복음을 증거하고, 궁핍한 이들을 돕는 일에 기쁨으로 헌금하도록 은혜를 내려 주시옵소서.

오늘, 교회 공동체적으로 빌어야 될 기도를 한다.

목사님의 입술을 사용하여 들려주시는 말씀을 청종하게 하시옵소서. 생명의 말씀을 받아 마음의 판에 새기도록 하시옵소서. 이 좋은 시간이 주 하나님을 경외하는 것으로 충만하게 하시옵소서.

십자가의 피로 하나님과 화목을 누리게 된 지체들이 구원의 기쁨으로 아름다운 교제를 갖게 하시옵소서. 주님의 십자가로 성도들의 한 몸 된 기쁨을 갖고, 주님을 기쁘시게 해드리게 하시옵소서. 저희들 서로가 격려가 되어 자신의 십자가를 지고, 주님을 따르게 하시옵소서.

영생에 이르는 이름, 예수님의 이름으로 기도드립니다. 아멘.

11월 3주

은혜와 진리의 풍성함을

그 위대하심을 인생에 나타내시는 하나님 아버지,

지나온 날들을 생각해 볼 때, 얼굴이 붉어집니다. 주님께서는 저희들을 사랑하셔서 좋은 시간을 주셨으나, 주님 앞에서 바로 살아오지 못하였음을 고백합니다. 주님의 피로 씻어 주시고, 다시 한 번 새롭게 해주시옵소서.

새벽마다 밤마다 눈물로 간구하시는 목사님을 기억하시고, 목양의 사역에 힘과 용기를 더하여 주시옵소서. 체력과 영권을 더하여 주셔서 오늘도 절규하며 토하시는 아버지의 말씀이 권세 있게 증거 되게 하시고, 우리가 어찌할꼬 회개하는 은혜가 있게 하여 주시옵소서.

오늘, 교회 공동체적으로 빌어야 될 기도를 한다.

목사님을 강단에 세워주셨으니, 은혜와 진리의 말씀이 선포되기를 원합니다. 강단에서부터 흘러나오는 은혜와 진리의 풍성함을 누리면서 주님을 위하여 살고자 하는 마음이 더욱 뜨거워지게 하시옵소서.

몸이 늙어서 병들어 집이나 병원에서 홀로 있는 이들이 있사오니 도와주시옵소서. 회복하게 하시는 여호와의 만져주심으로 구원해 주시옵소서. 병든 이들에게는 싸매주시는 은혜로 아픈 부위를 낫게 하시고, 노년의 아름다움을 신앙생활로 보낼 수 있도록 도와주시옵소서.

보혈을 흘려주신 예수님의 이름으로 기도드립니다. 아멘.

11월 4주

성령의 불로 죄악을 태워

십자가 밑으로 나아가게 하시는 하나님 아버지,

이 밤에, 먼저 회개의 은혜를 내려 주시옵소서. 저희들의 삶은 자기 자신을 위해서만 힘쓴 생활이었습니다. 저희들의 심령에 교만과 사욕이 있사오니 용서해주시고, 성령의 불로 죄악을 태워 주시옵소서.

오늘, 저희들은 누구에게서라도 그 사람과의 만남에서 주님의 인도하심을 따르도록 하시옵소서. 종일, 하나님께 영광 돌리는 일에 주목하도록 하시옵소서. 어떤 일들이 오늘 저를 기다리고 있는지 모르지만 그 일들에서 주님의 인도에 순종하게 하시옵소서.

오늘, 교회 공동체적으로 빌어야 될 기도를 한다.

영의 양식으로 저희들의 생명을 배부르게 해주심에 감사드립니다. 목사님께서 온 몸을 바쳐 말씀을 준비하셨던 그대로, 저희들도 온 몸으로 받아 그 율례를 따르며, 규례를 지키는 은혜를 누리게 하옵소서.

믿음 안에서 날마다 승리하게 하시고, 말씀을 붙들므로 인생의 앞길이 열리게 하시고, 구름기둥과 불기둥의 인도함을 체험하게 하여 주시옵소서. 그리스도의 사랑과 향기를 드러내게 하시고, 주님을 전하는 복음의 일꾼이 되게 하시옵소서. 주님을 위하여 봉사하는 것을 즐거워하는 헌신자들이 되게 하시옵소서.

다시 오실 예수님의 이름으로 기도드립니다. 아멘.

11월 5주

주님의 보혈로, 의의 보혈로

여호와의 영광을 보게 하시는 하나님 아버지,

날마다 베풀어 주신 은혜를 즐거워하며 찬송을 드리지만, 그것은 습관적이었음을 회개합니다. 나만 좋으면 하나님께서 미워하시는 일도 서슴없이 행했던 죄를 회개합니다. 주님의 보혈로 씻어 주시옵소서.

사랑하는 지체들이 하나님 앞에서 믿음으로 살게 하시고, 교회를 통해서 주어진 직분을 섬기는 중에 복이 넘치는 삶이 되기를 앙망합니다. 이로 말미암아 하늘의 신령한 복과 땅의 기름진 것으로 만족하게 하시옵소서. 여호와의 뜻에 마음을 쏟고, 주님의 손과 발이 되어서 사는 기쁨을 누리게 하옵소서.

오늘, 교회 공동체적으로 빌어야 될 기도를 한다.

목사님께서 말씀을 전하실 때, 모든 성도들이 잠잠히 듣게 하옵소서. 이 시간에 하나님께서 말씀하시고, 저희들은 그 말씀을 감사함으로 받는 은혜를 누리기 원합니다.

이 나라에도 주님의 통치가 속히 이루어지기를 원합니다. 개인적으로나 국가적으로 부정과 불의와 온갖 죄악 된 일들이 기승을 부리고 있습니다. 이 나라를 성령의 권능으로 붙들어 주시옵소서. 건전하고 바른 가치관이 정립될 수 있도록 은총을 허락하여 주시기를 원합니다.

은혜의 주, 예수님의 이름으로 기도드립니다. 아멘.

12월 1주

약속을 주시는 하나님

정금보다 더 사모할 이름의 하나님 아버지,

저희들을 괴롭히고 있는 죄를 고백합니다. 하나님께 드려지지 못할 허물을 회개하오니 용서해 주시옵소서. 천국에 대한 소망을 잃고, 땅의 것에만 주목하는 어리석은 행실을 불쌍히 여겨 주시옵소서.

간절히 구합니다. 사랑하는 ○○○ 목사님께서 언제나 지혜로우시고, 모든 이들에 대하여 인자하신 종이 되게 하옵소서. 목사님의 사랑을 통해서 오늘도 저희 교회의 지체들이 강건함을 보게 하시옵소서. 강단에서부터 생수를 공급받아 강건한 삶을 살아가고, 먹어서 배 부르는 영의 양식을 누리게 하시옵소서.

오늘, 교회 공동체적으로 빌어야 될 기도를 한다.

설교를 하시는 목사님께 말씀의 영이 풍성하게 임하여 저희들이 생명의 꼴로 배부르게 하시옵소서. 오늘 주시는 말씀이 영혼을 치료하는 약이 되기를 소망합니다. 하나님을 사랑하는 저희들이 굳게 자키는 언약의 말씀이 되게 하옵소서.

저희들의 삶속에서 생각과 언행으로 하나님의 영광을 가리지 않게 하시옵소서. 범사에 하나님의 이름을 높이 드러내는 복된 삶이 되게 하옵소서. 교회에서 지체들 서로가 사랑으로 포용하게 하시옵소서.

메시야로 오신 예수님의 이름으로 기도드립니다. 아멘.

12월 2주

구원이 되는 예배의 한 시간

의의 길로 인도해 주시는 하나님 아버지,

주일을 보내고 삼일 동안의 저희들은 말 그대로 죄와 허물의 삶이었습니다. 단호하게 불의를 거절하지 못하고 비겁했었습니다. 이 시간에, 가슴을 치면서 회개했던 세리의 가슴을 주시옵소서.

지금, 연약한 지체들을 위하여 간구합니다. 육신이 연약한 자에게 육신의 건강함을 주시옵소서. 믿음의 확신이 없는 자에게 믿음의 확신을 주시옵소서. 말씀이 없어서 방황하는 자에게 말씀의 위로를 받게 해주옵소서. 재물이 연약한 이들에게는 재정의 풍성함을 보게 해 주시옵소서.

오늘, 교회 공동체적으로 빌어야 될 기도를 한다.

의의 제사장으로 구별함을 받으신 목사님께서 전하시는 말씀에 감격하는 은혜를 누리게 하시옵소서. 한 마디 한 마디의 말씀에서 진리를 구하게 하시고, 생명의 길로 받게 하시옵소서.

오늘, 저희들은 거룩한 자리에 모인 것만으로 은혜가 되게 하시옵소서. 그 은혜로 말미암아 세상에 대하여 끊을 것을 끊고, 버릴 것을 버리는 결단이 있게 하시옵소서. 세상의 기준을 버리고, 예수 그리스도를 푯대로 닮아가는 생활이 되도록 이끌어 주시옵소서.

생명의 주, 예수님의 이름으로 기도드립니다. 아멘.

12월 3주

아기 예수님께 영광을

언약하셨던 대로 생명을 주신 하나님 아버지,

다시 맞이하는 성탄절에 주님의 다시 오심을 찬양하게 하시옵소서. 주님께서 다시 오실 때, 죽은 자와 산 자에 대한 심판이 있을 것을 믿습니다. 그날에, 저희들은 영원한 생명으로 다시 살아나게 하시옵소서.

저희들의 더러운 모습을 내려놓습니다. 저희들에게 주신 한 해 동안의 시간을 거룩하게 살고, 성령님의 열매를 맺어드리는 삶이어야 했음에도, 그렇지 못하였습니다. 주님 앞에서 어떤 것으로도 감출 수 없음을 고백하오니 용서해 주시옵소서.

오늘, 교회 공동체적으로 빌어야 될 기도를 한다.

목사님께서 목숨을 바쳐 말씀을 전하실 때, 그 진리를 따를 것을 다짐하게 하옵소서. 귀로 듣는 말씀이 아니라 손으로, 발로 듣게 하옵소서. 하나님의 음성에 순종하여 주님의 사랑 안에 거하기를 소망합니다.

빈궁함 때문에 경제적인 고통을 당하는 이들을 불쌍히 여겨주시옵소서. 다니던 직장이 문을 닫아 살아가는 것이 막막해진 이들에게 소망을 갖게 하옵소서. 어떤 환경에서도 하나님의 손길을 기다리게 하시옵소서. 하늘에 시민권을 갖고 있음에 본향을 사모하게 하옵소서.

영광을 받으실 예수님의 이름으로 기도드립니다. 아멘.

12월 4주

한 해 동안, 지켜주신 하나님

높은 곳에서 인생을 살피시는 하나님 아버지,

이 밤에 돌이켜보니, 베드로만 주님을 부인했던 것이 아님을 고백합니다. 착한 일을 하면서 하나님께 영광을 드리도록 보내진 생활의 현장에서 그리스도를 믿지 않는 자들처럼 행동했던 것을 회개합니다. 주님께 드림보다 자신의 유익을 구했던 죄를 용서해 주시옵소서.

저희들을 위하여 주님께서 고난을 당하셨으니, 이제는 저희 삶에서 영광을 취하시옵소서. 저희를 위하여 십자가에 달려 죽으셨으니, 저희 삶을 주님께 드려서 주님께서 살아가시기 원합니다. 주님의 피 값으로 사신 몸이 되어서 하나님께 제물 된 삶이 되게 하시옵소서.

오늘, 교회 공동체적으로 빌어야 될 기도를 한다.

선지자의 가슴으로 말씀을 외치시는 목사님을 성령님께서 붙들어 주시기를 소망합니다. 저희 무리에게 전하시도록 하나님께서 주시는 말씀을 가감 없이 전하시게 성령님께서 역사해 주시기를 소망합니다.

끊임없이 찾아왔던 저의 근심을 기도로 날려 버리게 하시고, 소망을 품게 하시는 하나님을 늘 찬양 드리게 하시옵소서. 저희들의 심령이 주님의 은혜 안에서 아무 것도 두렵지 않게 하시옵소서. 주님의 약속에 따라 복을 누리게 하시고, 의에 이루게 하시옵소서.

다시오마 약속해주신 예수님의 이름으로 기도드립니다. 아멘.

PRAY FOR......

PRAY FOR......

4
구역(순) 예배
대표기도문

1월 1주

거룩해지기를 소원하는 권속

여호와 앞에서 새롭게 하시는 하나님,

하나님 앞에서 저희들을 새롭게 해주셨습니다. 그리스도 예수 우리 주님 안에서 자녀로 살게 하셨음에 감사드리게 하시옵소서.

새해에는 새롭게 하나님 앞에서 살기를 다짐하며, 저희들의 죄를 고백합니다. 구역의 지체들이 서로 사랑하고, 섬기는 삶을 살아야 했건만 부족했던 죄를 용서해 주시옵소서. 또한 세상을 향해서는 저희들이 작은 예수로서의 모습을 드러내지 못한 것을 회개합니다.

오늘, 교회 공동체적으로 빌어야 될 기도를 한다.

저희들의 가정에, 귀한 생명을 선물해 주셨습니다. 하나님의 자녀를 맡아 기를 특권을 주셨으니 기쁨으로 키우게 하시옵소서. 날마다 기도하는 가운데 온전한 사람으로 키우는 부모가 되기를 원합니다.

주님의 피로 세우신 ○○교회 안에서 우리 구역의 식구들이 거룩해지기를 소원하는 권속이 되게 하시옵소서. 저희들의 가장 큰 소원은 거룩해짐이 되게 하시옵소서. 그리하여 ○○교회가 거룩함으로 보전되도록 이끌어 주시옵소서.

구역장님께서 바울처럼, 나의 달려갈 길을 다가도록 애쓰실 때, 이전보다 더 성령님께 붙들린 바가 되는 감화로 인도해주시옵소서.

거룩하게 해주신 예수님의 이름으로 기도드립니다. 아멘.

1월 2주

주님의 이름에 찬송을

존귀하신 이름을 찬송하게 하시는 하나님,

지난해의 삶에 은혜로 함께 해주셨던 주님의 이름을 찬송합니다. 새해에는 더욱 더 하나님의 이름을 높여드리게 하시옵소서.

저희들의 죄를 고백합니다. 여러 가지로 범한 죄와 허물이 많이 있습니다. 욕심에 사로잡혀 분별력을 잃고 잘못된 길을 가고 있으면서도 깨닫지 못한 어리석은 저희들이었습니다. 스스로를 속이며 타협하다가 걸려 넘어지기도 하였습니다. 용서해주시옵소서.

오늘, 교회 공동체적으로 빌어야 될 기도를 한다.

이 땅에서 지내시던 동안에 주님께서 살아가셨던 삶을 저희들의 것으로 삼고자 하는 소원을 품게 해주시옵소서. 주님께서 보여주셨던 모든 행함이 저의 손이나 발로 나타나게 하시옵소서. 주님의 말씀이 저희들에게 간절한 소원이 되고, 저희의 말이 되기를 원합니다.

저희에게 주신 자녀들이 자신의 주변에 성령님께 충만한 친구들의 울타리를 치게 해 주시옵소서. 지혜로운 자와 동행을 하면 지혜로워진다고 하신 말씀을 기억하여 친구를 사귀는데 주의하게 하시옵소서.

하나님을 사랑하는 구역장님께서 기도와 말씀을 가까이 하는 중에 선한 목자의 사명을 감당하는 아름다움을 보게 하시옵소서.

죄를 사해주시는 예수님의 이름으로 기도드립니다. 아멘.

1월 3주

주님의 이름으로 지체들이 모였으니

주님의 이름으로 모이게 하시는 하나님,

오늘 또 한 날의 생명을 주시니 감사드립니다. 하나님의 구속하심에 대한 영광이 저희들에게 머물 것을 기대합니다.

지난 한 주간은 결코 아름답지 못하였습니다. 육신이 연약하고 믿음이 부족하다는 핑계로 주님의 말씀대로 살지 못하였습니다. 모든 죄를 주님께 자복하고 회개하니 주님의 보혈로 깨끗함을 얻게 하시옵소서.

오늘, 교회 공동체적으로 빌어야 될 기도를 한다.

존귀하게 택하심을 받은 자답게 여호와 앞에서 은혜를 주셨음에 감사드립니다. 하나님을 섬기는 삶이 때로는 세상으로부터 고통을 받게 하고, 마귀의 공격을 받게 하지만 그때마다 넉넉히 참게 하셔서 오래 참음의 열매를 맺는 삶을 살게 해 주시옵소서.

저희들의 자녀들이 공부를 통해서 지식을 쌓고, 자신을 하나님의 일꾼으로 준비하게 하시옵소서. 아침마다 그를 새롭게 하사 배움에 대한 의욕을 강하게 하시고, 열심을 품어 공부하도록 인도하시옵소서. 열심을 다하여 공부함으로써 좋은 성적도 거두는 즐거움도 주시옵소서.

사랑하는 구역장님께서 저희들을 위하여 기도하시고, 말씀을 전하시는데 조금의 부족함도 없게 하시옵소서.

새롭게 해주시는 예수님의 이름으로 기도드립니다. 아멘.

1월 4주

우리 구역의 하나님께

우리 구역에 하나님이 되어 주시는 하나님,

하나님 앞에서 저희들이 받은 것은 참으로 많습니다. 감사하는 자를 찾으시는 주님께 영광을 드리는 삶을 살기를 다짐합니다.

벌써 새해에 시작한 시간이 한 달이 지나가는데, 분주하기만 했던 저희들입니다. 입술로만 결심을 하고 다짐이 있었지, 행함으로는 아무것도 시작하지 못했음을 용서해 주시옵소서. 이제라도 세상을 향해서 하나씩 실천하는 은혜를 주시옵소서.

오늘, 교회 공동체적으로 빌어야 될 기도를 한다.

하나님은 이 땅에 복음의 풍성한 열매를 맺게 하셨습니다. 저희 ○○와 성도들이 이 지역에 구원을 받아야 할 하나님의 백성들이 많음을 깨닫게 하시옵소서. 그리고 사회의 아픔에 동참하는 참으로 의로운 교회가 되게 하시옵소서. 저희들에게 주신 자녀들이 하나님 앞에서 입으로 시인하고 그것을 순전히 믿는 믿음을 주시옵소서.

하나님을 영화롭게 해드리기 위해서 주님께서 바라시는 것들에 대하여 입으로 명령하고, 그대로 이룰 것을 믿게 하시옵소서. 구역장님의 기도와 사랑으로 저희 모두가 하나님 앞에서 복 되게 지내는 것을 볼 때, 감사드립니다.

예배하게 하시는 예수님의 이름으로 기도드립니다. 아멘.

2월 1주

마음의 귀를 주님께로

구역을 세워 주시는 하나님,

저희들에게 생명을 허락하시고 삶을 지켜 주신 하나님의 사랑을 생각합니다. 독생자 예수까지도 우리의 죄를 위해 아낌없이 내주신 구속의 은혜를 만입이 있어도 다 감사하지 못합니다.

행한 대로 심판하실 하나님을 두려워하기 원합니다. 지난 한 주간 동안에도 주님을 기쁘시게 못하고 살아 왔습니다. 십자가 아래로 나아가니 죄를 씻어주시는 보혈의 은총을 입게 하시옵소서.

오늘, 교회 공동체적으로 빌어야 될 기도를 한다.

하나님의 은혜와 사랑으로 저희 인생이 복 되게 하셨음에 감사하면서 누리게 하시옵소서. 누구보다도 열심을 내어 주님을 사랑하고, 주신 말씀의 명령대로 실천하도록 이끌어 주시옵소서.

저희들의 가정마다에 있는 자녀들이 마음의 귀를 주님께 기울이게 하시옵소서. 살아도 주를 위하여 살고, 죽어도 주를 위하여 죽는 인생의 비전을 허락해 주실 것을 믿습니다. 그들이 무엇을 하면서 주님께서 세상에 다시 오시는 날까지 살아야 하는지 밝히 보여 주시옵소서.

구역을 섬기는 일을 통해서 하나님의 영광을 추구하시는 구역장님께 성령님의 충만하심이 있게 하시옵소서.

죄인에게 생명이 되신 예수님의 이름으로 기도드립니다. 아멘.

2월 2주

저희들의 가정을 복되게

지체들의 가정에 복을 더하시는 하나님,

저희들이 죄에 갇혀 있지 않고, 또한 저희의 믿음이 헛되지 않게 해 주시려고 예수님께서 부활하셨음에 감사드립니다. 주 예수님의 무한하신 사랑에 감격하는 구역예배의 한 시간이기를 소망합니다.

이 시간에, 주님의 손이 되어 헐벗고 있는 이들을 찾지 못한 죄를 고백합니다. 저희 자신들의 수확에만 마음을 둘 뿐, 이웃을 섬기지 못한 죄를 용서해 주시옵소서.

오늘, 교회 공동체적으로 빌어야 될 기도를 한다.

우리 주님께서 기름 부으심을 받으셨으니, 저희에게도 왕이심을 고백합니다. 왕의 백성이 되었은즉, 이제까지 살아오면서 겪어야만 했던 인생의 모든 짐에서 해방되었음을 믿습니다. 오직 주님이 저희 삶에서 해답이 되시고 종결자가 되어주심을 믿게 하시옵소서.

저희들의 가정을 복되게 하시고, 믿음으로 사는 자녀 주심을 찬양합니다. 저희 아이에게 몸으로만 예배당으로 향하지 말게 하시고, 마음으로 우리 주님을 찬송하게 하시옵소서.

사랑하는 구역장님께서 무엇에든지 '주가 쓰시겠다' 하는 일에 전적으로 헌신하여 드리는 종이 되게 하시옵소서.

복의 문이 되시는 예수님의 이름으로 기도드립니다. 아멘.

2월 3주

하나님을 영화롭게 해드리는

홀로 찬양을 받으셔야 하시는 하나님,

사순절에 하나님을 영화롭게 해드리기 위하여 임마누엘을 소망하게 하시옵소서. 오늘부터라도 우리의 위해서 자신을 내어주신 주님의 희생과 고난을 당하셨음에 대하여 묵상하게 하시옵소서.

저희들의 소위를 살피니 받은 대로 충성을 다하지 못한 죄를 회개합니다. 이 교회를 위해서, 하나님의 나라를 위하여 맡겨진 사명이 있으나 충성하지 못한 죄를 용서해 주시옵소서.

오늘, 교회 공동체적으로 빌어야 될 기도를 한다.

사랑하는 ○○ 교회를 통해서 주님의 몸이 주는 신비한 은혜를 맛보게 하시고, 성도들의 사랑과 기도를 통해서 세상에서의 또 다른 삶을 알게 하시옵소서. 교회를 가까이 하셔서 주님의 몸에 동참하게 하시고, 거룩한 지체에 대한 소원을 품게 하시옵소서.

저희들의 자녀들이 주님의 품에서 자라게 하시고, 이렇게 좋은 학교에 다니게 해주심을 감사드립니다. 그들이 학교에서 공부하는 가운데, 성령님의 도우심으로 하나님께서 바라시는 모습을 갖추게 하시옵소서.

구역장님께서 지체들을 보살피고 돕는 중에, 믿음이 연약한 이들을 붙잡아 주며, 진리 안에서 바르게 세워지도록 하시옵소서.

진리에 서게 하신 예수님의 이름으로 기도드립니다. 아멘.

2월 4주

주님의 마음을 배우게 하시고

천국 백성의 은혜를 주시는 하나님,

흩어져 살던 저희들을 모아주시니 즐거워합니다. 이 시간에, 지체들이 주님의 은혜에 감격하면서 찬양으로 영광을 선포하게 하시옵소서.

지금, 저희들의 심령을 회개의 영으로 충만하게 하시옵소서. 육신의 삶에 쫓겨 하나님의 은혜를 잊고 지냈음을 회개합니다. 거저 주셨던 생명의 은혜를 기억하면서 감사로 살지 못한 죄를 용서해 주시옵소서. 죄로 얼룩진 모습 밖에 없음을 용서해 주시옵소서.

오늘, 교회 공동체적으로 빌어야 될 기도를 한다.

성령님께서 충만하심으로 저희들의 심령을 지켜 주시옵소서. 오직 주 안에서 믿음의 삶을 살도록 이끌어 주시옵소서. 주님께서 예비해 두신 면류관을 다 받을 수 있는 영광을 주시옵소서.

저희들의 자녀들이 남들과 더불어 지내면서 조화로운 인성의 개발을 경험하게 하셨음을 즐거워합니다. 그들이 아직은 어림에도 어려운 친구들을 솔선해서 돕는 가운데 주님의 마음을 배우게 하시고, 여호와의 불쌍히 여기심을 체험하는 은혜를 누리도록 인도해주시옵소서.

구역장님의 헌신을 통해서 우리 구역이 부흥되게 하시옵소서. 저가 하나님 앞에서 복을 짓는 생활의 결실이 우리 구역에 있게 하옵소서.

허물을 받아 주신 예수님의 이름으로 기도드립니다. 아멘.

3월 1주

땅의 것들을 거절하는

마음과 생각을 하늘에 두게 하시는 하나님,

이 나라와 백성들을 사랑하셔서 삼일운동을 통해 민족이 자주적인 독립을 외치게 하셨음에 감사드립니다. 이 땅의 방방곡곡에서 우리 하나님의 이름을 높이는 찬미의 소리를 받으옵소서.

주님의 저희들을 향한 은혜는 한 순간도 놓치심이 없는데, 저희들은 주님을 잊고 지낼 때가 너무도 많습니다. 땅의 것들에 마음을 두고 지내었던 죄를 용서해 주시옵소서.

오늘, 교회 공동체적으로 빌어야 될 기도를 한다.

하나님을 사랑하고, 그 뜻대로 살려고 애쓰려는 저희들의 가정에 주님의 은총이 더하기를 소망합니다. 우리 구역 식구들의 가정의 복이 여호와를 경외하는 데서 출발함을 믿고 있사오니, 금년에는 온 가족이 주일을 온전히 지키는 데서 복을 누리기 원합니다.

저희들의 가정에서 자라는 아이들에게 그의 손과 발을 민첩하게 하사, 주님의 일을 위하여 쓰게 하시옵소서. 고난을 당하고 있는 자들과 외로운 자들에게 위로의 손길을 펼치게 하시옵소서.

구역장님께서 교회의 충성된 일꾼이며, 우리 구역을 섬기시면서 지체들을 지도하실 때, 언제나 가르침의 본이 되게 하시옵소서.

위를 보게 하신 예수님의 이름으로 기도드립니다. 아멘.

3월 2주

마귀의 역사를 무찌르고

십자가의 군병으로 세워주시는 하나님,

주님의 이름의 영광을 구하며 살아가도록 인도하시는 성령님으로 말미암아 감사드립니다. 성령님께서 저희를 죄에서 이끌어 내시고, 온갖 유혹을 물리치게 하시니 그 즐거움을 노래하게 하시옵소서.

사랑하는 저희들을 십자가의 보혈로 정케 하여 주시옵소서. 저희들의 영혼에 항상 성령의 은혜가 생수의 강같이 흘러넘치게 하셔서, 죄를 이기고 사탄을 이기게 하시옵소서.

오늘, 교회 공동체적으로 빌어야 될 기도를 한다.

오늘, 공부하는 하나님의 말씀으로 배부름을 경험하게 하시니 감사드립니다. 생명의 꿀을 즐거워하며, 그 말씀을 붙잡고, 삶의 현장에서 제자로 살아가기를 사모하게 하시옵소서. 이 한날에도 말씀에 순종하는 현장에서 마귀의 역사를 무찌르고, 승리를 경험하게 하시옵소서.

저희들의 자녀들이 날마다 규칙적으로 성경을 읽어서 주님을 닮으려는 소원을 품게 하시옵소서. 일용할 양식처럼 성경을 읽는 중에, 고요하게 말씀하시는 주님의 음성을 듣게 하시옵소서.

구주를 높이고 잘 공경하며, 온유한 마음으로 섬기시는 구역장님께서 저희의 지도자가 된 것을 반가워하는 저희들로 인도해주시옵소서.

승리의 보장이 되신 예수님의 이름으로 기도드립니다. 아멘.

3월 3주

하나님의 살아계심을 발견하게

땅에서도 하늘의 삶을 주시는 하나님,
소망을 주시는 손길을 바라봅니다. 살과 피를 주신 예수님의 사랑을 묵상하는 저희들에게 은혜가 베풀어지기를 소망하게 하시옵소서.
저희들의 마음을 내놓습니다. 세상 사는 날 동안에 하나님의 일꾼으로서의 사는 삶보다는 자신의 생각과 바람에만 마음을 쏟았던 죄를 고백합니다. 주님이 없는 사람이었던 행실을 용서해 주옵소서.

오늘, 교회 공동체적으로 빌어야 될 기도를 한다.

저희들은 결코 옛 사람으로 살아갈 수 없음을 고백합니다. 이 시간을 빌어서, 저희들이 하나님 앞에서 새로워진 신분에 도전하게 하시옵소서. 그리하여 주님과의 관계가 단순히 아는 사이가 아니라 인격적인 관계가 되기 원합니다.
오늘도 자녀들을 위하여 간구합니다. 저희들의 자녀들이 학교에서 공부를 하는 시간 시간마다 새롭게 형성되는 지식이 하나님께로 연결되기 원합니다. 공부하는 내용들 속에서 하나님의 살아계심을 발견하게 하시고, 지식을 활용하려는 다짐을 하게 하시옵소서.
구역장님께서 이제와 같이 앞으로도 더욱 선한 일을 사모하게 하시고, 자신의 직분에 순종해서 저희들을 받드시는데 헌신하게 하옵소서.
청지기의 모범이신 예수님의 이름으로 기도드립니다. 아멘.

3월 4주

하나님을 사랑하는 길에서

　호산나 찬송을 받으실 하나님,
　왕의 왕으로 오신 예수님으로 인하여 마음을 바칩니다. 이 시간에, 저희들이 마음을 드려 호산나를 찬송하기 원합니다.
　주님을 떠났던 저희들의 삶을 회개합니다. 하나님께서 저희들을 사랑하심에 열심을 내셨으나, 저희들은 그렇지 못하였습니다. 고의적으로 하나님을 사랑하는 길에서 떠나 지냈던 죄를 용서해주시옵소서.

<small>오늘, 교회 공동체적으로 빌어야 될 기도를 한다.</small>

　주님의 영광을 구하시는 소원에 따라 저희들이 죄에 빠지지 말게 해주시고, 악에서 구원해 주시는 주님의 손을 보게 하시옵소서. 행여 저희 말이나 행동, 또는 생각으로 죄의 열매를 내지 않게 하시고, 다른 이들을 실족케 하는 죄도 짓지 않게 하시옵소서.
　저희들의 가정에서 자라는 자녀들이 때때로 낙심이 되는 상황을 만나게 될 때, 두려워하지 않기 원합니다. 낙심될 수밖에 없는 경우에도 하나님의 구원하심을 기다리는 훈련을 받게 하시옵소서. 구름기둥과 불기둥의 인도, 만나와 메추라기의 먹이심의 은총을 받게 하시옵소서.
　이 시간에도 쉬지 않으시는 구역장님의 도고를 통해서 저희들이 주님의 온전하신 분량에 이르기까지 성장하게 하시옵소서.
　찬양의 주, 예수님의 이름으로 기도드립니다. 아멘.

3월 5주

저희들도 부활할 것을 바라보며

하루, 하루를 지내도록 하시는 하나님,

죄를 범했던 인생들이 그리스도 예수 안에 있는 구속으로 말미암아 하나님의 은혜로 값없이 의롭다 하심을 얻게 되었음에 감사드립니다.

다시, 부활절을 맞이하면서 저희들의 믿음이 없음을 고백합니다. 저희들도 부활할 것을 바라보며 살아야 하는데, 먼 후일의 일처럼 생각하는데 그쳤음을 회개합니다.

오늘, 교회 공동체적으로 빌어야 될 기도를 한다.

오늘도 삶의 현장에서 보여주시는 것들에 대하여 무릎을 꿇고, 하나님의 음성을 듣게 하시옵소서. 시시각각으로 부딪치게 되는 환경의 변화와 예상하지 못했던 사건들에서 하나님의 음성을 듣기 원합니다. 그리고 그 문제들을 해결하는 중에, 승리를 맛보게 하시옵소서.

저희들의 자녀들에게 하나님의 사랑이 무한하신 얼굴을 돌리시어 오늘이 복 되게 하시옵소서. 크신 은총으로 참 평강을 누리게 하시고, 그 얼굴로 말미암은 은혜가 해 같이 빛나기를 원합니다. 함께 해 주시는 주님의 은혜를 기뻐하면서 찬양으로 영광을 돌리게 하시옵소서.

오늘도 죽도록 충성하심의 본이 되게 하신 구역장님으로 말미암아 하나님께 찬양을 드리고, 저희들이 본으로 삼게 하시옵소서.

의롭다 하심의 주, 예수님의 이름으로 기도드립니다. 아멘.

4월 1주

하나님께 순종하는 삶에

오직, 여호와를 묵상하게 하시는 하나님,

주님께서 부활하신 영광의 시간에 저희들이 모여왔습니다. 주님의 부활이 저희들에게 산 소망이 되어주셨음을 감사드립니다.

돌이켜보니, 하나님의 일을 생각하지 않고 지냈던 죄를 회개합니다. 사람의 일만 생각하고, 마음을 내어주었던 죄를 용서해 주시옵소서.

오늘, 교회 공동체적으로 빌어야 될 기도를 한다.

여호수아처럼 하나님께 순종하는 삶에 온전한 헌신을 경험하게 하시옵소서. 여호수아가 가나안 족속을 몰아내기를 원하셨던 하나님의 기대가 오늘, 저희에게 있음을 깨닫습니다. 주님의 몸이 되는 교회를 저희들을 통해서 이루어 가시는 하나님의 섭리를 깨닫게 하시옵소서.

저희들의 가정에도 부활신앙이 있게 하시옵소서. 그리고 각 가정마다 자녀들이 자신을 거룩한 산 제물로 드리는 은혜를 경험하게 하시옵소서. 이제까지는 자기중심으로 지내왔으나, 이후로는 하나님 중심의 생각으로 바뀌게 하시옵소서. 그들이 생각하는 것이나 말을 하는 것, 또한 행동하는 모든 것에서 하나님을 향하게 하시옵소서.

구역장님의 사랑과 수고가 우리 구역에서 배나 존경을 받아야 할 분으로서 아담함을 보이시는 은혜를 내려 주시옵소서.

생수가 되신 예수님의 이름으로 기도드립니다. 아멘.

4월 2주

하나님의 의가 되도록

구원의 노래로 에워주시는 하나님,

아버지의 친절한 팔에 안겨서 지내왔던 삶에 감사드립니다. 죄인 되었던 저희를 주 예수님 안에서 하나님의 의가 되게 하시려고 예수님을 십자가에 내주신 여호와께 찬송을 드리게 하시옵소서.

유혹을 이기지 못하고, 쾌락에 마음을 빼앗겨 주님께서 미워하시는 일만 행하고 살아왔음을 용서해 주시옵소서. 흰 눈보다 더 희어지는 보혈의 은혜를 주시옵소서.

오늘, 교회 공동체적으로 빌어야 될 기도를 한다.

혹시, 저희들의 부주의함으로 영생을 잃지 않도록 자신을 지키게 하시옵소서. 이 소중한 권세를 마귀의 유혹에 내어주지 않게 하시고, 마귀에게 찬탈당하지 않도록 자기를 다스리게 하시옵소서. 세상에서 주는 잠시의 즐거움으로 영원한 기쁨을 바꾸지 않게 하시옵소서.

저희들의 자녀들이 믿음으로 살려 할 때, 어려움을 당할지라도 꿋꿋하게 나아가게 하옵소서. 자신의 계획이나 뜻대로 이루어지지 않아도 하나님의 영광만을 바라보고 다른 것에 마음을 두지 않게 하시옵소서.

구역장님께서 하나님께 부족함이 없으시고, 저희들을 말씀으로 가르치는 일과 양떼를 섬기는 일에 모범된 일꾼이 되게 하시옵소서.

생명의 언약이신 예수님의 이름으로 기도드립니다. 아멘.

4월 3주

긍휼을 얻게 하셨음에

의지하는 자에게 도움이 되시는 하나님,

전에는 하나님의 백성이 아니었던 저희를 백성으로 삼아주시고, 알지도 못했던 긍휼을 얻게 하셨음에 감사드리게 하시옵소서. 구역예배로 모인 식구들이 주님의 자비하심에 감사하게 하시옵소서.

저희들의 죄를 고백하며, 성령님의 은혜를 기다립니다. 주님의 피로 깨끗이 씻어 주시옵소서. 이 자리에, 회개의 영이 가득해서 저희들 각자가 자신의 죄를 고백하고, 깨끗함을 받게 하시옵소서.

오늘, 교회 공동체적으로 빌어야 될 기도를 한다.

하나님의 인도에 자신을 맡기고, 성령님께서 이끄심에 순종하여 유혹을 이겨내게 하시옵소서. 하나님만 믿고 사는 것이 때때로 힘들게 하지만, 주님 앞에서 자신을 단장한 신부처럼 살아가도록 이끌어 주시옵소서. 때로는 외로울지라도 하나님의 백성으로 살게 하시옵소서.

저희들의 자녀들이 주님의 친 백성이 된 것을 즐거워하며 주님과 친밀한 관계를 맺고 살아가는 것을 기뻐하게 해주시옵소서. 하나님을 가까이 할 때, 늘 하늘에 소망을 두고 살 수 있음을 믿습니다.

오늘, 사랑하는 구역장님의 주님을 향한 열정이 저희들에게 좋은 영향을 끼치게 하시옵소서.

영으로 살게 해주신 예수님의 이름으로 기도드립니다. 아멘.

4월 4주

주님 앞에서 좀 더 겸손해지고

자녀들로 말미암아 복을 주시는 하나님,

어린이들을 선물로 주신 여호와의 이름을 높여드립니다. 어린이들을 보면서 하늘나라에 들어갈 것을 소망하게 하시고, 그들을 통하여 주님을 영접하게 하심에 감사드립니다.

기도로 살아야 하는데, 저희들의 교만함이 곧잘 주님을 잊게 하니 용서해 주시옵소서. 주님보다는 자신에 집착하도록 하는 죄의 유혹에 쓰러지니 불쌍히 여겨 주시옵소서.

오늘, 교회 공동체적으로 빌어야 될 기도를 한다.

하나님의 사랑이 무한하신 얼굴을 저희들에게 돌리시어 복 되게 하시옵소서. 참 평강을 누리게 하시고, 그 얼굴로 말미암은 은혜가 해 같이 빛나기를 원합니다. 주님의 은혜를 기뻐하면서 찬양으로 영광을 돌리게 하시옵소서.

저희들의 자녀들에게 우리 하나님 같으신 이가 어디에 있을까 하는 감격의 마음을 주옵소서. 주님 앞에서 좀 더 겸손해지고, 하나님은 크게 보는 은혜를 주옵소서. 하나님 앞에서 겸손하게 하시옵소서.

오늘도 성령을 위하여 심어 성령으로부터 영생을 거두시는 구역장님을 볼 때, 저희들 모두에게 위로가 되게 하시옵소서.

영원한 복이 되신 예수님의 이름으로 기도드립니다. 아멘.

5월 1주

구역 예배의 은혜가 가정으로

구역에의 은혜로 가정을 세워주시는 하나님,

하나님께서 노년의 부모님을 보호해 주셨으며, 그들에게 약속하신 은혜와 복을 자손들이 받아 누리게 하셨음에 감사드립니다. 저희들이 어버이를 더 공경하고 잘 모심으로써 거룩한 후손이 되게 하옵소서.

부모님께 효도를 다하는 것을 잊고 살아온 죄를 용서해 주시기 원합니다. 날마다 소망해야 할 것은 부모님을 기쁘시게 해드림인데, 자신의 유익에만 매달려 살아온 죄를 용서해 주옵소서.

오늘, 교회 공동체적으로 빌어야 될 기도를 한다.

오늘, 한날을 지내는 중에, 저희들이 알지는 못하지만 여러 가지의 어려운 일들을 만날 것입니다. 생각하지도 못했던 고통스런 경우도 있을 것입니다. 그러나 두려워하지 않음은 하나님께서 지켜주실 것을 믿게 하심이니 감사드립니다.

저희 각 사람의 가정에서 천국 백성으로서 염려와 근심은 하나님께 맡기고, 저희들이 지켜야 할 자리에 있게 하시옵소서. 구역 예배의 은혜가 저희들의 각 가정에까지 흘러들어가 복 되게 하시옵소서.

구역장님께서 이 시간에도 성령님과 교회를 도와서 구역을 섬기시는 사명 감당에 아름답게 봉사하시는 은혜를 내려 주시옵소서.

은혜의 주, 예수님의 이름으로 기도드립니다. 아멘.

5월 2주

주님을 기쁘시게 해드리는 시간

정직한 영으로 새롭게 하시는 하나님,

주님을 사랑하는 저희들을 불러 주시니 주님을 기쁘시게 해드리는 시간이 되게 하시옵소서. 아버지께서 다스리시는 시간 속에서 저희들을 지켜 주셨음에 감사드립니다.

저희들의 죄를 용서해주심을 믿고, 회개합니다. 알면서도 순간의 이익 때문에 저지른 죄, 깨닫지도 못하는 순간에 저지르게 된 죄를 고백합니다. 하나님의 유익을 구하지 못했음을 용서해주시옵소서.

오늘, 교회 공동체적으로 빌어야 될 기도를 한다.

저희들에게 주신 영생의 은혜는 그 누구도 빼앗을 수 없고, 마귀도 침범할 수 없음을 고백합니다. 이 은혜를 영생에 들어가는 그날까지 지키겠다는 결심을 날마다 새롭게 해주시옵소서. 성령님께서 주시는 은혜로 영생에 감격하고, 즐거워하게 하시옵소서.

저희들의 자녀들이 주님을 사랑하고, 말씀을 배우며, 예배하는 가운데 하늘의 사람으로 기질이 길러지게 하시옵소서. 그래서 하나님의 정직하심이 저희 아이의 품성에도 간직되게 하시옵소서.

초대 교회의 일곱 집사들과 같이, 믿음과 성령님께 충만하신 구역장님이 되시도록 은혜를 더하여 주시옵소서.

생령의 길이 되신 예수님의 이름으로 기도드립니다. 아멘.

5월 3주

하나님을 아버지로 부르며

여호와를 경외하는 즐거움의 하나님,

의인을 사랑하시는 하나님의 이름을 높여 드립니다. 압박당하는 자를 위하여 공의로 판단하시는 하나님을 사랑합니다. 하나님의 값없는 은혜로 주님 앞으로 나오게 하셨음에 찬송을 드립니다.

하나님 앞에서 감출 수 없는 죄를 고백합니다. 알게 혹은 모르게 주님의 영광도 가로챘습니다. 진심으로 회개하오니, 이러한 어리석었던 행실을 보혈의 은혜로 깨끗케 해주시옵소서.

오늘, 교회 공동체적으로 빌어야 될 기도를 한다.

오늘도 여호와 앞에서 거룩하게 살아드리는 한 날이기를 소원합니다. 하루를 지내는 동안에, 어떤 경우가 닥쳐온다 해도 하나님의 자녀라는 신분에서 떠나지 않게 하시옵소서. 혹시 어려움과 손해를 보는 순간일지라도 자신을 속이지 않게 하시옵소서.

저희들의 자녀들이 영적인 눈을 뜨게 해 주옵소서. 믿음의 눈을 떠서 하나님을 아버지로 보게 해 주옵소서. 그리고 주님께서는 잠시도 떠나지 않으시고, 그의 곁에 계심을 알게 하옵소서.

구역장님께서 성령님의 충만하심으로 구역을 섬길 때, 생명을 살리는 역사가 나타나고, 복음이 땅 끝까지 전해지는 것을 보게 하옵소서.

믿음의 주, 예수님의 이름으로 기도드립니다. 아멘.

5월 4주

인애를 기뻐하시는 여호와의 은혜에

자기 백성에게 인애하신 하나님,

죄악을 사유하시고, 인애를 기뻐하시는 여호와의 은혜에 감사드립니다. 저희를 받으시고, 주님의 사람으로 만들어 주시옵소서.

둔감한 양심으로 살아 죄를 멀리하지 못하였던 삶을 고백합니다. 이 모든 것들은 나의 유익만을 앞세운 나머지 더러워진 마음에서 비롯된 삶이었음을 회개하오니 용서해 주시옵소서.

오늘, 교회 공동체적으로 빌어야 될 기도를 한다.

안타깝게도 오늘도 질병으로 고통당하고 있는 이웃들이 있습니다. 예수님께서 무리를 보시고 불쌍히 여기시고, 그 중에 있는 병자를 고쳐 주셨던 은혜를 이 시간에 소망합니다. 병들어 눈물을 흘리고 있는 지체들을 불쌍히 여기시고, 속히 치료해 주셔서 강건하게 하시옵소서.

저희들의 자녀들이 때때로 부딪치게 되는 힘든 일들을 잘 극복하게 하옵소서. 어려움을 통해서 하나님의 능력과 이기게 하심을 맛보기 원합니다. 주님의 사랑에 어려운 상황들도 불평과 불만이 감사로 바뀌게 하시옵소서.

주님께서 교회를 위해 자기 목숨을 주신 것 같이 구역장님께서는 구역을 위하여 자신을 헌신하시는 종이 되게 하시옵소서.

구원의 길이신 예수님의 이름으로 기도드립니다. 아멘.

5월 5주

교회를 위하여 손을 모으게

교회 중심의 삶을 소원하게 하시는 하나님,

주님의 영화로우심을 찬양하게 하소서. 주님의 아름다우심을 찬양하면서 자신의 일에 힘을 쏟게 하시옵소서. 부활하심으로 말미암아 승리의 보장이 되어 주신 주님께 찬양을 드리기 원합니다.

죄에 매여 살았던 지난 한 주간의 삶을 회개합니다. 자신의 욕심에 이끌려 유혹을 분별하지 못하고 쾌락에 빠졌었음을 용서해주시옵소서. 죄로 인하여 더러워진 심령을 주님의 보혈로 씻어 주시옵소서.

오늘, 교회 공동체적으로 빌어야 될 기도를 한다.

이 시간에, 우리가 사랑해야 하는 ○○교회를 위하여 손을 모으게 하시니 감사드립니다. 우리 교회가 예배시간에만 성도들이 모였다가 흩어지는 곳이 아니기를 원합니다. 저희에게 속한 권속 한 사람, 한 사람이 성령님으로 교통하게 하시고, 주님의 몸을 이루게 하시옵소서.

저희들의 자녀들에게 주님의 영광을 생각함으로써 더러운 유혹을 물리치게 하시옵소서. 나쁜 말을 하려는 쾌감과 성적인 타락의 은밀한 유혹도 주님 앞에서 살고자 하는 경건함으로 거절하게 하시옵소서.

이제까지도 충성을 다하신 구역장님께서 하나님의 뜻을 따라 애쓰실 때, 구역을 위하여 충성을 다하는 종이 되게 하시옵소서.

교회의 문이 되시는 예수님의 이름으로 기도드립니다. 아멘.

6월 1주

성령님으로 충만하게 하셨으니

영으로 충만하게 하시는 하나님,

여호와의 은혜가 거룩함을 온전히 이루게 하시고, 육과 영의 온갖 더러운 것에서 깨끗하게 하심에 하나님의 이름을 높입니다. 저희들이 이 구역예배에서 주님의 겸손한 제자가 되게 하시옵소서.

죄를 단호하게 거절하지 못하고, 하나님의 영광보다는 사람들을 더 살폈던 행실을 회개합니다. 여호와의 지켜보시는 눈동자를 외면했던 죄악을 자복하고 회개하오니 주님의 보혈로 깨끗함을 얻게 하옵소서.

오늘, 교회 공동체적으로 빌어야 될 기도를 한다.

하나님께서 주님의 피로 저희를 구속해 주시고, 성령님으로 충만하게 하셨으니, 마귀가 틈을 타지 못할 것을 믿습니다. 지금, 주님의 이름으로 명할 때, 성도님을 괴롭히려던 마귀는 쫓겨 갈지어다. 공부하는 중에 있는 자녀들을 망하게 하려던 마귀의 궤계도 박살당할지어다.

저희들의 자녀들이 세상의 추악한 것들을 탐하지 않고, 어떤 재미있는 일일지라도 하나님께 합당하지 않은 것에는 흥미를 느끼지 않게 하시옵소서. 자신을 거룩하게 하기에 힘쓰기 원합니다.

오늘도 구역장님께서는 교회 안에서는 성도들을 잘 대접하고, 구역의 지체들을 세우는 일에 먼저 나서 본이 되게 하시옵소서.

보혈을 흘려 주신 예수님의 이름으로 기도드립니다. 아멘.

6월 2주

교회가 거룩함에 이르도록

교회를 교회 되게 하시는 하나님,

불의를 긍휼히 여기시고, 저희의 죄를 다시는 기억하지 않으시는 하나님께 영광을 돌립니다. 주님의 품에 안겨 항상 그 이름에 영광을 드리게 하시옵소서.

지난 시간의 삶을 되돌아봅니다. 주님의 시간을 죄로 얼룩지게 하였으니 용서해 주시옵소서. 여호와의 뜻을 이룸보다는 자신의 즐거움을 구하다가 범죄 한 지난날들의 행위를 고백합니다.

오늘, 교회 공동체적으로 빌어야 될 기도를 한다.

○○교회를 거룩하게 해주시기를 원합니다. 이 교회가 거룩함에 이르도록 모든 악으로부터 보호하여 주시옵소서. 주님의 선하심으로 교회를 영원히 지켜 주시옵소서. 시온성과 같은 교회가 되게 하시옵소서. 말씀 위에서 굳게 세워져 사명을 다하는 교회 되기를 빕니다.

저희 자녀들이 자신의 생각이나 바람에 대하여 초조해 한다든지, 조급하게 행동하지 않게 하옵소서. 하나님께서 응답하시는 때와 하나님의 일하시는 시간에 대하여 깨닫고 기다리는 훈련을 받기 원합니다.

이 시간에도 구역장님이 ○○교회를 위하여, 우리 구역의 지체들을 섬기는 일을 위하여 봉사하시는 선한 모습을 지니게 하시옵소서.

오늘도 선한 목자이신 예수님의 이름으로 기도드립니다. 아멘.

6월 3주

주님의 뜨겁고, 부드러운 사랑으로

사랑으로 우리를 일으켜주시는 하나님,

지난 한 주간에도 주님이 저희들과 함께 하셨음을 감사드립니다. 베풀어주신 은혜에 감사하러 모인 이 모임에서 주님의 이름은 높여지고, 하나님께서는 영광을 받으옵소서.

죄를 자복할 수 있는 은혜를 원합니다. 이제, 저희들이 지은 모든 죄를 고백하고 뉘우치니 용서해주시옵소서. 주님의 마음을 닮지 못하고 허영과 시기와 미움으로 살아왔음을 고쳐주시옵소서.

오늘, 교회 공동체적으로 빌어야 될 기도를 한다.

우리 주님의 뜨겁고, 부드러운 사랑으로 인하여 이웃을 향한 저희 사랑도 인내하며 부드러워지게 하시옵소서. 저희를 이웃에 대하여 평화와 화해의 길로 이끌어주시고, 저희가 누리는 주님의 은혜를 불신자들에게도 나누어주게 하시옵소서.

저희 자녀들의 생각을 지켜주시기 원합니다. 주님의 생각과는 다른 데서 자신의 마음을 채우려 하지 않게 하시옵소서. 아버지의 영광과는 무관한 자리에서 신앙놀음을 하는 죄를 짓지 않게 하시옵소서.

구역장님의 헌신과 봉사로 이 구역이 교회와 세상을 향해서 열매를 많이 맺게 하시고, 성령님으로 충만한 공동체를 이루게 하시옵소서.

사랑의 구주, 예수님의 이름으로 기도드립니다. 아멘.

6월 4주

올해에도 풍성한 열매들로

감사의 제단을 드리게 하시는 하나님,

맥추감사절에 저희들이 빈손으로 여호와께 나가지 않게 하셨음에 감사드립니다. 올해도 풍성한 열매들로 첫 소출의 즐거움을 누리게 하셨음을 선포하는 예배가 되기를 소망합니다.

하나님의 사람으로 서로에게 마음을 열어야 하는 이웃관계에서 야박하고, 이해하려 하지 않은 편협하기 짝이 없었던 시간들을 고백합니다. 자신의 유익만을 앞세웠던 잘못을 회개하오니 용서해 주시옵소서.

오늘, 교회 공동체적으로 빌어야 될 기도를 한다.

성령님의 강한 기름 부으심이 임하여 지체들이 괴롭히고 있는 질병에서 고침을 받는 은혜가 있기를 소망합니다. 병으로 말미암아 시달리고, 육체가 연약해져서 낙심될 때, 여호와께서 그들을 병상에서 붙드시고, 그들이 누워 있을 때마다 병을 고쳐 주시옵소서.

저희들에게 자녀를 주심을 감사드립니다. 그들이 하나님의 자녀로 살아가기 위해서 세상을 버려야 하는 대가를 지불하게 하시옵소서. 거룩한 삶을 위한 대가를 치루는 은혜로 가슴을 채워 주시옵소서.

구역장님께서 이제까지도 기도의 종으로 지내오셨으니 교회와 구역을 위한 중보 기도자가 되어 기도에 더욱 힘쓰시게 하시옵소서.

인생에게 기쁨이 되신 예수님의 이름으로 기도드립니다. 아멘.

7월 1주

하나님의 뜻을 소원으로

부르심을 받은 청지기가 되게 하시는 하나님,

저희에게 그리스도의 선물의 분량대로 은혜를 주셨음에 찬양합니다. 주님의 십자가를 바라보면서 대속의 은총을 묵상하게 하시옵소서.

아직도 죄에 사로잡혀서 옛 사람의 행실을 즐거워했던 어리석음을 용서하시옵소서. 주님의 보혈로 다시 한 번 씻어 주시옵소서. 예수님의 피로 거듭나기 원합니다. 그래서 성령으로 충만해지기 원합니다.

오늘, 교회 공동체적으로 빌어야 될 기도를 한다.

생명과 능력이 되는 복음을 깨달아 믿게 하셨음에 감사드립니다. 오늘, 이 복음이 세계만방에 전해지기를 원하시는 하나님의 뜻을 저희 소원으로 삼게 하시옵소서. 복음을 전해서 죽어가는 이들을 살리는 것이 저희 소원이 되게 하시옵소서.

저희들의 자녀들이 예수님을 사랑하고 하나님의 이름을 영화롭게 해드리는 생활을 배우게 하시옵소서. 자녀들을 훈련하시기를 즐겨하시는 그 은혜로 주님의 온유하심과 강하심을 닮도록 하시옵소서. 생각과 행실에서 하나님의 모습을 나타내도록 이끌어 주시옵소서.

오늘도 예배를 인도하시는 구역장님이 ○○교회를 위하여, 우리 구역의 지체들을 위하여 신실하신 종이 되게 하시옵소서.

청지기의 본이 되신 예수님의 이름으로 기도드립니다. 아멘.

7월 2주

새 힘을 얻게 하시는

구역에서 은혜를 흐르게 하시는 하나님,

흠이 없고, 점 없는 어린 양 같은 주님의 피로 구속받게 하신 하나님의 자비에 감사드립니다. 주님의 도로 말미암아 새 힘을 얻게 하시는 하나님의 이름을 기리는 복된 구역예배가 되게 하시옵소서.

주님의 영광을 가리는 말을 해왔고, 감정에 따라 행동을 했던 삶을 용서해 주옵소서. 주님께서 주신 것을 사용하는 삶을 살면서도 내 것처럼 욕심을 내며 지냈던 죄를 용서해 주시옵소서.

오늘, 교회 공동체적으로 빌어야 될 기도를 한다.

이 시간에, 어려움에 처해서 시달리고 있는 이들을 위하여 간구합니다. 병마와 싸우며 고통 중에 있는 자들에게 치유와 회복의 은혜를 허락하시옵소서. 가정의 여러 문제와 경제적인 문제로 고민하며 간구하는 기도를 주께서 들어 주시고 친히 응답해 주시옵소서.

저희들의 자녀들이 주님의 음성을 듣기 원합니다. 성령님의 역사를 체험하기 원합니다. 주님 앞에서 자기의 삶에 대한 결단을 경험하게 하시옵소서. 그 결단만이 저희 아이를 변화시킬 수 있다고 믿습니다.

이제까지도 교회와 지체들을 위해서 남모르는 수고를 다 하신 구역장님을 기억해주시옵소서.

영생의 문이신 예수님의 이름으로 기도드립니다. 아멘.

7월 3주

은혜의 풍성함을 맛보게

여호와께 첫 열매를 드림이 되게 하신 하나님,

이 복스러운 예배에서 한 마음, 한 입으로 주님께 영광 드리기를 소망합니다. 구원의 은혜를 누리게 하신 그리스도의 피를 생각합니다.

아직도 부활신앙을 갖지 못하고 살아갑니다. 여호와의 인자하심으로 죄에서 용서해주시고, 사유하심을 받은 기쁨으로 예배드리게 하시옵소서. 저희들은 부활의 그날까지 주님의 뒤를 따르게 하시옵소서.

오늘, 교회 공동체적으로 빌어야 될 기도를 한다.

하나님 아버지의 주권을 인정하고, 하나님의 뜻에 생각과 말, 행동도 내려놓는 은혜를 경험하기를 빕니다. 여호와께서 언제나, 어떤 일에나 하나님이 되시도록 모셔드리는 은혜의 풍성함을 맛보게 하옵소서. 순간마다 하나님의 백성이 되어 사는 평안을 누리게 하시옵소서.

저희들의 자녀들이 예수님의 보혈로 사랑을 배운 저의 아이를 축복합니다. 하나님을 사랑하는 그가 이웃을 사랑하기를 소망합니다. 십자가의 사랑으로 교실 안에서 우정을 두텁게 하게 하시며, 섬겨야 할 친구들에게 손을 내어밀게 하시옵소서.

구역장님께서 교회 안에서 훌륭한 지도자가 되시게 하시며, 구역의 지체들에게 선한 목자로서 사명을 감당하는 종이 되게 하시옵소서.

영원에 이르는 길, 예수님의 이름으로 기도드립니다. 아멘.

7월 4주

그 이름에 합당한 영광을

우리를 존귀하게 하시는 하나님,

우리에게 향하신 여호와의 인자하심을 찬송합니다. 하나님의 이름이 저희들에게 생명이 되고, 영생이 보장이 되셨음에 즐거워하게 하시옵소서. 이제는 저희들이 그 이름에 합당한 영광을 드리고, 그 이름으로 소망을 바라보며 지내게 하시옵소서.

지난 시간의 삶을 돌아볼 때, 부끄럽기 그지없습니다. 저희 죄가 주홍 같이 붉을지라도 눈처럼 희게 되는 용서의 기쁨을 주시옵소서.

오늘, 교회 공동체적으로 빌어야 될 기도를 한다.

우리 교회에 속한 지체들이 섬김과 봉사의 공동체가 되게 하시옵소서. 봉사로 사셨던 주님의 자비하심이 ○○교회의 것이 되게 하시옵소서. 저희들에게 성령 안에서 하나님의 은혜를 나누며, 무엇을 하든지 하나 되어 주님의 몸을 이루게 하시옵소서.

저희들의 자녀들이 학교에서 보내는 동안에 주님의 증인이 되게 하시옵소서. 친구들에게는 착한 일을 함으로써 하나님의 자녀임이 증거되게 하시옵소서. 행동으로써 주님의 사랑을 나타내게 하시옵소서.

구역장님이 하나님의 교회에서 충성을 다하기를 소원하게 하시며, 저희 섬김을 통하여 구역의 지체들은 건강하게 성장하게 하시옵소서.

진리의 문이신 예수님의 이름으로 기도드립니다. 아멘.

8월 1주

주 예수님의 이름과

여호와를 앙망하며 지내오게 하신 하나님,

주 예수님의 이름과 하나님의 성령 안에서 씻음과 거룩함 그리고 의롭다 하심을 얻게 하셨음에 찬송을 드립니다.

조금만 움직여도 나른해지고, 흐르는 땀에 게으름의 유혹에 빠지고 말았음을 고백합니다. 나태하기 쉬운 계절에, 저희들이 긴장하지 못하고 게을렀음을 용서해 주시옵소서.

오늘, 교회 공동체적으로 빌어야 될 기도를 한다.

오늘을 지내는 동안에, 온 가족이 하나님을 경외함으로써 서로를 이해하고 사랑하는 가정이 되기 원합니다. 남편과 아내가 사랑으로 하나 되게 하시고, 부모와 자녀가 그리스도 안에서 서로 섬기는 아름다운 관계를 이루어가게 하시옵소서.

저희들의 자녀들이 정의로운 것처럼 행동하지 않게 하시고, 남을 비방하지 않도록 하시옵소서. 온유함으로 묵묵히 있게 하시고, 주님의 인도하심을 기다리게 하옵소서. 겸손으로 말미암아 하나님 앞에서나 사람들 앞에서 칭찬을 받을 만한 성품을 길러 주시기 원합니다.

오늘도 구역장님으로 말미암아 함께 지체 된 이들이 서로 도우며, 하나 되기를 힘써서 교회를 세워나가는 일꾼이 되게 하시옵소서.

천국을 사모하게 하신 예수님의 이름으로 기도드립니다. 아멘.

8월 2주

주님의 아름다우심으로

성소에서 우리를 만나주시는 하나님,

곤란한 환경에서 끌어내어 주시고, 저희가 당하는 곤고와 환난을 보시고 죄를 용서해 주시는 여호와의 이름을 높여드립니다. 구역예배를 드리는 시간 내내 주님의 이름에 합당한 영광을 드리게 하시옵소서.

거룩하고, 참되지 못한 저희의 마음을 주님 앞에 내놓습니다. 주님의 아름다우심으로 그것을 깨끗하게 하시옵소서. 주님의 뜻대로 살지 못한 연약한 의지를 주님께 드리니 이 시간에, 새롭게 하시옵소서.

오늘, 교회 공동체적으로 빌어야 될 기도를 한다.

저희들은 지금까지 살아오면서 지은 죄와 상관이 없게 되었음을 선포합니다. 그 죄를 가지고 마귀가 참소한다 하여도 끄떡없음을 선포합니다. 죄를 주님께서 십자가 위에서 해결해 주셨기 때문입니다. 이제부터 매일 매일 의에 대하여 살아가기를 원합니다.

저희들의 자녀들이 하나님의 생각과 자신의 생각이 다르다는 것을 깨닫게 하시옵소서. 자신의 생각과 지식을 가지고 해보려는 마음을 다스려 주옵소서. 오직 하나님만 붙잡게 하시옵소서.

구역장으로 택함을 받은 종이 하나님의 일에 동역자가 되어, 구역의 지체들을 위하여 무릎으로 섬기는 일에 더욱 힘쓰게 하시옵소서.

생명의 문, 예수님의 이름으로 기도드립니다. 아멘.

8월 3주

주님이 이름을 높여드리는 구역

여호와의 이름을 높여드리게 하시는 하나님,

이 시간에, 영광의 보좌에 좌정하신 여호와를 바라봅니다. 예배하러 나아온 주님의 백성이 여호와의 이름에 영광을 드리게 하시옵소서. 오직 홀로 하늘에서 영광을 받으시옵소서.

생활 속에서 하나님을 찾아야 했고, 돌려드려야 하는 영광을 구해야 하였지만, 전혀 그렇게 지내지 못한 죄를 용서해 주시옵소서.

오늘, 교회 공동체적으로 빌어야 될 기도를 한다.

저희 구역 지체들의 가정을 여호와께서 계시는 처소로 삼으셨으니, 시온의 영광을 나타내는 가정이 되게 하시옵소서. 착한 일을 함으로써 열매를 맺기 바라시는 주님의 뜻을 이루게 하시옵소서. 이 가정을 무너뜨리려고 참소하는 귀신의 세력을 대적하여 물리치도록 은혜를 내려 주시옵소서.

저희 아이들이 사소한 일들 속에서 하나님의 특별하신 은혜를 보게 하옵소서. 성령님의 은혜로 하나님의 자비하심을 날마다 새롭게 느낌을 감사하게 하옵소서. 순적하게 지낸 사실을 감사하게 하시옵소서.

오늘도 사람들에게 드러나지 않더라도 구역장님의 빛도 없이 이름도 없이 섬기시는 봉사로 우리 구역이 든든히 세워져 가게 하옵소서.

영생을 약속해주신 예수님의 이름으로 기도드립니다. 아멘.

8월 4주

산 제물을 드리는 공동체

우리 자신을 열납하시는 하나님,

보혜사 성령님께서 저희를 위하심에 감사드립니다. 성령님의 감동과 감화로 나왔으니, 영과 진리로 충만함을 경험하게 하시옵소서. 구역예배를 드리는 중에 더욱 성령님의 충만하심을 받게 하시옵소서.

땅에 있는 것들은 잠깐뿐이라 하면서도 저희들의 모습은 땅의 것을 소유하기에 분주했었음을 회개합니다. 주머니를 채우고, 개인의 욕망을 채우는 것에 시간을 다 쓴 저희들입니다. 용서해주시옵소서.

오늘, 교회 공동체적으로 빌어야 될 기도를 한다.

성령님께서 충만히 임하셔서 저희들이 지금 겪고 있는 문제를 해결해 주시옵소서. 사탄이 저희 가정을 쓰러뜨리려 갖은 계략을 꾸밀 때, 담대히 맞서기를 원합니다. 식구들이 한 마음이 되어 성령님께 충만하고, 사탄의 계획을 무찌르게 하시옵소서.

저희들의 가정에서 자녀들을 자라게 하셨습니다. 그들이 부모를 따라서 예배당으로 가는 것을 즐거워하게 하옵소서. 교회로 모이는 거룩한 공동체를 통해서 하늘나라를 바라보게 하시옵소서.

구역장님의 기도와 헌신으로 말미암아 주님의 몸 된 교회가 세워져 나가는 비전에 대한 은총을 더하여 주시옵소서.

죄를 이기게 하신 예수님의 이름으로 기도드립니다. 아멘.

8월 5주

우리 구역, 하나님께 소중한

성소에서 바라보게 하시는 하나님,

여섯 가지 환난에서 구원하심의 은혜를 누리고, 일곱 가지 환난이라도 그 재앙이 미치지 않게 하실 여호와께 찬송을 드립니다.

전에 하던 헛된 일을 원통히 여기오니, 주 예수님의 보혈로 용서해 주시옵소서. 순간의 이익을 얻으려 거짓된 관계를 맺고, 하나님 앞에서는 교만했음을 회개하오니 용서해 주시옵소서.

오늘, 교회 공동체적으로 빌어야 될 기도를 한다.

오직 하나님의 뜻에 저희를 드려서 이 시대의 가나안 족속을 몰아내는데 쓰임을 받게 하시옵소서. 하나님 앞에서 한 뜻, 한 마음으로 전심을 다 드림이 있게 하옵소서. 죄인들과 동행하지 않게 하시며, 불신자들의 영향을 받지 않게 하시고, 더러운 영이 그에게 접근하지 않게 해주시옵소서.

저희들의 자녀들이 자신의 즐거움만 생각하고, 남들보다 더 나으려는 생각 때문에 초조해하고 근심에 갇히게 된 것을 불쌍히 여겨 주시옵소서. 그들이 날마다 하나님을 바라보며 평안을 구하게 하시옵소서.

구역장님과 온 구역의 지체들에게 하나님의 음성을 듣기 위해 무릎으로 나아가게 하시고, 하나님의 나라에 영광을 돌리게 하시옵소서.

거룩한 지체가 되게 해주신 예수님의 이름으로 기도드립니다. 아멘.

9월 1주

예수님의 보혈을 생각하는

하나님의 친 백성이 되게 하신 하나님,

주님과의 사귐에 감격하게 하시고, 예수님의 보혈을 생각하게 하심에 감사드립니다. 베풀어 주신 은혜를 헤아리며, 주님께 나왔습니다.

이 땅에 오신 예수님을 생각할 때마다, 높아지기 원하는 교만함을 회개합니다. 하나님을 기쁘시게 해드리기보다 저의 기쁨을 따랐기 때문에 오만했었습니다. 용서해 주시옵소서.

오늘, 교회 공동체적으로 빌어야 될 기도를 한다.

우리나라와 민족을 불쌍히 여겨 복을 허락하시고 지켜 주시옵소서. 먼저, 이 백성이 하나님을 경외하며 두려워하게 하시옵소서. 고난과 역경만을 거듭해온 민족에게 다시는 고난이 없게 하시고 분쟁이 없게 하시옵소서. 남과 북으로 갈라진 이 땅을 하루 빨리 통일시켜 주셔서 이 민족의 한을 풀어 주시옵소서.

저희 아이들이 교회 안에서 섬기는 종이 되게 하시옵소서. 교회의 지체들을 섬기면서 주님의 사랑을 나누도록 하시옵소서. 주님의 품에서 형제의 사랑으로 기도를 통하여 돕는 자리에 서게 하시옵소서.

주의 성령님께서 구역장님을 만져주셔서 저가 선한 목자가 되어 지체들을 섬기고 인도하게 하시옵소서.

생명의 주, 예수님의 이름으로 기도드립니다. 아멘.

9월 2주

하늘의 하나님께 합당한

우리를 하나님께 합당하게 하시는 하나님,

하나님의 사랑을 누리며 살던 저희들이기에 예배드림을 즐거워합니다. 저희들의 기도와 찬송이 하늘의 하나님께 합당한 영광이 되기 원합니다. 주님께서 이 자리에 임하셔서 만나 주시옵소서.

주님의 피가 죄를 씻어주심을 믿고 담대히 회개합니다. 저희들의 모든 허물을 씻어 주시고 교만한 생각, 헛된 욕망에서 구해 주시옵소서.

오늘, 교회 공동체적으로 빌어야 될 기도를 한다.

저희 구원은 오직 여호와의 불쌍히 여겨주심에 있음을 소망하게 하시옵소서. 하나님께서 의롭다 여겨주심만이 영생의 보증이 됨을 기억하기 원합니다. 자녀로서 아버지에게 순종하고, 아버지가 바라시는 삶을 사는 것에 도전하는 은혜를 주시옵소서.

저희들의 자녀들이 하나님을 더 알기를 소망합니다. 하나님을 더 깊이 알고, 지식과 총명이 있게 하시옵소서. 여호와 하나님에 대한 지식이 있어 선과 악을 분별하게 하시옵소서. 지극히 선한 것을 분별함으로써 하늘의 하나님께 영광을 드리고, 선한 일에 힘쓰게 하시옵소서.

구역장님의 기도와 수고 안에서 저희들은 주님의 몸에 있는 지체로서 서로를 섬기고 봉사하여 여호와의 뜻을 이루게 하시옵소서.

구원의 은혜가 되신 예수님의 이름으로 기도드립니다. 아멘.

9월 3주

하나님의 도우시는 간섭이

자기 백성을 도와주시는 하나님,

소리를 높여서 구원의 기쁨을 여호와의 이름에 담게 하시옵소서. 인간의 연약함을 핑계로 여전히 죄를 버리지 못하나 그래도 사랑해주시고 고백할 때, 용서해 주시는 하나님의 이름을 높여드립니다.

저희들을 돌아볼 때, 욕심을 구하는 삶이었음을 회개합니다. 하나님께서 주시는 것에 만족하려 하지 못하고, 욕심을 채우기 위해 쫓아다닌 모습이었습니다. 용서해 주시옵소서.

오늘, 교회 공동체적으로 빌어야 될 기도를 한다.

종일 지내는 동안에, 저희에게 수고의 떡을 먹게 하시는 은혜가 번성의 복으로 나타나게 해주시옵소서. 저희에게 삼십 배, 육십 배, 백 배로 돌려받는 은혜를 누리게 하시옵소서. 소망하는 일들에 하나님의 도우시는 간섭이 나타나기를 원합니다.

저희 자녀들이 주 안에서 서는 은혜로 오늘 하루를 살게 하시옵소서. 그에게 이 세상의 국적과 함께 하늘나라의 시민권을 지니게 하셨사오니 하늘나라의 백성으로서의 자신을 갖추도록 인도해주시옵소서.

사랑하는 구역장님께서 충성되이 여겨 부름을 받으셨으니, 힘을 다하여 여호와를 섬기고, 맡겨진 직무에 충성하게 하시옵소서.

영으로 풍성하게 하신 예수님의 이름으로 기도드립니다. 아멘.

9월 4주

영광을 드리는 거룩한 구역

여호와 앞에서 구별되게 하시는 하나님,

한 주간의 삶을 예수 그리스도의 이름으로 살았습니다. 하나님의 성령께서 죄를 피하게 하셨음을 감사드립니다. 오늘, 저희들의 예배로 영광을 받으시기 바랍니다.

주님의 은혜에 감사를 새기는 진정한 자세가 되지 못하고 있음을 고백합니다. 겹겹이 쌓인 허물의 얼룩으로 감히 얼굴을 들지 못합니다. 죄를 변명하느라 또 다른 죄를 짓는 어리석음을 용서해 주옵소서.

오늘, 교회 공동체적으로 빌어야 될 기도를 한다.

사랑하는 지체들이 자신을 지켜 세속에 물들지 않게 하시옵소서. 저가 하나님을 두려워하는 중에 거룩함을 온전히 이루는 삶을 소유하기 원합니다. 자신을 깨끗케 함에 예민하여 거룩함을 지니도록 하시고, 거기에서 빚어지는 주님의 영광을 보게 해주시옵소서.

저희들의 자녀들이 늘 하나님께 영광을 드립니다. 찬양으로 말미암아 감사와 영광을 여호와께만 돌리게 하시옵소서. 이러한 찬양을 통하여, 자신의 신앙표현을 하나님께 고백하는 기회를 갖도록 하시옵소서.

구역장님의 기도와 헌신으로 주님의 구역을 더욱 하나님의 지체들이 되게 해주시며, 생명의 열매가 맺혀지게 하시옵소서.

친구가 되어주신 예수님의 이름으로 기도드립니다. 아멘.

10월 1주

사랑하는 지체들, 축복의 통로로

복의 통로가 되게 하시는 하나님,

죄와 사망의 법에서 해방시켜 주신 하나님의 구속하심에 영광을 돌립니다. 주님의 화평과 사랑에 대한 큰 열망을 심어 주신 하나님께 드리는 영광을 받으시옵소서.

하나님께 순종함이 부족했던 지난 닷새 동안의 삶을 회개합니다. 주님의 은혜가 임했으니 그만큼 거룩하게, 제물로서의 삶을 살아야 했지만 그렇지 못한 모습의 삶을 불쌍히 여겨주시옵소서.

오늘, 교회 공동체적으로 빌어야 될 기도를 한다.

하나님께서 구원하시기로 작정하신 은혜가 저희 가족에 임하여 ○○ 교회의 한 식구가 되게 해주심을 감사드립니다. 저희를 먼저, 하나님의 자녀로 불러주시고, 축복의 통로로 삼으셔서 구원의 강물이 흐르게 하셨음을 돌아봅니다.

저희들에게 자녀들을 키우며 지내게 하셨습니다. 그들이 주 안에서 착한 일의 열매를 맺어드리게 하시옵소서. 사람들 앞에서 착한 일을 하여 하나님의 이름을 드러내게 하시옵소서.

저희들을 위하여 수고하시는 구역장님께 하나님의 영으로 충만하게 해주시옵소서.

영원을 보장해주신 예수님의 이름으로 기도드립니다. 아멘.

10월 2주

믿음과 소망, 사랑의 지체들

　기쁨과 감사가 넘치게 하시는 하나님,
　만세 전부터 계신 여호와를 예배하러 모인 저희들에게 하나님의 영원하심에 무릎을 꿇게 하시옵소서. 자녀로 삼아주시고, 믿음과 소망, 사랑으로 살아오도록 보호해주신 여호와께 감사드리게 하시옵소서.
　이 시간에, 성령님의 감동으로 깨닫게 해주시는 죄를 고백합니다. 믿음보다는 사람의 생각으로, 하나님의 뜻보다는 자신의 일을 이루기 위해서 동분서주하다가 이 시간에 나왔사오니 용서해주시옵소서.

오늘, 교회 공동체적으로 빌어야 될 기도를 한다.

　저희들이 율법이나 의식에 매달리지 않고, 오직 여호와의 은혜만을 구하게 하시옵소서. 사실, 저희들의 심령은 죄로 말미암아 부패되어 있기에, 율법을 지키려 해도 지킬 수 없음을 인정합니다. 율법으로는 하나님의 자녀가 될 수 없음도 인정합니다.
　저희들의 아이들이 살아가는 시간 동안에 하늘에서부터 임하는 복을 누리게 하시옵소서. 주 하나님의 보호해주심과 함께 하심으로 기쁨과 감사가 넘치는 생활이 되게 하시옵소서.
　지혜와 지식의 영이 구역장님을 인도해주시고, 진리를 나누는 저희들에게는 성령님의 감동으로 들어가게 하시옵소서.
　진리와 함께 해주신 예수님의 이름으로 기도드립니다. 아멘.

10월 3주

하나님의 긍휼하심에 감사를

여호와의 이름을 즐거워하게 하시는 하나님,

인자와 진실이 풍성하신 하나님의 사랑을 받으면서 지낸 시간들을 기억할 때, 하나님의 긍휼하심에 감사드립니다. 주님의 인자하심을 따라 저희로 소성케 하신 하나님께 영광을 드립니다.

이 땅에서 살아가는 저희들의 모습은 죄로 더러워졌습니다. 온갖 허물로 얼룩졌습니다. 회개하는 심령에 주님의 보혈로 용서받는 이 시간이 되게 하시옵소서.

오늘, 교회 공동체적으로 빌어야 될 기도를 한다.

이 시간에, 구원의 은혜를 베풀어주신 여호와를 가까이 하는 저희 심령이 되게 하시옵소서. 하나님의 친 백성으로 주님과 동행할 때, 저희 삶도 풍성해질 줄로 믿습니다. 여호와의 이름을 부르고, 생명의 말씀을 묵상하는 은혜가 저희 것이 되게 하시옵소서.

저희 아이들이 여호와께로부터 받은 은혜와 사랑을 나눌 수 있게 하시옵소서. 그 사랑 속에서 모든 사람들과 하나 되어야 하는 거룩함을 경험하기를 원합니다. 주님의 은총으로 사랑을 누리게 하시옵소서.

구역장님께 성령님의 감화와 감동으로 이 시간을 인도하시도록 도와주시옵소서.

길이 되시는 예수님의 이름으로 기도드립니다. 아멘.

10월 4주

번성케 하시는 은혜가

구역을 든든하게 세워주시는 하나님,

예수님을 믿게 하시고, 교회의 기쁨을 주신 하나님께 감사드립니다. 오직 하나님의 이름만이 저희의 영혼을 새롭게 하시고, 만족하게 하시오니 그 이름에 받으실 영광을 드리는 한 시간이기를 빕니다.

하나님의 아들이 우리에게 오셨음에도 더러움과 음란함을 버리지 못한 죄를 고백합니다. 쾌락을 버리지 못한 죄를 용서해 주시옵소서. 겉으로 드러나지는 않으나 마음에 품은 죄악을 용서해 주시옵소서.

오늘, 교회 공동체적으로 빌어야 될 기도를 한다.

진리의 말씀과 번성케 하시는 은혜로 저희 가정이 범사에 잘 되는 것을 보게 해주시니 감사드립니다. 여호와의 능하신 손으로 구원하실 것을 바라며 전심으로 섬기며 살아가도록 복을 내려 주시옵소서.

저희들의 아이들이 성령님께로 충만하심을 경험하기를 소망합니다. 그들이 아무리 다급한 일에 몰릴지라도 인간적인 생각으로 행동하지 말게 하시옵소서. 또한, 눈에 보이는 것으로 판단하는 믿음이 없는 자의 행동을 하지 말도록 이끌어 주시옵소서.

하나님의 영이 구역장님을 붙들어주시고, 저희들에게는 말씀의 은혜 안으로 들어가게 하시옵소서.

속죄의 길이 되신 예수님의 이름으로 기도드립니다. 아멘.

11월 1주

이 예배에서 하나님은 영광을

경건의 능력을 사모하게 하시는 하나님,

우리 여호와의 인자하심의 광대하심을 따라 저희의 죄악을 사하시고, 의롭게 살기를 소망하게 하시는 하나님의 이름을 높여드립니다. 이 예배에서 하나님 홀로 영광을 받으시옵소서.

그동안에도 저희들이 하나님 영광만을 위해 살지 못했던 죄를 고백합니다. 하나님을 위해 살면 손해 볼 때도 있는데 그것을 받아들이지 못하고 죄를 지었습니다. 순종하고 가면 결국에는 승리하는데 인내하지 못했음을 용서해주시옵소서.

오늘, 교회 공동체적으로 빌어야 될 기도를 한다.

생명의 빛으로 인해 저희 가족이 주님을 믿게 하심에 감사드립니다. 부모와 자녀들이 주님을 두려워하여 죄를 짓지 않고, 망하는 길로 가지 않게 하셨으니 감사드립니다. 인간의 불행에 천 가지, 만 가지 요소가 있으나 하나님을 잘 믿어서 불행을 쫓아내게 하심을 기뻐합니다.

하나님께서 저희들의 자녀들의 마음에 씨앗을 뿌려 주셨으니, 때가 이르면 싹이 나고 잎이 필 것을 기다리게 하옵소서. 하나님은 저희가 가는 길을 미리 아시고, 준비해주시는 하나님이심을 믿게 하옵소서.

이 자리에 같이 한 지체들에게 복된 시간으로 인도해주시옵소서.

우리를 위해 대신 죽으신 예수님의 이름으로 기도드립니다. 아멘.

11월 2주

크신 하나님께 찬미의 예배를

감사의 문으로 들어가게 하시는 하나님,

아버지의 사랑으로 살아온 날들을 기억하면서, 주님을 경배하게 하시옵소서. 저희들이 입술을 벌려 기도하며 찬송할 때, 영광을 받아 주소서. 크신 하나님께 찬미의 예배를 드리기 원합니다.

여러 가지의 죄와 허물이 많이 있습니다. 모든 죄를 자복하고 회개하니 주님의 깨끗케 하시는 보혈로 씻음 받게 하시옵소서. 하나님 앞에서 착한 일을 하여 모든 이들로 하여금 영광을 돌리게 하시옵소서.

오늘, 교회 공동체적으로 빌어야 될 기도를 한다.

오늘도 땅 끝까지 이르러 보내시면서 이 땅의 복음화를 원하시는 하나님의 마음을 품게 하셨음에 감사드립니다. 이 땅에서 지내는 동안에 오직 주님의 증인으로 사는 것에 소망을 두게 하시고, 전도자로서의 생애를 묵상하게 하셨습니다. 주님께서 저희 삶이 되게 하옵소서.

저희들의 자녀들이 주님의 뜻대로 살게 하옵소서. 저희의 나아가는 걸음을 힘차게 하셔서 죄를 멀리하고, 마귀의 유혹을 물리치며, 자신과 싸워서 이기는 오늘이 되게 하시옵소서.

구역장님께 성령님의 권세와 능력을 더하셔서 이 시간을 인도하시도록 도와주시옵소서.

찬양을 받으실 주, 예수님의 이름으로 기도드립니다. 아멘.

11월 3주

하나님의 자비하심에 영광을

자기 백성을 돌아보시는 하나님,

하늘에서 저희의 기도와 간구를 들으시고, 저희의 일을 돌아보시는 하나님의 자비하심에 영광을 바칩니다. 믿음의 향유 옥합을 주님께 가져와 깨뜨리는 이 시간의 예배가 되게 하시옵소서.

믿음으로 산다고 하면서도 실제는 믿음이 없이 행했던 일들이 너무 많아 고백합니다. 하나님께서 해주신다는 믿음의 기다림보다 저희들의 생각과 판단으로 살아온 지난 일들을 돌아봅니다. 용서해 주시옵소서.

오늘, 교회 공동체적으로 빌어야 될 기도를 한다.

진리 가운데로 인도하시는 하나님을 더 가까이 하기 위해서 기도하도록 하시옵소서. 생명의 말씀에서 자신의 눈과 귀를 떠나지 않게 하시려는 다짐을 갖게 하시옵소서. 마음을 다하여 주님을 사랑하게 하시고, 눈에 보이는 것에서 심령의 만족을 구하지 않게 하시기를 빕니다.

저희 자녀들이 하나님의 말씀을 통하여 진리로 허리띠를 굳게 하는 경험을 하게 하시옵소서. 진리가 아닌 것은 멀리하게 하시고, 진리를 따르게 해주시옵소서. 사탄의 거짓을 분별하는 지혜를 주시옵소서.

이 시간을 인도하시는 구역장님께 지도자의 권세와 능력을 내려주셔서 저희들 모두에게 복이 되게 하시옵소서.

죄악에서 건져주신 예수님의 이름으로 기도드립니다. 아멘.

11월 4주

그 부드러운 음성을 사모하는

하나님의 뜻을 기다리게 하시는 하나님,

저희들의 마음에 하나님의 나라가 이루어지게 하시니 감사드립니다. 주님께서 다시 왕으로 오실 그 날을 기다리며 드리는 영광을 받으옵소서. 이 땅에서 하나님의 뜻이 선포되는 것을 보게 하시옵소서.

고의적으로 자신의 생각과 판단을 따르며 지낸 죄를 회개합니다. 하나님의 음성보다 자신의 목소리에 귀를 더 기울였던 죄를 용서해주시옵소서. 십자가를 통해서 하나님께로 나아가는 길을 열어주시옵소서.

오늘, 교회 공동체적으로 빌어야 될 기도를 한다.

매순간마다 하나님을 기다리며, 그 부드러운 음성을 사모하게 하시니 감사드립니다. 주님과 교제하는 시간을 통해서 하나님의 사랑을 그리워하게 하시옵소서. 하나님의 응답을 기다리게 하시옵소서.

저희 아이들이 예수님을 사랑하는 가슴으로 뜨거워지게 하옵소서. 주님을 향한 마음으로 충만하게 하시고, 세상의 것들이 눈에 보이지 않게 하시옵소서. 그들의 귀에 사탄의 유혹하는 말들이 들리지 않게 하시고, 그 마음에 사탄의 놀음이 들어오지 않도록 막아주시옵소서.

우리를 구원해주신 예수님의 은혜, 하나님의 크신 사랑, 성령님의 위로하심을 누리는 복된 시간으로 인도해주시옵소서.

불의에서 깨끗하게 하신 예수님의 이름으로 기도드립니다. 아멘.

11월 5주

주님의 이름을 찬송하기에

구원의 은혜에 감격하게 하시는 하나님,

인생들을 자기들의 죄로부터 구원해 주시려고 놀라운 일을 행하셨음에 감사드립니다. 주님께서 저희를 죄에서 구원해 주셨음을 믿습니다. 이에, 구원을 기뻐하고 즐거워하게 하시옵소서.

저희들의 모습을 돌아볼 때, 주님의 이름을 찬송하기에 합당치 않았음을 회개합니다. 도를 행하는 삶을 살기보다는 듣기만 해서 자신을 속이는 데 지나지 않았던 죄를 용서해주시옵소서.

오늘, 교회 공동체적으로 빌어야 될 기도를 한다.

세상을 떨쳐내고, 하나님의 자녀로서 담대히 살 때, 하나님의 것이 모두 저희 것이 됨을 확인하는 감격을 맛보게 하시옵소서. 바라기는 성령님을 모셔 들인 저희 생활 속에서 열매들이 맺도록 하옵소서.

저희들의 자녀들이 지혜와 지식의 근본이 되시는 하나님을 바라보게 하시옵소서. 자신의 장래를 준비하는 공부를 하게 하시고, 기독학생의 아름다운 학창시절이 교실에서 꽃피어지게 하시옵소서. 학교에서는 공부하는 학생으로서 수업에 충성과 근면을 나타내게 하시옵소서.

이 시간을 인도하시는 구역장님과 저희들 모두에게 성령님의 은혜 안으로 들어가게 해주시옵소서.

죄인의 구주이신 예수님의 이름으로 기도드립니다. 아멘.

12월 1주

평화의 왕으로 오신 주님께

성탄절의 영광을 받으시는 하나님,

주님의 오심으로 땅에서는 기뻐하심을 입은 사람들 중에 평화라고 하셨습니다. 우리의 구속주로, 평화의 왕으로 오신 주님을 기뻐합니다.

아버지의 말씀에 순종하지 않고, 그 명령을 거역하며 살아 온 저희의 허물과 죄를 기억합니다. 탐욕과 이기심으로 더럽혀지고 흐려졌음을 고백합니다. 가슴을 치며 애통해하는 소리를 들어주시기 원합니다.

오늘, 교회 공동체적으로 빌어야 될 기도를 한다.

온전히 하나님께 마음을 두는 은혜를 경험하게 하시옵소서. 이로써 오늘, 단 하루만이라도 여호와께 순종하는 착한 종이 되어 주님의 사람으로 살기를 원합니다. 위에서 부어지는 성령님께 촉촉히 젖게 하시고, 주님의 인도에 자신을 내어 맡기도록 하시옵소서.

저희들의 자녀들이 행함으로 의로움을 인정받음을 깨달아 순종하는 신앙으로 지내게 하시옵소서. 하나님의 말씀에 순종하여 믿음에서 믿음으로 이르게 해주시기를 원합니다. 그들이 주 여호와의 이름을 높여드리며 믿음을 보여드리는 삶을 살게 하시옵소서.

오늘도 하나님의 말씀을 나눌 때, 여호와이레의 복을 경험하는 저희들이 되게 하시옵소서.

생명의 약속이 되신 예수님의 이름으로 기도드립니다. 아멘.

12월 2주

예물을 드려 경배하는 시간

메시야의 오심을 찬송하게 하시는 하나님,

구원의 선물을 주신 은혜에 감사를 드립니다. 베들레헴의 말구유에 오신 예수님을 기뻐하면서 동방의 박사들처럼 예물을 드려 경배하게 하시옵소서. 주님께 마음의 예물을 드리는 저희들이 되게 하시옵소서.

저희들은 주님의 보내심으로 빛이요, 소금이 되어야 했건만 그렇게 하지 못한 죄를 깨끗이 씻어 주시옵소서. 새롭게 하시옵소서. 그 소망 가운데 주님과 함께 풍성한 삶을 살기 원합니다.

오늘, 교회 공동체적으로 빌어야 될 기도를 한다.

간절히 비오니 저희 가족에게 은혜를 나타내어 주시옵소서. 풍성한 재정으로 주님을 더욱 존귀케 하는 가족이 되기 원합니다. 옷이 해어지지 않고, 양식이 떨어지지 않게 하시며, 얻고자 하는 이에게는 후히 대접하는 손길이 되게 하시옵소서.

저희들의 아이들이 실수했다고 해서 낙심하지 않기를 원합니다. 실수를 할지라도 다시 일어설 수 있음을 깨닫게 하시옵소서. 주님이 다시 일으켜 세워주시는 은혜를 기다리게 하시옵소서.

이 시간에, 저희들의 심령에 구원의 주로 오신 아기 예수님을 모셔 드리는 은혜를 내려 주시옵소서.

구주로 오신 예수님의 이름으로 기도드립니다. 아멘.

12월 3주

열방의 백성들이 주의 이름 앞에

그 이름 앞에 엎드리게 하시는 하나님,

열방의 백성들이 주의 이름 앞에 무릎을 꿇게 하시옵소서. 이 시간에, 주님을 찬양하는 노래가 저희들의 심령에 가득하게 하시옵소서.

돌이켜보니 기도에 게을렀던 지난 시간을 고백합니다. 부족할 때마다 하나님을 찾아야 했건만, 기도보다는 인간적인 수단과 방법에 의지했던 삶을 용서해 주시옵소서. 평생 하나님을 의지한다는 믿음으로 살아가도록 도와주시옵소서.

오늘, 교회 공동체적으로 빌어야 될 기도를 한다.

우리의 이웃에는 아직도 많은 형제들이 병 때문에 가난 때문에 고통의 멍에를 지고 살고 있습니다. 주님께서 베푸신 구원의 기쁨을 회복하게 하사, 깨어진 것을 다시 매만져 주옵소서. 어려움을 당하는 이들, 깨어진 가정의 상처받은 이들을 도와주시기 원합니다.

저희들의 자녀들이 생명의 빛으로 오신 예수님으로 말미암아 새 사람이 되게 하시옵소서. 그 빛으로 말미암아 다시 일어나게 하옵소서. 그 빛이 있기에 다시 시작하게 하시옵소서. 실패하고 좌절되는 마음에 생명의 빛이 임하여 소망으로 충만하도록 이끌어 주시옵소서.

임마누엘의 역사하심이 이 시간에, 저희 모두에게 있게 하시옵소서.

생명의 구주, 예수님의 이름으로 기도드립니다. 아멘.

12월 4주

일 년 동안 지켜주셨음에

영광 중에 계신 하나님,

언제나 하나님께서는 사모하는 영혼을 만족하게 해주셨습니다. 주린 영혼을 위해서는 좋은 것으로 채워주셨습니다. 그 은혜에 진실로 감사하여 마지막 구역 예배를 드리는 심정으로 경배하게 하시옵소서.

사랑하는 지체들의 죄를 용서해주시고, 죄에 대해 죽고, 의에 대해서 사는 다짐의 은혜를 받게 하시옵소서.

오늘, 교회 공동체적으로 빌어야 될 기도를 한다.

예수님께서 십자가에 달려 죽으심으로써 하나님의 자녀가 되게 하셨으니 그 사랑으로 살아가게 하시옵소서. 사탄은 저희가 하나님의 자녀 된 것을 시기하여 넘어뜨리려 하지만, 오히려 사랑으로 사탄을 대적하게 하시옵소서.

저희들의 자녀들을 일 년 동안 지켜주셨음에 감사드립니다. 그들이 주님 앞에서 자신의 삶을 계산하는 날을 기다리게 하시옵소서. 주님께서 회계하자 하실 때, 내놓을 것이 많이 있기를 원합니다. 학생의 신분으로 열심히 공부하며 지냈던 것을 하나님께 보여드리게 하옵소서.

이 시간을 인도하시느라 수고하시는 구역장님께 성령님의 크신 역사가 함께 하시옵소서.

죄인들의 중보이신 예수님의 이름으로 기도드립니다. 아멘.

PRAY FOR......

PRAY FOR......

5
교회의 절기예배 기도문

> 사순절

주님을 만난 기쁨으로

주 안에서 기뻐하며 지내게 하시는 하나님 아버지,

죄인들의 구원을 위해서 주님께서 고난을 당하셨음을 묵상하는 저희들에게 감사의 노래를 부르게 하옵소서. 주님을 만난 기쁨으로 저희들의 가슴이 충만해지게 하옵소서. 예수님을 구주로 믿고 살아가는 기쁨으로 저희들의 가슴이 벅차기를 소망합니다.

여호와께로부터 위로를 받은 저희들이오니 주 안에서 크게 기뻐하는 삶을 살도록 하옵소서. 사랑하는 교회의 성도들이 주 안에서 기뻐하게 지내기 원합니다.

주님의 십자가에서 이루어진 사랑에 감격하여 기쁨으로 충만한 저희들이 되어 하나님의 뜻을 찾게 하옵소서. 이제, '예수는 나의 힘이요 내 기쁨이 되시니라'는 찬송을 부르면서 사순절의 거룩한 시간을 보내게 하옵소서.

하늘의 백성들에게 은혜를 주시려고 목사님을 단에 세우셨음에 감사드립니다. 그의 입술을 성령님께서 주관하셔서 이 백성들이 말씀을 듣게 하옵소서. ○○ 찬양대원들이 영과 진리의 예배와 수준 있는 음악으로 어우러진 최상의 찬양을 드리기를 소망합니다.

오늘도 자원하는 심정을 가지고, 몸을 산 제물로 드리는 심정으로 봉사하는 일꾼들이 있습니다. 맡은 자리에서 예배의 진행을 돕는 손길들에게 은혜를 더하여 주옵소서.

우리 주 예수님의 이름으로 기도드립니다. 아멘.

종려(고난)주일
주님의 눈물을 기억하는 예배

십자가의 구속을 찬송하게 하시는 하나님 아버지,

자기들의 죄로 죽어갈 수밖에 없는 인생들을 보시며 눈물을 흘리신 주님의 사랑을 깨닫습니다. 그 옛날, 예루살렘을 바라보시며 우셨던 주님을 기억하면서 예배하게 하옵소서.

저희들이 예배하는 이 시간을 주님의 손에 드립니다. 종려(고난)주일에 하나님께서 받으실만한 영광을 드리며 주님의 눈물을 기억하고 싶어 하는 저희들에게 성령님의 충만하심을 경험하게 하시옵소서.

주님의 고난으로 말미암아 저희들에게 누리게 하신 은혜를 즐거워합니다. 십자가의 구속을 찬송하는 ○○ 교회의 권속들에게 은혜의 물결이 넘치기를 소망합니다. 주님을 즐거워하는 예배가 되게 하옵소서. 주의 이름으로 오신 왕에게 찬송을 드리는 한 시간이기를 소망합니다.

목사님을 대언자로 세우셔서 하늘 양식의 말씀을 진설하게 하심을 감사드립니다. 그 말씀으로 구원을 베푸시는 주님을 보게 하시옵소서. ○○ 찬양대를 세워주시고, 오늘도 그들이 마음과 몸을 드려 찬양할 때, 하나님의 은혜를 체험하는 복된 자리로 인도해 주옵소서.

이 예배에 사탄이 역사하지 않게 하시고, 하나님의 영광을 훼방하는 세력들은 물리쳐 주시옵소서. ○○의 성도들, 많은 이들 가운데 예배를 위한 봉사자들이 순종함으로 하나님께 영광을 드리고 있사오니 복된 봉사가 되게 하옵소서.

우리 주 예수님의 이름으로 기도드립니다. 아멘

고난주간

갈보리의 십자가를 바라보기를

십자가의 골고다로 인도해주시는 하나님 아버지,

자기를 십자가에 못 박는 로마 군병들을 향해서 '저희를 사하여 주옵소서'라고 간구하신 주님을 생각합니다. 주님의 간구는 저희들을 위한 것이셨음을 고백합니다.

그 기도로 저희들은 죄 사함과 구원의 은혜를 받고 지금 이곳에 앉아 있게 되었습니다. 저희들이 받아야 할 고난을 주님께서 대신 받으셨음을 묵상하면서 갈보리의 십자가를 바라보기를 소망합니다.

고난주간에 성도들이 모였으니 오직 성령님의 충만하심으로 예배하는 권속들이기를 소망합니다. 십자가의 골고다로 인도받는 은혜를 주시려고 목사님을 단에 세우셨음에 감사드립니다. 그의 입술을 성령님께서 주관하셔서 이 백성들이 말씀을 듣게 하옵소서.

○○찬양대원들이 영과 진리의 기도가 표현된 찬양으로 최상의 영광을 드리기를 소망합니다. 함께 한 저희들도 화답하는 심정으로 여호와의 임재를 바라보게 하옵소서.

오늘도 자원하여 몸을 산 제물로 드리는 심정으로 봉사하는 일꾼들이 있습니다. 맡은 자리에서 예배의 진행을 돕는 손길들에게 은혜를 더하여 주시옵소서. 성삼위 하나님만이 영광을 받으시옵소서.

우리 주 예수님의 이름으로 기도드립니다. 아멘

> 부활절

죽음의 권세를 무찌르신 주님께

부활의 영광에 참여하게 하시는 하나님 아버지,

예수님께서 죽음의 권세를 무찌르신 것을 기념하는 오늘, 저희들은 평강을 주신 주님을 찬송합니다. 베들레헴에 아기로 오셨던 그날보다도, 세상의 권세를 이기신 오늘 영광의 주를 찬미하는 저희들이기를 소원합니다. 다시 사신 주님의 이름이 온 땅에 퍼짐을 즐거워합니다.

이 복스러운 아침에 부활하셔서 평강의 주님으로 제자들을 찾으셨던 모습을 묵상합니다. 두려움을 인하여 예수님의 다시 사심을 믿지 못하고, 평안도 잃었던 제자들을 생각합니다.

부활의 주님께서는 두려움의 의심으로 불안해하는 그들에게 못자국이 선명한 손과 발을 보여주셨습니다. 지금 저희들도 주님이 못자국 난 손과 발을 보면서 승리의 찬가를 부르게 하옵소서. 목사님을 대언자로 세우셨으니, 왕 앞의 신하와 같이 겸손함으로 듣게 하옵소서.

주님의 부활을 찬양하는 ○○찬양대원들을 축복합니다. 그들이 마음과 몸을 드려 찬양할 때, 이 자리에 성령님이 비둘기처럼 임하시게 하옵소서. 저희들 다 같이 하나님의 은혜를 체험하는 복된 자리로 인도해 주옵소서.

오늘도 예배를 위한 봉사자들이 순종함으로 봉사할 때, 복 되게 하시옵소서. ○○의 성도들에게 부활의 영광을 누리게 하시옵소서.

우리 주 예수님의 이름으로 기도드립니다. 아멘

> 성령강림절

은혜의 바다로 나가게 하셨으니

성령님의 충만을 사모하게 하시는 하나님 아버지,

약속하셨던 대로 저희들의 구원을 위해 성령님을 보내주신 여호와의 이름을 높여드립니다. 성령님의 임재로 은혜의 바다로 나가게 하셨으니, 아버지의 사랑에 촉촉이 젖게 하옵소서.

저희들을 부요하게 하시는 성령 하나님의 이름을 즐거워하고, 예배하게 하옵소서. 저희들이 살아가는 일들에 마음을 빼앗기고 분주할지라도 언제나 하나님께 집중하게 하시는 성령님의 역사를 소망합니다.

하나님의 종으로 구별되신 목사님을 저희들에게 주심에 감사드립니다. 종의 입술을 통해서 전해지는 말씀을 사모하게 하옵소서.

○○찬양대원들이 찬양을 드릴 때, 영광을 받아주옵소서. 복된 예배로 실망과 근심으로 좌절에 빠진 사람들은 용기를 갖게 하옵소서. 그리고 육신적으로 연약한 사람들에게 치유의 은혜를 입게 하시옵소서. 이 시간에, 예배의 진행을 돕고, 성도들의 편의를 위하여 봉사하는 지체들을 축복합니다.

여기에 모인 ○○의 성도들이 성령님을 모셔 들이고 기쁨으로 찬양하게 하시옵소서. 주님의 증인으로 사는 저희들에게 성령님을 증거하는 은혜를 주옵소서. 예배하는 이 시간에, 크게 역사하시는 성령님의 은혜로 충만함을 누리게 하시옵소서. 연약한 저희를 돌아보시고, 위로와 평강이 넘치게 하심을 믿습니다.

우리 주 예수님의 이름으로 기도드립니다. 아멘

삼위일체주일

찬양으로 영광을 나타내게

삼위 하나님께 영광을 드리게 하시는 하나님 아버지,

삼위 하나님의 역사하심으로 베풀어 주신 은혜를 즐거워합니다. 아버지 하나님의 창조의 은혜와 아들 하나님의 구속의 은혜, 성령 하나님의 도우시는 은혜로 이 자리에 나왔습니다.

이제부터 ○○ 교회의 성도들에게 때마다 일마다 거룩하신 삼위 하나님께 감사하게 하시옵소서.

하나님의 신비스러움을 느낄 때마다 찬양으로 영광을 나타내게 하옵소서. 그 신비함이 하나님을 더욱 우러러 뵙게 할 때마다 고백의 기도로 나아가게 하시옵소서.

사람의 생각으로 따라잡을 수 없는 하나님의 신비함에 겸손히 무릎을 꿇는 저희들이 되게 하시옵소서. 예배로 온전히 영광을 드립니다.

말씀을 들고 단 위에 서신 목사님을 위하여 간구합니다. 귀한 종에게 사자의 권위와 감화하는 말씀의 능력을 나타내 주시옵소서.

○○찬양대의 아름다운 찬양이 있는 예배로 하나님께 영광을 돌리게 되며 찬송의 능력을 체험하게 하시옵소서.

부르심에 응답하여 교회로 모였으니 영광을 드리게 하시옵소서. 그리고 삼위일체 하나님의 거룩하심을 찬양하는 저희들에게 기쁨이 충만하게 하시옵소서. 마음을 다해 하나님의 영광을 선포합니다.

우리 주 예수님의 이름으로 기도드립니다. 아멘

맥추감사절

첫 소출을 거두게 하셨으며

우리에게 이만큼 얻게 하신 하나님 아버지,

금년의 첫 소출을 거두어들이게 하신 여호와의 이름을 높여드립니다. 풍성한 수확으로 기쁨을 얻은 ○○ 교회의 권속들이 하나님의 손길을 송축하게 하시옵소서. 맥추감사절에 머리를 숙인 성도들이 여호와께 마음을 드려 시와 찬미와 신령한 노래로 예배하게 하시옵소서.

이 시간에, 감사의 벅찬 감격으로 예배할 때, 먼저 일용할 양식을 주셨음에 감사드립니다. 햇빛과 비를 주시는 분이 하나님이시고 우리에게 일용할 양식을 주시는 이도 하나님이십니다.

오늘날 저희들에게 일용한 양식이 있음은 '오늘날 우리에게 일용한 양식을 주옵소서!' 하고 기도 한 것에 대한 하나님의 응답의 결과임을 생각하면서 맥추감사절의 예배를 드리오니 받으시옵소서.

목사님을 대언자로 세우셔서 하나님의 말씀을 전하게 하셨으니, 겸손함으로 듣게 하시옵소서.

○○ 찬양대원들이 성령님께 감동되어서 드리는 찬양으로 온 교회에 영광이 넘치기를 원합니다. 이 찬양이 실망과 근심으로 좌절에 빠진 사람들에게 용기를 갖게 하시고, 육신적으로 연약한 사람들에게 치유의 은혜를 입게 하시옵소서.

지금, 예배의 진행을 돕고, 성도들의 편의를 위하여 봉사하는 지체들의 헌신을 받으시고, 사탄의 세력이 얼씬거리지 못하게 하시옵소서.

우리 주 예수님의 이름으로 기도드립니다. 아멘

추수감사절
여호와의 도우시는 손길

추수의 즐거움을 주신 하나님 아버지,

추수감사절을 맞이하여 찬양을 드리며 경배합니다. 그 백성을 돌아보셔서 즐겁게 하신 은혜를 찬양합니다. 주 이스라엘의 하나님께서는 저희들의 손을 풍성하게 하셨습니다.

때마다 일마다 여호와의 도우시는 손길을 베푸시고, 좋은 것으로 만족하게 하셨음에 경배를 드립니다.

추수감사절에 하나님을 찬양하는 감사의 심정으로 예배하며 영광을 드리게 하시옵소서. 주님의 귀한 교회를 위해서 세우신 담임 목사님께 신령한 은혜를 더하여서 생명의 말씀으로 저희를 새롭게 하시옵소서.

여호와의 영광이 예배당에 선포되도록 찬양대를 세워주셨습니다. ○○ 찬양대원들이 하나님을 예배하는 저희들을 대신하여 찬양하는 역할을 귀하게 감당하게 하시옵소서.

이 시간에 예배를 위해서 성실히 맡은 직분의 자리에서 봉사하는 지체들을 기억해 주옵소서. 저들의 수고를 통해서 더욱 영화롭게 예배를 드리게 하셨음에 감사드립니다.

여호와의 손이 주님의 백성들을 창성하게 하셨음에 감사하여 머리를 숙입니다. 하나님의 도우심이 즐거움을 더하게 하셨으므로 추수하는 즐거움에 찬양으로 목이 터지게 하시옵소서.

우리 주 예수님의 이름으로 기도드립니다. 아멘

대강절

이 땅에서도 이루어졌음에

언약을 성취하시는 하나님 아버지,

여호와의 크고 위대하심에 영광을 드립니다. 오랫동안 선지자들에 의해서 약속해 오셨던 구원의 계획을 이루셨음에 영광을 선포합니다.

예수님의 오심으로 뜻이 하늘에서 이루어진 것처럼, 이 땅에서도 이루어졌음에 감사의 경배를 하는 예배의 시간이 되게 하시옵소서.

아기 예수님이 저희들에게 오심을 즐거워하여 찬송하게 하옵소서. 이 기간에 마리아가 고백했던 '주의 여종이오니 말씀대로 내게 이루어지이다' 라고 노래하는 저희들이 되게 하옵소서. 성탄의 기쁨을 누리는 저희들에게 예수님의 나심은 날마다 즐거움이 되기를 소망합니다.

성령님의 인도하심에 따라 이미 시작된 예배를 기뻐합니다. 대강절에 주님의 백성들을 위해서 말씀을 준비해 주셨음에 감사드립니다. 말씀을 증거하실 목사님께 영력을 더하여 주셔서 아기 예수님을 기뻐하며 경배하는 복된 시간이기를 원합니다.

오늘도 주님을 영화롭게 해드리는 ○○ 찬양대를 세우셨으니, 예수님을 구주로 믿는 무리들이 한 마음으로 하나님을 찬양하며 예배하도록 하시옵소서. 예배하러 나오기를 기다리면서 준비한 예물을 감사함으로 드리게 하시옵소서. 이 예배가 영과 진리로 드려지기 위해서 봉사하는 종들이 있으니, 그들이 더욱 충성스럽게 감당하게 하시옵소서.

우리 주 예수님의 이름으로 기도드립니다. 아멘

성탄절

마음을 다 바쳐 예배하도록

구원의 약속을 이루어주신 하나님 아버지,

성탄절에 주님의 백성들을 거룩하게 하시고, 마음을 다 바쳐 예배하도록 하심에 감사드립니다. 저희를 저주와 사망으로부터 구원해 주신 날이 되었으니, 성탄절을 즐거워하며, 하나님을 찬양하도록 하옵소서.

주님의 오심은 죄의 짐을 홀로 지고 견디다 못해 쓰러지는 인생들에게 소망의 소식이었습니다. 하나님이 사람이 되셔서, 아들의 모습으로 우리에게 오셨으니, 예수님을 반가워하는 저희들이 되게 하옵소서.

구주가 나셨음을 기뻐하여 영광을 드리는 은혜를 주시려고 목사님을 단에 세우셨음에 감사드립니다. 그의 입술을 성령님께서 주관하셔서 이 백성들이 성탄의 기쁜 소식을 듣게 하시옵소서.

○○ 찬양대원들이 영과 진리의 기도가 표현된 찬양으로 최상의 영광을 드리기를 소망합니다. 함께 한 저희들도 화답하는 심정으로 여호와의 임재를 바라보게 하시옵소서.

오늘도 자원하는 심정을 가지고, 몸을 산 제물로 드리는 심정으로 봉사하는 일꾼들이 있습니다. 맡은 자리에서 예배의 진행을 돕는 손길들에게 은혜를 더하여 주시옵소서.

오직 성삼위 하나님만이 영광을 받으옵소서. 주님을 영화롭게 해드리는 예배로 진행되도록 권능을 나타내시옵소서. 한 공동체로 부름을 받은 저희들이 한 목소리로 성탄절의 신앙을 고백하게 하시옵소서.

우리 주 예수님의 이름으로 기도드립니다. 아멘

삼일절 기념 주일
갇힌 자를 해방시켜 주시는 하나님

이 민족을 위하여 큰 일을 이루신 하나님,

갇힌 자를 해방시켜 주시는 하나님을 찬양합니다. 의인을 사랑하시는 하나님의 이름을 높여 드립니다. 압박당하는 자를 위하여 공의로 판단하시는 하나님을 온 세상에 선포합니다. 고아처럼 되어버린 이 민족을 구원하시기 위해 '대한독립만세'를 외치게 하셨던 하나님의 놀라우심을 찬양합니다.

믿음의 선조들이 일제의 총과 칼 앞에서 조금의 굽힘이 없이 독립운동을 하게 하셨던 것을 기억하기 원합니다. 우리 민족을 사랑하신 하나님을 경배하며, 이 나라와 이 백성들을 위해 간구하는 예배가 되기 원합니다.

오직 나라의 주권회복을 위해서 헌신했던 선조들을 따르려는 소원을 품게 하시옵소서. 하나님께서 주신 우리 조국에 대한 사랑으로, 저희들의 가슴이 뜨거워지게 하시옵소서. 이 나라, 이 백성들을 사랑하사, 하나님께 소망을 두었던 선조들의 자세를 본받게 하시옵소서.

지난날에는 선조들이 구국운동에 몸을 던졌으나, 오늘에는 저희들이 기도로 나라를 구하도록 인도해 주시옵소서. 하나님께서 이 나라를 불쌍히 여겨 주심을 바라던 선조들의 기도를 오늘에 있는 저희들이 잇게 하시옵소서.

우리 주 예수님의 이름으로 기도드립니다. 아멘

> 광복절 기념 주일

나라를 찾게 하신 하나님

조국의 광복을 선물로 주신 하나님 아버지,

일본의 침략으로 고난당하던 이 민족을 구해 주심으로써, 하나님께서 이 나라에 대한 자신의 사랑을 나타내셨음을 감사드립니다. 나라를 빼앗겨서 자유를 잃어버린 채, 노예처럼 살던 우리에게 나라를 찾게 하신 하나님을 찬양합니다.

우리 민족을 일본의 압제에서 구해 주셨음을 감사드립니다. 하나님은 언제나 자기 백성들을 사랑하시기 때문에 성도들의 눈물어린 기도를 들어 주신 하나님이심을 오래오래 기억하기 원합니다.

오늘은 우리나라가 해방의 기쁨을 맞이한 지 ○○년이 되는 해입니다. 그럼에도 불구하고, 이 해방을 주신 하나님께로 돌아오지 않고 있는 이들이 많이 있어 안타깝습니다. 예수님을 믿는 저희들도, 온전히 주님께로 돌아오고 있지 못함을 고백합니다.

하나님 아버지, 저희들이 광복절을 기념하는 예배를 드리는 이 자리에서, 민족의 죄를 용서해 달라고 회개하는 기도를 드리기 원합니다. 아름다운 이 금수강산에 예수님의 사랑이 드리워지도록 전도하지 못하고 있는 저희들의 게으름을 용서해 주시옵소서.

예수님의 이름으로 모인 오늘은 이 민족에게 자유를 주신 하나님께 영광을 드리고자 합니다. 저희들이 여기에 모여 하나님을 예배하는 것만 기뻐하지 않고, 불신자들에게 복음을 전하게 하시옵소서.

우리 주 예수님의 이름으로 기도드립니다. 아멘

PRAY FOR......

PRAY FOR......

6
교회의 직분자 및 기관을 위한 기도

담임 목회자

하나님이 교회 중에 몇을 세우셨으니

　우리를 위하여 목자를 주신 하나님 아버지,

　주님으로 말미암아 ○○○ 목사님께서 ○○ 교회에서 사역하시는 동안에 의의 열매가 가득하게 하시는 여호와를 높여드립니다. 목사님을 위하여 기도하기를 쉬지 말아야 하였건만 그러하지 못하였음을 회개합니다. 목사님께 주목하지 못했던 삶을 용서해주시옵소서.

　○○○ 목사님과 사랑하는 그의 가족이 범사에 여호와를 기쁘시게 하시니 감사드립니다. 바울처럼, 나의 달려갈 길을 다가도록 애쓰시는 목사님께서 이전보다 더 성령님께 붙들린 바가 되시는 감화로 인도하옵소서. 하나님을 사랑하는 종이 기도와 말씀을 가까이 하는 중에 목자의 사명을 감당하시는 아름다움을 보게 하옵소서. 기도하시고, 말씀을 전하시는데 조금의 부족함이 없게 하옵소서.

　사랑하는 목사님께 건강의 복이 넘치기를 소망합니다. 교회를 위해서 전심으로 사역하시는 동안, 건강이 뒷받침되도록 도우시며, 조금도 피곤하지 않게 하옵소서. 교회의 여러 일들과 성도들을 돌아보시는 일들로 분주하실 때, 건강을 잃지 않도록 하옵소서. 여호와로 말미암은 건강의 은혜가 식구들에게 나타나 범사에 강건하게 하옵소서.

　구원의 주이신 예수님의 이름으로 기도드립니다. 아멘.

부교역자

우리에게 화목하게 하는 직분을 주셨으니

교회의 일꾼을 세우시는 하나님 아버지,

○○○ 목사님께서 저희 교회에 부임해 오신 후, 한 송이의 백합화처럼 믿음의 향기를 나타내게 하심에 감사드립니다. 오직 하나님과 교회를 위하시는 그의 헌신을 보게 하셨음에 저희들도 도전을 받습니다.

그렇지만 저희는 그를 위하여 기도하는데 게을렀음을 고백합니다. 그의 사역을 감당함에 대하여 중보하지 못한 죄를 용서해주시옵소서. 교회를 통해서 하나님의 영광을 추구하시는 목사님에게 성령님의 충만하심이 있는 사역이 되게 하시옵소서.

○○○ 목사님은 무엇에든지 '주가 쓰시겠다' 하시는 일에 전적으로 헌신하여 드리는 종이 되게 하옵소서. 저의 헌신과 섬김으로 통해서 하나님의 교회는 부흥을 하게 하옵소서. 성도들을 보살피고, 돕는 중에, 믿음이 연약한 이들을 붙잡아 주는 은혜를 주시옵소서.

목사님의 가정에도 재정의 풍성함을 허락하옵소서. 물질 때문에 어려움을 겪으시지 않도록 넉넉하게 채워주시고, 남에게 나누어주고, 거저 베푸는 생활이 되도록 하옵소서. 때마다 잔을 채우시는 하나님을 경험하도록 도와주시옵소서.

생명의 주, 예수님의 이름으로 기도드립니다. 아멘.

장로

나를 충성되이 여겨

교회를 세워주시는 하나님 아버지,

구주를 높이고 잘 공경하며, 온유한 마음으로 섬기시는 ○○○ 장로님께서 저희들의 지체가 된 것에 감사드립니다. 언제나 교회를 위하여 섬기시며, 모든 성도들에게 모범이 되어주심에 감사드립니다.

저희가 여호와 앞에서 사랑하는 종을 위하여 기도하는 지체가 되어야 하였으나 그러하지 못하였으니 회개합니다. 장로님의 헌신을 늘 당연한 것으로 생각했던 죄를 용서해주시옵소서.

주님께서 충성스럽게 여기신 장로님을 위하여 간구하오니, 이제와 같이 앞으로도 더욱 선한 일을 사모하게 하시옵소서. 자신의 직분에 순종해서 교회와 목회자를 받드시는데 최선을 다하게 해주시고, 교인들의 대표로서 섬기는 일에 앞장서게 하시옵소서. 집에서는 자기의 집을 잘 다스려서 모범적인 가정을 이루시도록 은혜를 더해 주시옵소서.

이제, 간절히 구하기는 장로님께서 담임 목사님의 기도 동역자가 되시도록 하옵소서. 담임 목사님의 목회를 도와 기도하는 중에, 성도들이 하나님의 영광을 보는 아름다운 ○○교회가 되도록 간구하게 하시옵소서. ○○교회를 위하여 여호와 앞에서 신실하신 종이 되기 원합니다.

우리 주 예수님의 이름으로 기도드립니다. 아멘.

집사(안수)

그 주인의 마음을 시원하게

교회에 영광을 나타내시는 하나님 아버지,

성령을 위하여 심어 성령으로부터 영생을 거두시는 ○○○ 집사님을 볼 때, 저희들 모두에게 위로가 됩니다. 그런데 그가 하나님의 집에서 성실한 종이 되시도록 기도로 협력하지 못하였음을 회개합니다.

무엇으로 심든지 그대로 거둔다는 말씀의 증거가 집사님과 이 가정에 있게 하심에 즐겁습니다. 우리 집사님께서 언제나 그 마음을 교회와 교역자들에게 두게 하옵소서. 담임 목사님과 여러 목사님들을 도와 교회의 사명이 아름답게 감당되도록 봉사하는 은혜를 내려 주시옵소서. 저의 아름다운 수고를 통해서 교회는 부흥이 되고, 하나님의 나라가 확장되는데 크게 영광을 드러내기 원합니다.

저의 가정은 복되고 형통해서 날마다 잘 되는 것을 보게 하옵소서. 저에게 수고의 떡을 먹게 하실 때, 자신을 위해서 뿐만 아니라, 이웃을 위해서 나누게 하시옵소서.

사랑하는 ○○ 집사님께서 성령님의 충만하심으로 교회를 섬길 때, 이 교회를 통해서 생명을 살리는 역사가 나타나고, 복음이 땅 끝까지 전해지는 것을 보게 하시옵소서. 하나님을 사랑하는 종이 기도와 말씀을 가까이 하며 사명을 감당하게 하시옵소서.

영생의 보장이 되신 예수님의 이름으로 기도드립니다. 아멘.

권사

그리스도의 일꾼

하나님의 나라를 넓히시는 하나님 아버지,

하나님과 교회를 위하여 수고하시는 ○○○ 권사님을 볼 수 있도록 해주셔서 감사드립니다. 사랑하는 여종으로 말미암아 교회가 든든히 세워져 가고 있습니다.

사실, 온 교회가 권사님을 위하여 기도해야 하였지만 그러하지 못한 죄를 회개합니다. 성령님의 충만하심이 권사님께 있으시기를 기도하는 것에 주목하지 못하였음을 용서해주시옵소서. 이제, 이후로는 ○○의 성도들이 권사님을 위하여 기도하기를 단 마음으로 임하게 하시옵소서.

택한 백성을 지키시고, 좋은 것으로 만족케 하시는 하나님께 영광을 드립니다. 모든 지각에 뛰어난 하나님의 평강이 권사님의 마음과 생각을 지켜주시옵소서. ○○○ 권사님 부부의 가정은 주 안에서 행복하게 해주셨습니다. 믿음으로 사는 가정이 되게 해주심을 믿습니다.

우리 ○○ 교회를 위하여, 담임 목사님의 목회를 위하여 곁에서 수종을 드는 선한 모습을 지니게 하옵소서. 교역자들이 언제라도 일을 맡기고, 성실하게 감당하는 은혜가 있기를 소망합니다. 여종의 헌신과 봉사로 교회가 세상에서의 열매를 많이 맺게 하시옵소서. 저가 ○○교회를 위하여 여호와 앞에서 신실하신 종이 되기 원합니다.

구원의 문이신 예수님의 이름으로 기도드립니다. 아멘.

집사(서리)

때를 따라 양식을 나누어 줄

　세상을 섬기는 교회가 되게 하시는 하나님 아버지,

　사랑하는 ○○○ 집사님께서 여호와의 영광을 구하고, 교회를 위하여 유익한 종이 되시니 감사드립니다. 저가 성령님께 충만한 종이 되어서 많은 열매를 맺고 있음을 보게 하셨습니다.

　그러나 주님 안에서 한 지체가 된 심정으로 집사님을 위하여 기도하지 못한 죄를 회개합니다. ○○○ 집사님께서 좋은 나무와 같아 아름다운 열매를 맺도록 중보하는 것에 무관심했으니 용서해주시옵소서.

　주님의 교회에서 귀한 집사님이 충성을 다하기를 소원하게 하시옵소서. 주님의 은혜에 감사하면서 순종하여 섬기는 일이 온 교회를 시원하게 하는 봉사가 되게 하옵소서. 함께 집사 된 이들을 도우며, 서로 하나 되기를 힘써서 교회를 세워나가는 일꾼이 되게 하시옵소서.

　저가 가정에서도 덕을 끼쳐서 그 영광의 열매를 교회로 가져오게 하옵소서. 그리하여 집사님께서 이 가정에 복의 통로 된 사명을 귀하게 감당하게 하시옵소서. 사랑하는 집사님께서 하나님께 가까이 가려는 결단을 경험하게 하옵소서. 이제까지도 하나님과 가까이 하셨으나 여호와의 거룩하심에 들어가시는 다짐의 은혜를 주시옵소서.

　친구가 되어주신 예수님의 이름으로 기도드립니다. 아멘.

당회를 위한 기도

당회를 세워 주셨으니

당회가 교회를 섬기게 하시는 하나님 아버지,

교회와 목사님의 사역을 위해 당회를 만들어 주시니 감사드립니다. 목사님께서 오직 교회를 위하여 기도하시고, 말씀을 전하시는 일만 하시도록 여러 일꾼들을 뽑아 주셨으니 감사드립니다. 하늘나라의 일을 담당하도록 당회를 세워 주신 줄로 믿고, 서로 협력하게 하시는 하나님께 찬양을 드립니다.

사람들은 겉으로 드러난 것을 보지만, 우리 주님께서는 그 사람의 중심을 보신다는 것을 기억합니다. 당회원들이 하나님의 마음에 드는 일꾼들이 되게 해 주시기 바랍니다. 남전도회가 하나님의 영광을 위해서 모인 모임이 되게 하시고, 이 모임이 하나님을 영화롭게 해 드릴 수 있도록 이끌어 주심을 믿습니다.

당회원들이 소금과 빛된 사명을 갖고 섬기려는 소망을 지니기 원합니다. 하나님께서 지금도 일하시니, 당회원들 역시 이 교회를 위해서 일한다는 거룩한 소망을 품게 하시옵소서.

그들이 먼저, 하나님께 드림이 되며, 하나님과 교회를 위하여 헌신하는 종들이 되게 하시옵소서. 모여서 일 하실 때, 사랑이 넘쳐나는 사귐을 나눌 수 있게 하시옵소서.

우리 주 예수님의 이름으로 기도드립니다. 아멘.

제직회를 위한 기도

주님보다 앞서지 않도록

하늘 영광을 소망하게 하시는 하나님 아버지,

저희 교회의 제직회원들이 기쁨으로 교회를 섬기기 원합니다. 저희들은 늘 그분들이 하나님께 충성을 다하는 일꾼들이 되도록 기도하게 하소서. 오늘도 성령께서, 그들의 마음을 다스리시어, 어떤 명예를 위한 제직이 되지 않도록 도와주시옵소서. 그들이 주님의 일에 거룩한 봉사자로 부름 받았다는 사실 앞에서 열심을 다하게 하소서.

성령을 보내 주신 하나님, 저희 교회의 권사님들과 집사님들이 성령이 충만하기 원합니다. 그래서, 성령이 섬기게 하심을 따라 교회와 성도들을 위하여 봉사하게 하소서. 그들의 심령을 성령께서 주관하사, 그 성령의 이끄시는 대로 생각하게 하시고, 성령이 인도하시는 입술로 말을 하게 하소서. 이로써 교회를 부흥시키게 하소서.

주님께서 그들의 마음을 주관하셔서, 제직들의 마음을 주의 사랑으로 불붙여 주실 것을 믿고 간구합니다. 그리하여 교회를 통하여 하나님께서 받으시고자 하시는 열매를 맺게 하소서. 저희의 기도를 들으시고, 추수를 기다리시는 주님의 밭에서 보다 많은 일꾼들이 봉사하게 하소서.

선한 목자, 예수님의 이름으로 기도드립니다. 아멘.

남전도회를 위한 기도

주님을 세상에 전하는 거룩함

주님의 몸을 세워 드리게 하시는 하나님 아버지,

하늘나라의 모형으로 교회를 허락하신 하나님을 찬양합니다. 예수님의 피 흘리신 터 위에, 이 교회를 세우셔서 오늘도 구원받을 사람들을 불러 주시니 감사드립니다. 교회의 복음사역을 위해 일꾼들을 세우셔서 남, 여전도회로 섬기게 하시니 감사드립니다. 저희 교회의 남전도회 회원들이 목사님을 도와서 복음을 전하는 일에 헌신되기를 원합니다.

교회에 일을 맡기시는 하나님, 오늘도, 세상 사람들에게 빛과 소금의 사명을 감당하는 저희 교회가 되기 원합니다. 이 일을 위하여 부름받으신 집사님들이 기쁨으로 봉사할 수 있도록 도와주심을 믿습니다. 충성된 일꾼들이 되어서 하나님의 일을 잘 하실 수 있게 하옵소서.

이 시간에 남전도회 회원들이 믿음으로 자신들을 세우기 원합니다. 하나님의 교회를 위해서 일꾼으로 부름을 받았사오니, 저들에게 주님을 위한 열심의 소망을 주옵소서. 그리하여 예루살렘 교회의 바나바를 닮게 하옵소서. "바나바는 착한 사람이요 성령과 믿음이 충만한 자라 이에 큰 무리가 주께 더하더라"는 말씀처럼, 전도회원 한 사람, 한 사람으로 말미암아 교회가 부흥되게 하심을 믿습니다.

전도의 문이신 예수님의 이름으로 기도드립니다. 아멘.

여전도회를 위한 기도
주님과 교회에 봉사하는

교회를 위하여 종을 삼으시는 하나님 아버지,

주님의 ○○교회를 사랑하셔서, 어머니들의 모임으로 여전도회를 만들어 주심을 감사드립니다. 여전도회 회원들의 기도로 교회가 부흥되고, 저희 동네 사람들로부터 칭찬받는 교회가 되게 하신 은혜를 찬양드립니다.

오늘도 여전도회 회원들이 주님의 자녀가 된 기쁨 속에서 봉사할 일을 찾게 해 주시기 원합니다. 기쁨을 주셨음을 감사합니다. 주님께서 길러 주시는 교회의 가족들을 위하여 섬기는 직분을 사랑으로 감당하시는 분들이 되도록 이끌어 주시기 바랍니다. 그리고 알아 주는 사람 없이, 드러나는 일 없이 수고하는 그들을 주님의 격려해 주소서.

여전도회 회원들은 두아디라성의 자주 장사로서 하나님을 공경했던 루디아를 닮기 원합니다. "주께서 그 마음을 열어 바울의 말을 청종하게 하신지라"는 말씀처럼, 여전도회 회원들이 목사님을 돕는 종들이 되게 하옵소서. 하나님의 나라를 위하여 믿음으로 봉사하는 전도회원들이 되게 하시고, 그들의 소망의 수고로 말미암아, 사랑이 가득한 교회가 되게 하심을 믿습니다.

복음이 되어주신 예수님의 이름으로 기도드립니다. 아멘.

구역회를 위한 기도

맡겨진 양떼를 섬기는 아름다움

주님의 양떼를 섬기게 하시는 하나님 아버지,

구역원들을 보살펴야 하는 구역장들에게 하늘나라의 힘을 내려 주시기 원합니다. 그래서 그분들이 사람의 지혜나 꾀로 맡은 직분을 섬기지 않고, 오직 하나님의 은혜로 충성하게 하시옵소서. 구역원들에게 즐거움을 주고, 하나님의 마음에 드는 일꾼들이 되게 하시기 원합니다. 그래서 아버지로부터 받은 사명을 잘 감당하게 하시옵소서.

구역장들이 모여서 교회의 일을 의논하실 때, 성령께서 도와주시기 바랍니다. 한 분 한 분의 구역장들이 사랑과 은혜가 풍성하신 하나님을 알게 하시고, 주님의 놀라우신 섭리에 순종함으로 귀한 직분을 섬기게 하시옵소서.

혹시 생활의 여러 문제로 구역을 제대로 돌보시지 못하는 일이 없도록 이끌어 주시옵소서. 만일, 자신의 게으름으로 잘 감당하지 못하실 때는, 낙심하지 않고 성령님의 도우심을 바라보고, 의지하여 지혜를 구하는 착한 일꾼이 되도록 인도해 주시기 원합니다.

구역회를 통하여, 서로서로에게 격려가 되게 하시고, 교회의 성도들에게 믿음의 본을 보이는 기관이 되게 하소서. 교회의 덕을 세우는 훌륭함을 지니게 하시옵소서.

종의 본이 되신 예수님의 이름으로 기도드립니다. 아멘.